에듀테크 & AI 수업

에듀테크 & AI 수업

초판 1쇄 발행 2025년 3월 31일

지은이 | 그림책사랑교사모임
발행인 | 최윤서
편집 | 정지현
디자인 | 김수경
마케팅 지원 | 최수정
펴낸 곳 | ㈜교육과실천
저자 강의·도서 구입 | 02-2264-7775
인쇄 | 031-945-6554 두성 P&L
일원화 구입처 | 031-407-6368 ㈜태양서적
등록 | 2020년 2월 3일 제2020-000024호
주소 | 서울특별시 중구 창경궁로 18-1 동림비즈센터 505호

ISBN 979-11-91724-82-0 (13370)
정가 22,000원

저작권법에 따라 한국 내에서 보호를 받는 저작물이므로 무단 전재 및 복제를 금합니다.
저자 강의 및 도서 문의는 교육과실천 02-2264-7775로 연락 주십시오.

에듀테크 & AI 수업
그림책으로 여는 미래 교육

그림책사랑교사모임 지음

| 서문 |

에듀테크와 AI 교육

 에듀테크는 교육(education)과 기술(technology)의 합성어로, 인공지능(AI), 빅데이터, 가상현실(VR), 증강현실(AR) 등 첨단 정보통신기술(ICT)을 활용한 교육을 의미한다. AI 교육은 이러한 에듀테크의 한 분야로, AI 기술을 교육에 접목하여 학습자의 학습을 효율적으로 돕는 방법을 말한다. 에듀테크와 AI 교육은 교육의 혁신을 이끄는 중요한 개념으로, 전통적인 교육 방식에 기술과 인공지능을 접목하여 학습 경험을 극대화하는 데 중점을 둔다. 이 교육 방식은 학생 개개인의 학습 스타일, 속도, 흥미를 고려한 개인화된 학습 경로를 제공함으로써 학습 효과를 높인다. 예를 들어, AI 기반의 학습 플랫폼은 학습자의 강점과 약점을 분석하여 맞춤형 콘텐츠를 추천하고, 실시간 피드백을 제공하여 학습 동기를 유도한다. 또한, 교육자에게는 효율적인 수업 관리와 평가 도구가 제공되어 학생들의 학습 진전을 쉽게 모니터링하고 필요한 지원을 즉각적으로 제공할 수 있다. 이러한 기술적 지원은 특히 대규모 수업에서 학생 개별의 필요를 충족시키는 데 큰 도움이 된다.
 교육에 에듀테크가 늘어오면서 교실의 풍경이 변하고 있다. 태블릿으로 코딩을 배우는 초등학생, 인공지능 스피커와 영어 회화를 연습하는 중학생, 빅데이터를 활용해 사회 문제를 연구하는 고등학생…. 이제 AI는 우리 교실에서 더 이상 낯선 손님이 아닌, 필수적인 교육 도구가 되어 가고 있다. AI는 이제 기술적 도구를 넘어, 우리의 사고방식과 생활 방식을 근본적으로 변화시키고 있다. 이러한 변화는 교육 현장에도 깊이 스며들고 있으며, 미래를 준비하는 학생들에게 AI와 디지털 기술에 대한 이해는 필수가 되었다. 그러나 기술이 아무리 혁신적이라 하더라도 그것만으로 교육의 본질적 목표를 달성할 수는 없다. 중요한 것은 기술을 어떻게 활용하여 학생들이 더 창의적이고 비판적으로 사고할 수 있도록 돕느냐에 있다.

에듀테크와 AI 교육이 결합한 그림책 활용 수업

그림책은 그림과 글이 어우러져 의미를 전달하는 책으로 문학성과 예술성이 조화를 이룬다. 또 등장인물, 줄거리, 주제, 글과 그림에서 독특하고 흥미로운 요소가 가득하다. 그림책은 우리 삶의 다양한 주제를 짧은 글과 그림을 통해 직관적으로 전달하고, 그 안에서 여러 가지 감동을 전달하여 남녀노소 누구나 즐기는 장르가 되어 가고 있다. 특히 그림책 활용 수업을 통해 학생들은 자기 삶을 성찰하는 시간을 갖고, 그림책 한 장면에 깊은 위로를 받기도 하며, 타인의 삶에 공감력을 키워 간다. 이런 그림책 활용 수업이 에듀테크 및 AI 교육과 결합되면서 교육의 새로운 가능성을 열어 주고, 학생들에게 풍부한 학습 경험을 제공할 수 있게 되었다.

우선 접근성이 향상되어 학생들은 다양한 에듀테크 도구와 AI 온라인 플랫폼을 통해 언제 어디서든 수업에 참여할 수 있다. 이는 지역적 제약이나 물리적 자원 부족으로 인해 전통적인 수업에 참여하기 어려운 학생들에게 큰 도움이 된다. 또 그림책의 주제를 분석하고 등장인물의 행동을 이해하는 과정에서 에듀테크 도구를 통해 이러한 분석을 시각적으로 표현할 수 있다. 띵커벨(ThinkerBell), 퀴즈앤(QuizN) 등으로 퀴즈, 실시간 토론을 할 수 있어 그림책 내용을 깊이 이해하고 서로의 생각을 나눌 수 있으며, 인물관계도

나 그림책의 주제를 캔바(Canva)의 마인드맵 도구를 통해 실시간 동시 다발적으로 표현할 수 있다.

나아가 에듀테크 도구를 통해 학생들은 그림, 텍스트, 애니메이션 등을 결합하여 자신만의 독특한 그림책을 만들 수 있으며, 이는 학생들에게 창의적으로 표현할 수 있는 기회를 제공한다. 또한 다양한 에듀테크 및 AI 도구를 활용하여 학생 스스로 예술 작품을 쉽게 생성해 낼 수 있다. 예를 들어, SUNO를 통해 자신만의 음악을 창작하고, 캔바를 활용해 자신이 원하는 주제나 스타일로 그림책을 창작함으로써 자기 주도적으로 학습하는 기회를 가질 수 있다.

이처럼 에듀테크와 AI 교육이 결합한 그림책 활용 수업은 학생들이 주도적인 학습자가 될 수 있는 교육의 새로운 가능성을 열어 주고, 더욱 풍부하고 의미 있는 학습 경험을 제공하는 장점을 가지고 있다.

미래 사회가 요구하는 새로운 교육 패러다임의 구현

우리는 지금 교육의 새로운 지평을 열어 가는 중요한 전환점에 서 있다. 단순히 지식을 전달하는 것을 넘어서 빠르게 변화하는 사회에 적응할 수 있는 학생을 양성해야 하는 과제를 안고 있다. 에듀테크와 AI 교육은 학생들이 21세기 핵심 역량인 비판적 사고, 창의성, 협업 능력 등을 개발할 수 있도록 도와준다. 또한, 다양한 학습 자료와 접근성을 통해 모든 학생이 평등하게 교육받을 기회를 제공하며, 디지털 리터러시(digital literacy)를 향상시켜 미래 사회에서의 경쟁력을 높이는 데 기여한다. 이러한 이유로 에듀테크와 AI 교육은 현대 학교교육에 필수적인 요소로 자리 잡고 있으며, 지속 가능한 발전을 위한 핵심 전략으로 강조되고 있다.

에듀테크와 AI 교육이 결합한 그림책 활용 수업은 2022 개정 교육과정의 핵심 가치인

'학생 중심 교육'과 '미래 역량 함양'을 실현하는 데 효과적인 방법이다. 그림책을 매개로 학생들의 흥미와 참여를 이끌어 내고, AI 기술에 대한 이해를 높여 미래 사회에 필요한 역량을 키울 수 있다. 단순한 교수법의 혁신을 넘어 미래 사회가 요구하는 새로운 교육 패러다임의 구현이다. 이는 우리 학생들이 AI 시대의 주도적 구성원으로 성장하도록 돕는 교육적 도전이자 미래 교육의 새로운 가능성을 여는 열쇠가 될 것이다.

그림책을 사랑하는 마음을 담아
그림책사랑교사모임

| 목차 |

서문 ··· 4

─────── **1장** ───────
캔바를 활용한 수업 활동

1 캔바 ··· 13
2 캔바로 그림책 창작하기 - 드로우, 요소, 매직 미디어 ··· 18
3 삶의 교훈 표현하기 - PPT, 카드 뉴스, 명함 ··· 32
4 감정 포스터 만들기 - 마인드맵, 포스터 ··· 40
5 환경 신문 만들기 - 워크시트 ··· 49

─────── **2장** ───────
에듀테크를 활용한 미래형 융합 수업 디자인

1 패들렛 - 진로와 직업 게시판 토론하기 ··· 65
2 띵커벨 - 시민의식 키우기 ··· 78

3 북크리에이터 - 입체 덕후북 만들기 ··· 92
4 구글 슬라이드 & 독스 - 우리 반 친구 표현하기 ··· 106
5 구글 아트앤컬처 - 교실에서 예술 작품 만나기 ··· 120
6 퀴즈앤 - 환경운동에 대한 글쓰기 ··· 129
7 애니메이티드 드로잉 - 손 씻기 애니메이션 제작하기 ··· 142
8 블루킷 - 그림책 관련 수학 퀴즈 풀기 ··· 153
9 니어팟 - 그림책 토론 수업 ··· 164
10 팅커캐드 - 상상 속 건축물 표현하기 ··· 175

3장
AI를 활용한 학생 맞춤형 수업 설계

1 ChatGPT - AI와 함께하는 스토리 탐험 ··· 189
2 뤼튼 - 함께 살아가는 사회 ··· 200
3 미리캔버스 - 디지털 휴식이 가능한 도시 이야기 만들기 ··· 211
4 투닝 - 네 컷 그림책 만들기 ··· 225
5 SUNO - 자기소개 노래 만들기 ··· 236
6 Vrew - 동물보호 캠페인 영상 만들기 ··· 248
7 오토드로우 - 생활 속 상상 낙서로 책 만들기 ··· 259
8 플레이그라운드 - 내가 만드는 이야기 ··· 267

— 1장 —

캔바를 활용한
수업 활동

1 캔바

캔바(Canva)는 비전문가도 쉽게 디자인 작업을 할 수 있도록 도와주는 온라인 디자인 도구이다. 웹 기반의 플랫폼으로, 다양한 템플릿과 간편한 드래그 앤 드롭(Drag-and-drop) 기능을 제공하고 있다. 사용자가 손 그림을 그릴 수 있는 드로우 도구, 다양한 이미지를 추가하고 결합하여 이미지를 사용할 수 있는 요소 기능, 텍스트를 이미지로 생성해 주는 매직 미디어 기능 등이 제공된다. 사용자는 이미지 생성 및 기능을 통해 그래픽 디자인, 프레젠테이션, 포스터, 소셜 미디어 이미지, 카드 뉴스, 로고 디자인, 동영상 및 애니메이션 등을 쉽게 제작할 수 있다. 디자인 경험이 없더라도 캔바의 직관적인 인터페이스와 풍부한 자원을 통해 창의적인 콘텐츠를 제작할 수 있다.

캔바가 그림책 수업에서 매력적인 도구인 이유

그림책 수업에서 캔바가 매력적인 이유는 다양한 시각적 도구와 사용자 친화적인 기능을 통해 창의적인 교육 환경을 제공하기 때문이다. 캔바는 디지털 디자인 플랫폼으로, 교사와 학생들이 함께 그림책을 제작하거나 시각적 표현을 쉽게 다룰 수 있도록 도와준다. 구체적으로 살펴보면 다음과 같다.

첫째, 캔바는 직관적이고 사용하기 쉬운 인터페이스를 제공하여 기술적 능력이 부족한 학생이나 교사도 손쉽게 디자인 작업을 할 수 있다. 드래그 앤 드롭 방식으로 이미지, 텍스트, 도형 등을 배치할 수 있어 복잡한 편집 기술 없이도 그림책을 제작하는 데 적합하다. 그림책 수업에서는 창의성을 중시하기 때문에, 사용자가 쉽게 접근할 수 있는 도구는 수업의 원활한 진행을 돕는다.

둘째, 캔바는 수많은 템플릿을 제공하여 학생들이 빠르게 시작할 수 있도록 돕는다. 특히 그림책 제작을 위한 다양한 페이지 레이아웃 템플릿, 폰트 스타일, 색상 팔레트 등을 제공하여, 학생들이 창의적인 아이디어를 표현할 때 다양한 선택지를 가질 수 있다. 템플릿은 디자인 작업의 기초를 제공해 학생들이 각자의 개성을 담은 그림책을 제작할 수 있는 출발점을 제공한다.

셋째, 캔바에는 방대한 양의 무료 이미지, 아이콘, 일러스트 등이 포함되어 있어 그림책 수업에서 필요한 시각적 자원을 쉽게 활용할 수 있다. 학생들이 직접 그림을 그리거나 사진을 촬영하지 않더라도 캔바의 이미지 자원을 통해 그림책에 필요한 삽화를 손쉽게 추가할 수 있다. 이를 통해 시간과 노력을 절약하면서도 창의적인 결과물을 얻을 수 있다.

넷째, 캔바는 실시간으로 협업할 수 있는 기능을 제공하여 여러 학생이 동시에 같은 프로젝트에서 작업할 수 있다. 그림책을 공동으로 제작하는 팀 활동에서 학생들은 각자의 역할을 맡아 페이지별로 작업을 분담하거나 스토리라인에 대해 논의하면서 디자인을 완성할 수 있다. 이 협업 기능은 학생들이 공동 작업을 통해 협동심과 의사소통 능력을 기를 수 있도록 돕는다.

다섯째, 학생들은 그림책 수업에서 캔바를 사용함으로써 디지털 리터러시와 창의성을 동시에 배울 수 있다. 캔바는 디지털 환경에서의 콘텐츠 제작에 쉽게 접근할 수 있도록 도와주며, 이를 통해 학생들은 디지털 도구를 사용하여 창의적인 작품을 만들어 내는 경험을 쌓을 수 있다. 또한, 캔바의 다양한 기능을 활용하면서 디지털 디자인의 기본 개념을 자연스럽게 익히게 된다.

여섯째, 캔바는 그림책 제작 후 다양한 형식으로 파일을 저장하거나 출력할 수 있다. PDF, PNG, JPG 등 다양한 파일 형식으로 저장할 수 있어 수업 후 학생들이 제작한 그림책을 실제로 인쇄하거나 디지털 파일로 보관하여 다른 사람들과 공유할 수 있다. 이로 인해 학생들은 자신이 만든 작품을 쉽게 배포하거나 감상할 수 있는 기회를 얻게 된다.

캔바는 그림책 수업에서 사용의 편리성, 협업 기능, 다양한 시각 자원 그리고 창의적인 표현 능력을 촉진하는 데 있어 매우 매력적인 도구이다. 학생들이 시각적 사고를 통해 창의적으로 이야기를 풀어내고, 기술적 측면에서도 디지털 디자인 역량을 키울 수 있는 좋은 플랫폼으로 활용될 수 있다.

수업에서 캔바 사용하기

캔바 계정 로그인 및 교사 인증하기

캔바(https://www.canva.com/)는 교사 인증을 하면 무료로 사용이 가능하다. 교사 인증을 하기 위해서는 캔바 홈 상단에 [교육]을 클릭하고 [선생님]을 눌러 인증을 한다. 교사 인증이 끝나면 캔바의 모든 콘텐츠를 무료로 사용 가능하고, 교사가 초대해서 그룹으로 참여하는 학생도 무료로 사용 가능하다는 장점이 있다.

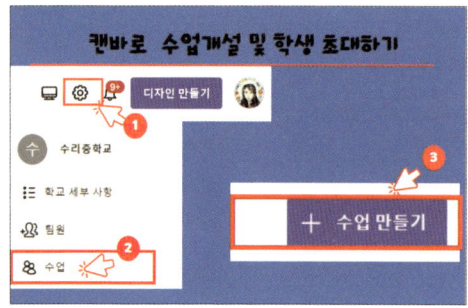

톱니바퀴 모양의 설정 → + 수업 만들기

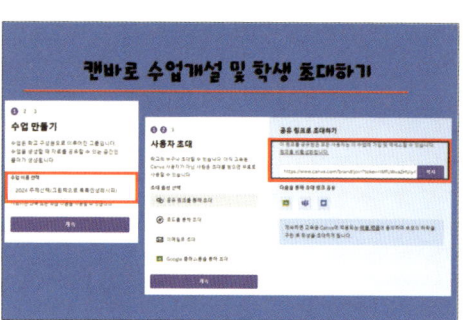

과목 또는 학급 이름으로 생성

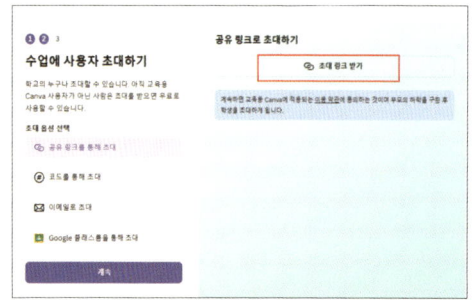

생성된 수업에 학생을 초대하기 위해
초대 링크를 생성하고 배부

수업별로 학생들을 초대한 결과

학생들과 캔바에서 프로젝트 또는 수업 과제를 진행하기 위해서는 교사가 학생들을 캔바로 초대해야 한다. 이를 위해서 교사는 캔바의 홈 화면에서 [설정]을 클릭하고 왼쪽 메뉴 있는 [수업]을 클릭한 후 오른쪽 상단의 [+ 수업 만들기]를 클릭하여 학생들과 함께 공유할 수업을 만든다. 생성된 수업에 사용자를 초대하기 위해 초대 링크를 만들어 학생들에게 배부한다. 생성된 수업은 [프로젝트] → [폴더]에 만들어진다.

생성된 수업 폴더는 하위에 수업 주제별, 단원별로 다시 폴더를 생성할 수 있다. 생성된 폴더마다 공유할 대상을 설정할 수 있다. 학생들과 공유하고 싶은 폴더 → 오른쪽 상단의 [공유] → 새롭게 뜨는 창에서 공유할 대상자를 선택 → [편집], [보기], [삭제]의 옵션을 선택해서 수업에 참여시킬 수 있다.

수업별로 공유 설정하기 : 편집, 보기, 삭제 등 설정 가능

2 | 캔바로 그림책 창작하기
- 드로우, 요소, 매직 미디어

　캔바로 그림책 창작하기 활동은 이야기를 그림으로 표현하는 것이 핵심적인 요소이다. 학생들이 글뿐만 아니라 시각적 요소를 활용해 이야기를 표현할 수 있어 자연스럽게 시각적 표현 능력을 키울 수 있다. 그림책은 글과 그림이 함께 어우러지는 매체이므로, 캔바가 제공하는 여러 디자인 도구는 학생들의 상상력을 구체화하고 시각적 스토리텔링 역량을 키우는 데 효과적이다. 특히 페이지마다 일관된 디자인 스타일을 유지하면서 스토리 흐름을 명확하게 전달할 수 있어 학습 효과를 높인다.

　캔바의 드로우(Draw) 기능은 학생들이 직접 그림을 그릴 수 있도록 다양한 브러시와 색상 팔레트를 제공한다. 이 기능을 활용하면 손 그림 느낌이 나는 일러스트를 구현할 수 있으며, 캔바에 내장된 요소(Elements) 라이브러리를 결합하면 개성 있는 장면 연출도 가능하다. 또한 캔바의 AI 기능인 매직 미디어(Magic Media)는 텍스트 입력을 바탕으로 이미지를 자동 생성해 학생들이 머릿속으로 그린 장면을 보다 쉽게 시각화할 수 있도록 돕는다. 이러한 기능은 학생들이 그림책을 창작하며 자신만의 상상력을 발휘하고 완성도 높은 작품을 만들어 내는 데 큰 도움이 된다.

드로우 기능을 활용해서 그림책 창작하기

캔바의 드로우 기능을 활용한 그림책 수업 과정은 디지털 드로잉을 통해 손쉽게 자신만의 그림책을 제작할 수 있도록 돕는 수업이다. 캔바의 드로우 기능은 간단한 드로잉 도구를 제공하여 학생들이 창의적으로 이야기를 표현할 수 있게 해 준다.

『문제가 생겼어요』 이보나 흐미엘레프스카 글·그림, 논장

엄마가 할머니에게 물려받은 아끼는 식탁보에 생긴 다리미 자국을 해결해 가는 과정을 담은 그림책이다. 문제 상황이 생길 때 유연하고 창의적인 방법으로 해결하는 태도를 엿볼 수 있다. 수업에서는 학생들에게 부모님과 겪었던 문제 상황을 다시 떠올려 보게 하고, 그때 전하지 못했던 미안한 마음이나 고백을 솔직히 적어 보도록 한다. 여기에 '사랑하는 마음'까지 함께 표현해 본다. 세모 모양의 다리미 자국이 다양한 모습으로 바뀌어 아이들의 마음을 고스란히 담아냈다.

1단계 템플릿 공유하기

그림책 속의 상황을 참고해 학생들이 한 장면을 만들어 합본 그림책을 완성해 본다. 이를 위해 교사는 먼저 학생들이 참여할 수업 폴더를 만들고 그림책 한 장면으로 사용할 템플릿을 만들어 공유한다. 공유할 템플릿은 [디자인 만들기] → [북크리에이터(세로형)]를 선택한다. 빈 템플릿에 요소를 눌러 이등변삼각형 모양을 클릭하여 추가하거나, 교사가 따로 만든 다리미 자국의 이미지를 업로드해서 만들 수 있다.

학생들은 교사가 공유해 준 수업 폴더로 수업에 참여한다. 교사가 제공한 템플릿 왼쪽 상단에 점 세 개 → [사본 만들기]를 누른 다음 학생별로 사본이 생성되면 파일명을 학번 이름 등 학생을 구별할 수 있는 파일명으로 수정하도록 한다.

수업 폴더 생성

디자인 추가 → 공유할 템플릿 생성

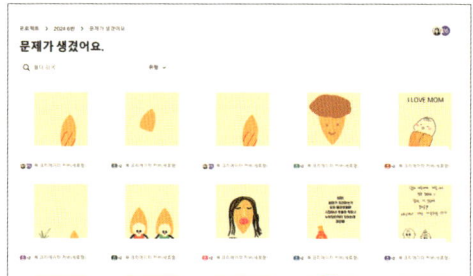
점 세 개 → 사본 만들기 → 학번 이름으로 파일명 바꾸기

2단계 드로우 기능으로 그림 그리기

캔바의 드로우 기능을 사용하여 다리미 자국을 창의적으로 표현해 본다. 『문제가 생겼어요』 그림책을 참고해서 'Sorry Mom & Love Mom'을 주제로 평소 엄마에게 하지 못했던 마음을 표현해 본다. 학생들은 상상력을 발휘해서 다리미 자국을 자신의 글에 맞게

①펜 ②마커 ③형광펜 ④지우개 ⑤도구 원위치 버튼 ⑥선 두께 조절

자유로운 형태로 표현한다. 캔바의 드로우 기능은 단순한 도구로도 재미있고 개성 있는 그림을 만들어 낸다. 펜, 마커, 형광펜 등의 그리기 도구로 그림을 그릴 수 있으며, 다양한 색상과 그리기 도구의 굵기를 조절해서 표현할 수 있다.

3단계 텍스트 추가하기

드로잉이 완성된 후 페이지에 적절한 텍스트를 추가하여 이야기를 적어 본다. 텍스트(T) → 텍스트 상자 추가(T) → 텍스트 상자가 생성된다. 텍스트 상자에 글을 입력하고 텍스트의 폰트, 크기, 색상을 설정하여 그림과 조화롭게 어울리도록 편집한다.

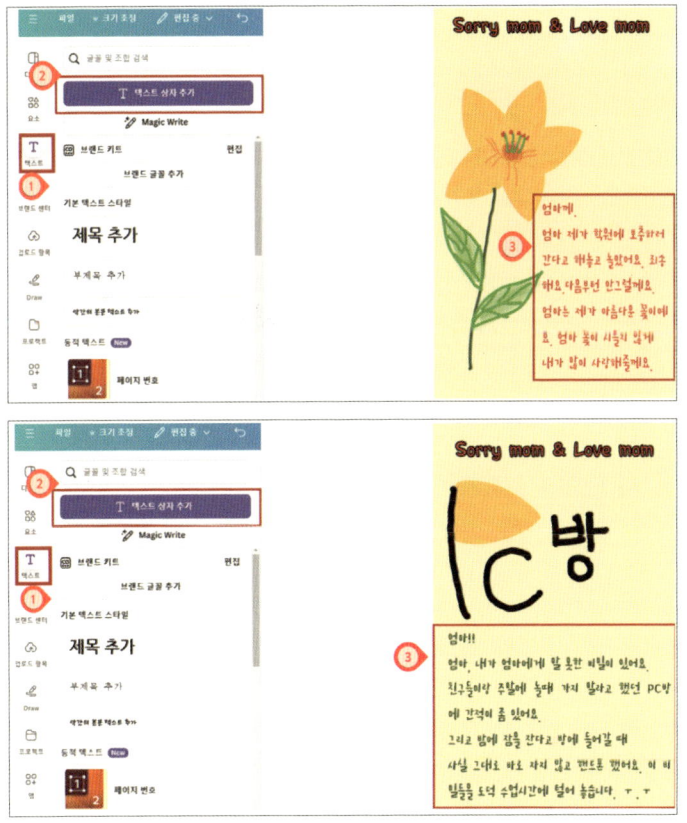

텍스트(T) → 텍스트 상자 추가(T) → 텍스트 상자에 글 입력

4단계 합본하기 및 그림책 출판하여 공유하기

학생들이 완성한 그림책 한 장면을 합본한다. 합본하기 위해서는 왼쪽 메뉴에서 [프로젝트] → [폴더] → 학생들이 개별적으로 만든 작품 → [디자인 삽입]을 누르면 된다. 캔바에서 완성된 그림책은 PDF 파일로 저장하거나 인쇄 가능한 형식으로 변환하여 출력한다. 수업에서 그림책 발표회를 열거나 학교의 디지털 플랫폼을 통해 작품을 공유한다.

프로젝트 → 폴더 → 『문제가 생겼어요』 수업 폴더

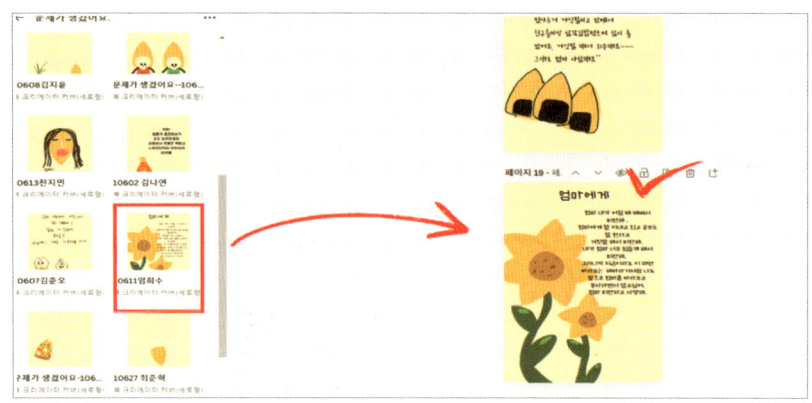

학생들이 각자 만든 한 장면을 추가해서 합본하기

합본 결과물

요소를 활용해 그림책 한 장면으로 학급 그림책 만들기

캔바의 요소를 활용한 그림책 창작하기 수업은 캔바의 다양한 그래픽, 이미지, 일러스트 등 시각적 자원을 적극적으로 활용하여 학생들이 쉽고 재미있게 그림책을 제작할 수 있는 수업이다. 학생들이 직접 그림을 그리지 않고도 캔바에서 제공하는 다양한 요소를 사용하여 시각적으로 풍부한 그림책을 창작할 수 있다.

『마음요리』 자현 글, 차영경 그림, 노란돼지

마음을 위로하는 요리가 있다면 어떨까? 『마음요리』는 하루하루 달라지는 마음을 위해 그때 상황에 어울리는 요리들을 처방해 주는 그림책이다. 다양한 마음을 맞닥뜨렸을 때마다 어떤 마음요리를 먹으면 좋은지 이야기해 준다. 마음이 꽁할 땐 마음꽁치구이를, 허무하고 뻥 뚫린 것 같을 땐 마음도넛을, 들들 볶일 때는 마음떡볶이를 먹어 보라고 말이다. 특히 우리가 생각지 못한 힘들고 어려운 마음을 만나게 됐을 때, 그 마음을 어떻게 들여다보고 건너가야 할지 긍정적이고 유쾌한 방식으로 다독여 준다.

1단계 그림책 한 장면 구상하기 및 템플릿 사본 공유하기

『마음요리』를 읽고 자기가 가장 필요했던 마음요리를 구상해 본다. 그리고 그 마음요리에 딱 맞는 이름도 만들고, 그 마음요리가 필요했던 순간을 짧은 글로 작성한다. 예를 들면, '마음크림브륄레'는 단단한 마음을 뚫고 싶을 때 필요한 마음요리로, 아직 친해지지 못한 친구와 마음속에 있는 벽을 깨고 친해지고 싶은 마음을 담은 요리로 표현할 수 있다.

학생들은 교사가 공유해 준 수업 폴더로 수업에 참여한다. 교사가 제공한 템플릿 왼쪽 상단에 점 세 개 → [사본 만들기] → 학생별로 사본이 생성되면 파일명을 학번 이름 등 학생을 구별하기 위한 파일명으로 수정하도록 한다.

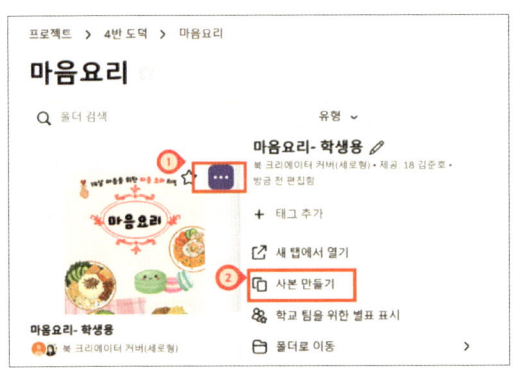
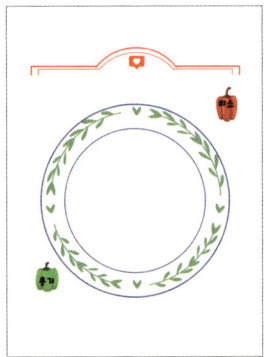

점 세 개 → 사본 만들기 → 학번 이름으로 파일명 바꾸기

2단계 캔바 요소 기능과 텍스트 추가로 그림책 한 장면 만들기

 캔바에서 제공하는 다양한 요소를 사용해서 그림책의 한 장면을 꾸며 본다. 요소에서 자기가 찾고 싶은 이미지를 검색한다. 학생들이 구상한 마음요리에 맞춰 캔바 요소를 활용해 그림책의 각 페이지를 디자인한다. 페이지에서 필요한 요리 재료, 완성된 요리 등을 캔바의 요소 라이브러리에서 검색하여 추가한다. 요소의 크기, 위치, 색상을 조정해 각 페이지에 맞는 레이아웃을 구성한다. 교사는 학생들이 각 페이지의 이야기를 시각적으로 잘 표현할 수 있도록 피드백을 제공한다. 그림이 완성되었다면 그림책에 들어갈 텍스트를 적절히 배치하여 그림책 한 장면을 완성한다. 왼쪽 메뉴에서 텍스트(T) → 텍스트

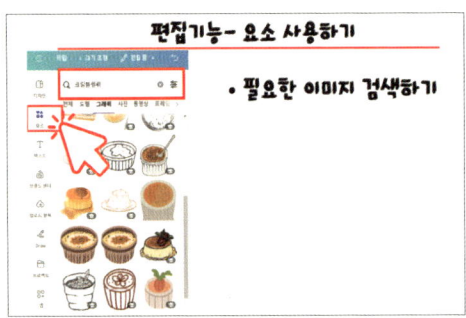
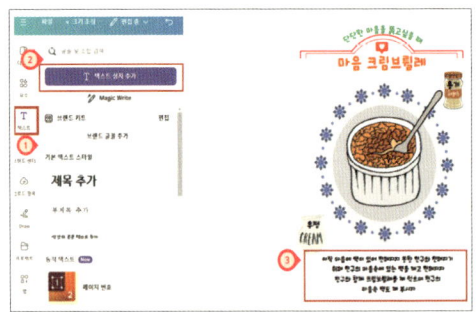

요소 → 검색창에 필요한 이미지 검색   텍스트(T) → 텍스트 상자 추가(T)

상자 추가(T) → 텍스트 상자가 생성된다. 텍스트 상자에 글 입력하고 텍스트의 폰트, 크기, 색상을 설정하여 그림과 조화롭게 어울리도록 편집한다.

3단계 합본하기

학생들이 완성한 그림책 한 장면을 합본한다. 합본하기 위해서는 왼쪽 메뉴에서 [프로젝트] → [폴더] → 학생들이 개별적으로 만든 작품 → [디자인 삽입]을 누르면 된다.

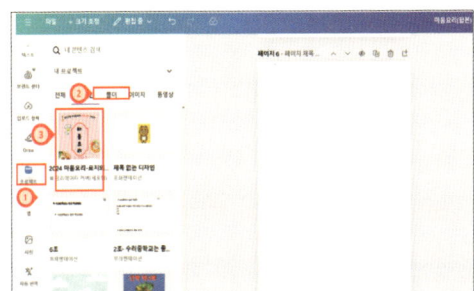 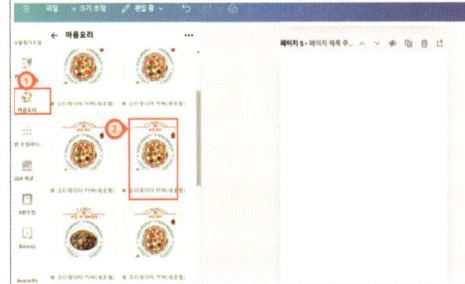

프로젝트 → 폴더 → 학생들이 개별적으로 만든 작품

학생 개별 작품 파일 → 디자인 삽입   합본 결과물

4단계 그림책 출판 및 공유

완성된 그림책을 다양한 형식으로 출력하거나 디지털 파일로 공유할 수 있다. 오른쪽 상단 [공유]를 클릭한 후 다양한 공유 방법을 선택하여 학생들이 직접 만든 그림책을 발표하거나 출력하여 교실이나 학교 도서관에서 전시할 수 있다. 또는 공개 보기 링크를 복사해서 디지털 플랫폼을 통해 학부모 및 다른 학급과 공유한다.

매직 미디어를 이용해 그림책 창작하기

캔바의 매직 미디어 기능을 활용한 그림책 창작 수업은 창의적인 디자인과 스토리텔링을 결합하여 학생들이 자신만의 그림책을 만들 수 있다. 캔바의 매직 미디어 기능은 사용자가 디자인 작업을 보다 쉽게 할 수 있도록 돕는 혁신적인 도구이다. 이 기능은 특히 이미지와 텍스트를 결합하여 매력적인 콘텐츠를 생성하는 데 유용하다. 매직 미디어는 사용자가 입력한 텍스트를 기반으로 자동으로 디자인을 생성한다. 이를 통해 학생들은 복잡한 디자인 작업을 간편하게 수행할 수 있다. 또 매직 미디어로 생성된 이미지는 이미지 편집 기능을 활용해서 좀 더 완성도 높게 수정할 수 있다.

『친구에게』 김윤정 글·그림, 국민서관

진정한 친구의 의미를 알아보게 하는 책이다. 친구는 기쁜 일이 있을 때 함께 기뻐하며 즐거워할 수 있고, 슬픈 일이 있을 때 함께 슬퍼하며 마음을 나눌 수 있는 사람이다. 또 친구와 함께하면 어렵게 느껴지는 것도 도전할 수 있는 용기가 생기기도 한다. 하지만 때로는 친구에게 상처를 받기도 하고, 친구와의 관계 시작을 힘들어 하는 경우도 있다. 학생들이 겪는 친구에 대한 이야기를 각자의 경험을 바탕으로 그림책을 만들어 본다. 우선 우정에 대한 이야기를 만들고 캔바의 매직 미디어를 활용해서 그림을 생성한다.

1단계 캔바의 새로운 디자인 만들기

캔바로 그림책을 창작하기 위해서는 먼저 [프로젝트] → [디자인 만들기] → [북크리에이터표지(정사각형)] → 새로운 파일을 생성한다. 매직 미디어에서 생성되는 이미지가 정사각형으로 생성되므로 그림책 판형을 정사각형으로 만들면 이미지를 편집하기가 더 편리하다. 그림책을 만들기 위해서 페이지를 생성한다. 그림책의 전체적인 구조는 앞표지-서지정보-속표지-본문(그림, 글)-뒷표지로 구성하도록 계획한다.

앞표지   서지정보   속표지

그림   글   뒷표지

2단계 아이디어 구상 및 이야기 만들기

그림책을 창작하기 위해서는 우선 주제를 선정한다. 『친구에게』라는 그림책을 읽고 '우정'에 대한 마인드맵을 작성한다. 진정한 친구, 친구와의 즐거움, 추억, 질투나 경쟁, 학교폭력, 비밀 친구, 애착 인형, 친구와의 이별 등 다양한 소재를 찾아낼 수 있다. 우정에 대한 세부 소재를 정했다면 소재에 대한 간단한 스토리 라인을 작성한다. 이 과정에서 뤼튼*을 활용하여 이야기를 만들 수 있다. 이야기를 만들어 낸 다음, 그림책 페이지에 들어갈 장면을 이야기의 흐름에 따라 8개 장면 이상으로 나눠 본다. 장면을 나눌 때는 이야기에 맞는 그림을 생성할 수 있도록 고려해서 장면을 나눈다. 각 페이지에 들어갈 텍스트를 작성한다. 왼쪽의 메뉴에서 텍스트(T) → 텍스트 상자 추가(T) → 텍스트 상자가 생성된다. 텍스트 상자에 글을 입력하고 텍스트의 폰트, 크기, 색상을 설정하여 그림과 조화롭게 어울리도록 편집한다. 텍스트 페이지의 배경색은 이미지를 생성하고 난 후 그림 안에 있는 여러 가지 색상을 추출하여 캔바의 AI 기능이 잘 어울리는 색상을 추천해 준다. 그림과 글의 페이지가 잘 어울릴 수 있도록 텍스트의 배경색을 선택한다.

그림   글   그림   글

3단계 이미지 생성

캔바에서 제공하는 [앱] → [Magic Media]를 클릭하여 원하는 이미지를 생성할 수 있다. [Magic Media]에서는 프롬프트를 바탕으로 4개의 이미지를 생성해 낸다. 이미지를 일관성 있게 생성하기 위해서는 그림의 스타일을 지정해 주도록 한다. 생성된 이미지 중에서 이야기 장면과 가장 잘 어울리는 이미지를 선택하여 그림책에 추가한다.

---

* https://wrtn.ai 생성형 AI를 한자리에서 무료로 사용할 수 있는 서비스

앱 → Magic Media → 생성할 그림에 대한 프롬프트 작성 → 스타일 지정 → 이미지 생성

4단계 이미지 편집하기

선택한 이미지를 페이지에 배치하고 텍스트를 추가하여 페이지를 구성한다. 매직 미디어에서 생성된 이미지를 이미지 편집 기능을 이용해서 수정하거나 요소를 추가해서 그림의 완성도를 높일 수 있다. 매직 미디어에서 생성된 이미지를 수정하기 위해서는 수정하려는 이미지를 클릭하고 화면 상단의 [편집]을 클릭하면 이미지를 편집할 수 있는 편집 창이 뜬다.

편집 대상 이미지 → 편집

Magic Eraser : 선택 영역 지우기 기능   Magic Grap : 선택 영역 잘라내기

메뉴 → 요소 → 이미지 추가해서 완성도 높이기

5단계 그림책 출판 및 공유

완성된 그림책을 다양한 형식으로 출력하거나 디지털 파일로 공유할 수 있다. 오른쪽 상단 [공유]를 클릭한 후 다양한 공유 방법을 선택하여 학생들이 직접 만든 그림책을 발표하거나 출력하여 교실이나 학교 도서관에서 전시할 수 있다. 캔바에서 완성된 그림책을 PDF 파일로 저장하거나 인쇄 가능한 형식으로 변환한다. 또는 공개 보기 링크를 복사해 디지털 플랫폼을 통해 그림책을 공유할 수 있다.

캔바의 매직 미디어 기능을 활용한 그림책 창작 수업은 학생들이 창의적이고 독창적인 작품을 만들 수 있는 기회를 제공한다. 수업을 통해 학생들은 디자인과 스토리텔링의 결합을 경험하며, 자신만의 이야기를 시각적으로 표현하는 방법을 배울 수 있다. 또한 매직 미디어를 통해 다양한 디자인 요소를 실험하며 창의력을 키울 수 있다. 캔바를 사용함으로써 디지털 도구에 대한 이해도를 높이고 디자인 기술을 배울 수 있어 디지털 리터러시를 향상시킨다. 그룹 활동을 통해 다른 학생들과 협력하고 소통하는 능력을 기를 수 있다.

공유 → 다양한 공유 방법 선택

3. 삶의 교훈 표현하기
- PPT, 카드 뉴스, 명함

    캔바의 여러 기능 중 유용하게 쓰는 것 중 하나가 프레젠테이션이다. 다양한 템플릿이 있어 주제에 맞는 템플릿을 고른 후 내용만 바꾸면 되기에 유용하다. 다양한 애니메이션 및 효과가 이미 템플릿에 구현되어 있기 때문에 기술적인 부분에 집중하기보다 내용에 좀 더 집중할 수 있다는 장점이 있다. 프레젠테이션을 만들 때 기술적인 부분을 어려워하는 학생들에게 특히 큰 도움이 되어 자신감 있게 발표할 수 있다. 사용 방법이 직관적이라 캔바를 처음 접한 학생이라도 어렵지 않게 프레젠테이션을 만들 수 있다는 것도 큰 장점이다. 교사가 크게 개입하지 않더라도 모둠 안에서 친구들과 소통하며 충분히 배울 수 있다. 기기 사용을 익숙하게 다루는 세대의 학생들이므로 빠르게 적응하고 사용하는 모습을 볼 수 있다.

    캔바 가입 후 교사로 인증하는 것을 추천한다. 교사 인증 후 캔바에 수업을 개설하고, 개설한 수업으로 학생들을 초대하면 교사 계정으로 사용할 수 있는 유료 템플릿을 학생들도 무료로 사용할 수 있다. 학생들은 다양한 템플릿을 무료로 사용한다는 점에 크게 매력을 느끼며 좀 더 의욕적으로 수업에 참여하게 된다.

    카드 뉴스와 명함 역시 캔바로 제작하는데, 프레젠테이션을 만들 때와 비슷한 방법으로 템플릿을 선택하여 쉽게 만들 수 있다. 카드 뉴스나 명함으로 자신에 대해서 표현하는 활동은 여러 장의 프레젠테이션을 만드는 것보다 간단하기에 프레젠테이션을 제작하는 것이 익숙한 학생이라면 좀 더 쉽게 만들 수 있다.

자신의 삶을 표현하는 PPT, 카드 뉴스, 명함 만들기

그림책 내용을 바탕으로 자기 삶의 교훈을 표현하는 프레젠테이션, 카드 뉴스, 명함 만들기에 캔바를 이용하면 템플릿을 사용하여 좀 더 편안하게 자신의 이야기를 담을 수 있다. 자신을 표현하기 적합한 템플릿을 고른 후 내용을 템플릿에 입력하여 쉽게 만들 수 있기 때문에 자기 삶에 대한 생각에 집중할 수 있다. 그림으로 표현하거나 디자인하는 것에 어려움이 있는 학생들도 부담 없이 멋진 디자인으로 표현할 수 있기에 수업 참여도를 높일 수 있다.

『개가 가르쳐 준 삶의 교훈들』 엠마 블록 글·그림, 그린하우스

우리에게 친숙한 동물인 개의 모습을 보며 얻을 수 있는 다양한 교훈이 다정한 삽화와 함께 표현된 그림책이다. '사랑은 두려움을 이겨요' '뒤끝은 짧을수록 좋아요' '있는 그대로의 나라도 괜찮아' '사랑한다면 아낌없이 표현해요' '사랑하면 반갑게 인사해요' 등 우리의 삶에서 중요한 교훈을 찾을 수 있다.

1단계 그림책 읽고 얻은 삶의 교훈이 무엇인지 발표하는 PPT 만들기

학생들은 그림책 내용을 참고하여 자신의 삶에서 중요하게 여기는 교훈을 무엇으로 할지 정한다. 그림책의 내용을 그대로 교훈으로 삼는 것이 아니라, 그림책의 전반적인 내용을 참고하여 자신의 삶에서 중요하게 여기는 점을 바탕으로 직접 교훈을 만들도록 안내한다. 교실에 태블릿이 비치되어 있다면 태블릿을 사용하면 좋지만, 스마트폰 사용이 익숙한 학생들이라 개인 스마트폰으로도 큰 어려움 없이 만들 수 있다.

캔바 홈에서 [디자인 만들기-프레젠테이션]을 클릭한 후 템플릿을 선택하여 만들도록 한다. 프레젠테이션에서 마음에 드는 템플릿을 검색하여 찾아도 좋다. 학생들은 자신이 구상한 내용과 어울리는 템플릿을 선택한 후 프레젠테이션을 만든다.

　프레젠테이션을 다 만든 후 우측 상단의 [교사에게 보내기]를 클릭하여 과제를 제출한다. 교사에게 과제를 제출한 후 우측 상단의 [공유]를 클릭하여 프레젠테이션 링크를 복사하여 패들렛 등 교사가 학생들과 함께 게시물을 공유할 수 있는 플랫폼에 올리도록 한다. 학생들은 링크를 통해 친구들이 만든 프레젠테이션을 함께 볼 수 있고, 친구가 만든 프레젠테이션에서 마음에 드는 페이지에 댓글을 달아 서로 의사소통할 수도 있다.

　댓글을 달고 싶은 페이지를 우클릭하여 [댓글]을 누른 후 필요한 기능을 선택한다. 제일 왼쪽 [@]를 클릭한 후 특정 학생을 선택하여 댓글 알림을 보낼 수도 있고, 이모티콘이나 스티커를 추가할 수도 있다. 온라인에서 댓글 기능으로 소통할 수 있지만 학급 전체를 대상으로 직접 발표하거나 모둠 안에서 발표하면 좋다. 교사 계정으로 로그인하면 학생들이 제출한 프레젠테이션 전체를 볼 수 있으므로 교실 TV를 활용하여 학생들이 만든 프레젠테이션을 학급 전체를 대상으로 발표할 수 있다. 모둠 안에서 발표할 때는 학생들이 자신의 기기로 프레젠테이션을 재생하여 발표한다. 모둠 안에서 순서를 정하여 발표하고, 서로 의견을 나누며 피드백을 주고받도록 한다.

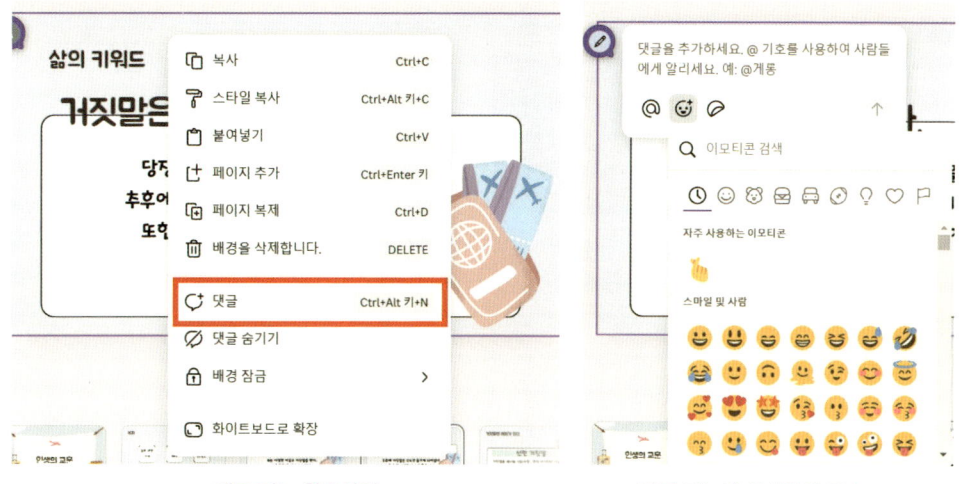

댓글 기능 활용하기   댓글 기능이 활성화된 모습

2단계 교훈을 카드 뉴스로 제작하기

캔바 홈에서 [디자인 만들기]를 클릭한 후 '카드 뉴스'를 입력하여 검색한다. 바로 아래에 [카드 뉴스]를 클릭하면 카드 뉴스 만드는 템플릿에 접근할 수 있다. 학생들에게도 카드 뉴스 템플릿에 접근할 수 있는 경로를 안내한 후 모둠끼리 함께 모여 작업하도록 하면 큰 어려움 없이 카드 뉴스 만들기를 시작할 수 있다. 카드 뉴스에 먼저 접근한 학생들은 어려워하는 모둠원을 돕도록 독려한다. 교사도 모둠을 순회하면서 어려움을 겪고 있는 학생들을 지원한다. 프레젠테이션에 템플릿을 검색한 것처럼 카드 뉴스 내에서도 검색을 통해서 다양한 템플릿을 찾을 수 있다. 템플릿 중에서 자신의 주제를 잘 담을 수 있는 템플릿을 선택하여 카드 뉴스를 제작한다.

1단계에서 교사와 반 학생들에게 피드백 받은 것을 바탕으로 프레젠테이션에서 핵심적인 내용 몇 가지를 골라서 카드 뉴스로 제작한다. 첫 번째 장은 카드 뉴스의 표지 역할을 할 수 있도록 제목 및 주제를 넣는다. 중간 페이지 각 장에는 교훈의 구체적인 내용을 넣도록 한다. 마지막 페이지는 전체 내용을 아우를 수 있는 글을 넣어 마무리한다. 카드 뉴스를 다 만든 학생들에게 우측 상단의 [교사에게 보내기]를 클릭하도록 안내한다. 그

러면 교사 캔바 계정으로 알림이 떠서 학생들의 과제가 잘 제출되었는지 바로 확인할 수 있다. 실시간으로 학생들의 카드 뉴스를 확인하며 구체적인 피드백을 해 주면 작품 완성도를 높일 수 있다.

3단계 교훈을 명함으로 제작하기

캔바 홈에서 [디자인 만들기]를 클릭한 후 '명함'을 입력하여 검색한다. 바로 아래에 다양한 명함 옵션을 선택할 수 있다. 교사가 생각했을 때 가장 적합한 형태의 명함 스타일을 지정하여 수업을 안내할 수도 있고, 학생들이 자신을 잘 표현할 수 있는 형태의 명함을 선택할 수도 있다. 명함을 처음 만드는 학생은 가장 기본 형태인 '명함(가로형) 8.5×5cm'를 선택하여 진행하도록 안내해도 좋다.

명함 템플릿 내에서 자신의 명함 내용과 가장 어울리는 템플릿을 골라 만들도록 한다. 이때 다양한 검색을 통해서 적합한 템플릿을 찾을 수 있으므로, 학생의 교훈 내용 및 원

 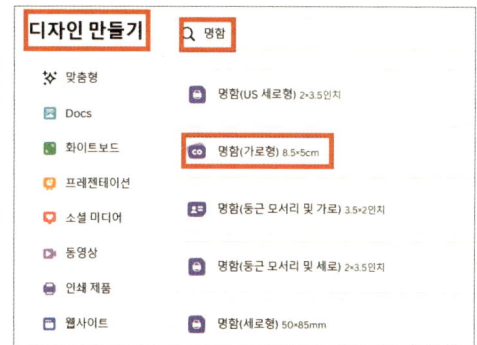

하는 디자인과 관련된 검색어를 입력해서 찾을 수 있도록 안내한다. 2단계에서 제작한 카드 뉴스의 내용을 응축하여 가장 핵심이 되는 문장 하나를 골라 이를 명함에 넣도록 한다. 명함 자체가 단면임을 생각하며 한 장으로 명함을 만드는 학생들이 대부분이긴 하나, 양면으로 명함을 만드는 학생들도 있다. 이럴 경우 앞장에는 핵심 교훈 문장 및 정보를 넣고 뒷장에 교훈에 대한 자세한 내용을 담을 수 있다.

  마찬가지로 명함을 제작한 학생들은 [교사에게 보내기]를 클릭하여 만든 명함을 제출하고, 제출물을 확인한 후 실시간으로 피드백하여 좀 더 좋은 작품을 만들 수 있도록 돕는다. 모든 학생이 작품을 제작하면 결과물을 이미지로 다운로드한 것이나 링크를 복사하여 패들렛 등 공유할 수 있는 플랫폼에 올려 만든 결과를 공유한다. 학생들에게 반 친구들의 명함을 보도록 안내하고, 마음에 드는 게시물에 '좋아요' 버튼을 누르거나 댓글 기능을 통해서 칭찬이나 응원 메시지를 달도록 한다.

| 명함 앞모습 | 명함 뒷모습 |

학기초에 자신을 소개하는 활동으로 해도 좋고, 학기말 또는 연말에 그동안의 생활을 돌아보며 새 학기 또는 새해에는 어떻게 지내야 할지 다짐해 보는 활동으로 하는 것도 추천한다. 캔바 기능에 익숙한 학생들이라면 한 차시 수업 내에도 1, 2, 3단계 모두 진행 가능하다. 3가지 활동을 모두 하는 것이 부담스럽다면 교훈에 대한 프레젠테이션을 제작한 후 이를 명함으로 제작하거나, 카드 뉴스 형태로 제작한 후 명함으로 제작할 수 있다. 학생들의 수준과 상황을 고려하여 프레젠테이션, 카드 뉴스, 명함의 형태 중 가장 적합한 것으로 진행해도 좋다.

캔바를 활용한 PPT, 카드 뉴스, 명함 만들기의 의의

캔바를 활용해 삶의 교훈을 담은 프레젠테이션, 카드 뉴스, 명함 만들기는 여러 가지 교육적 의의를 지닌다.

첫째, 여러 일정으로 바쁜 학생들의 삶에서 중요하지만 놓치기 쉬운 가치가 무엇인지 생각하도록 하여 학생들이 삶의 방향성을 정할 수 있다. 그림책 『개가 가르쳐 준 삶의 교훈들』의 내용이 학생들이 삶의 중요한 가치를 발견할 수 있는 계기를 제공한다.

둘째, '교사에게 보내기' 기능을 통해 학생들의 결과물을 교사가 실시간으로 확인할 수 있어 수업 시간에 효과적인 피드백을 제공할 수 있다. 실제로 수업할 때 가장 유용했던 기능 중 하나로, 실시간 피드백으로 학생들의 결과물이 좀 더 좋아진 것을 확인할 수 있었다.

셋째, 학생들의 결과물을 공유할 수 있기에 다른 친구들의 결과물을 보며 배울 수 있고, 댓글, 이모티콘, 스티커 등 다양한 기능을 활용하여 좀 더 역동적인 수업을 만들 수 있다. 또한 다양한 소통 방법으로 인해 학생들의 수업 참여도를 높일 수 있다.

마지막으로, 프레젠테이션, 카드 뉴스, 명함 제작 과정에서 만날 수 있는 공학적인 어려움을 덜어 줌으로써 학생들이 글쓰기와 내용 구성에 집중할 수 있다. 웹 디자인과 애니메이션 구성이 이미 템플릿으로 구현되어 있어 학생들은 내용에 좀 더 집중할 수 있고, 공학적인 어려움을 겪는 학생들은 좀 더 자신감을 가지고 수업에 참여할 수 있다.

4 감정 포스터 만들기
- 마인드맵, 포스터

　캔바는 학생들의 창의적인 아이디어를 시각적으로 표현하고 디지털 역량을 키울 수 있도록 돕는 도구로, 포스터 만들기 수업을 하기에 유용하다. 캔바의 다양한 템플릿과 그래픽 자원은 디자인 경험 없이도 손쉽게 수준 높은 포스터를 제작할 수 있게 지원한다. 이 과정에서 학생들은 독창적 아이디어의 가치를 발견하고, 창의성과 문제 해결력을 키우게 된다. 또한 미술 표현에 자신이 없는 학생에게도 자신감을 심어 주며, 아이디어를 시각적으로 구현하는 과정을 통해 자연스럽게 표현력을 향상시킨다. 이러한 활동은 디지털 도구 사용법을 익히는 데 그치지 않고, 정보 분석 및 시각화 같은 디지털 리터러시의 핵심 역량을 체계적으로 함양할 수 있는 기회를 제공한다. 더불어 캔바를 활용한 포스터 제작은 단순한 학습 도구를 넘어 창의적인 결과물을 만들어 낼 수 있기에 학생들에게 성취감을 제공하며, 이를 통해 학습 참여도를 높이고 지속적인 자기주도학습의 동기를 강화하는 데 효과적이다.

캔바를 활용한 포스터 제작하기

　캔바를 활용한 포스터 제작은 그림책과의 연계로 학습의 깊이를 더할 수 있다. 그림책 연계 포스터 만들기 수업에서 학생들은 그림책의 주제나 메시지를 포스터로 시각화하면서 깊이 있는 이해와 창의적인 표현을 경험하게 된다. 이러한 활동은 학생들이 그림책의 내용과 의미를 분석하고 이를 시각적으로 재구성하는 과정으로, 그림책에 대한 이해를 더욱 깊어지게 한다. 동시에 학생들은 다양한 시각적 표현 방식을 탐구하며, 감각적인 디자인 요소들을 통해 그림책의 메시지를 효과적으로 전달하는 방법을 익히게 된다. 이러한 과정은 그림책에 대한 몰입도를 높이고, 학생들에게 그림책과 연계한 독창적 결과물을 만들어 내게 한다.

『감정 호텔』 리디아 브란코비치 글·그림, 책읽는곰

마음을 호텔에 비유하여 다양한 감정이 손님으로 찾아오고 돌아가는 것을 표현한 그림책이다. 감정의 독특한 특성을 손님의 성격으로 표현하여 섬세하게 나타냈다. 우리에게 찾아오는 다양한 감정을 어떻게 보살피고 바라보아야 하는지 알려 준다.

1단계 감정을 인식하고 마인드맵 하기

그림책을 읽기 전에 학생들이 자신의 감정을 탐색하는 시간이다. 교사는 학생들과 요즘 어떤 감정이 있었는지, 그 상황은 무엇이었는지, 그 감정을 어떻게 표현했는지에 대해 이야기를 나눈다. 그 과정에서 학생들이 자신의 감정을 인식하고, 최근의 감정적 경험을 떠올리게 한다.

다음으로 캔바의 마인드맵 템플릿을 사용하여 학생들이 자신의 감정을 시각적으로 정리해 보는 활동을 진행한다. 캔바에서 마인드맵을 만들기 위해 학생들은 태블릿이나 노트북을 사용하여 구글 계정으로 캔바에 로그인을 한다. 그 후 캔바의 검색창에 '마인드맵'이라는 검색어를 입력한다. 캔바에는 다양한 마인드맵 템플릿이 있는데, 교사는 그중 하나의 양식을 선택해서 학생들에게 제시하거나 학생들이 원하는 템플릿을 선택하게 한다. 마인드맵 템플릿을 선택한 후에는 [이 템플릿 맞춤 편집하기]를 누르고 마인드맵을 만든다.

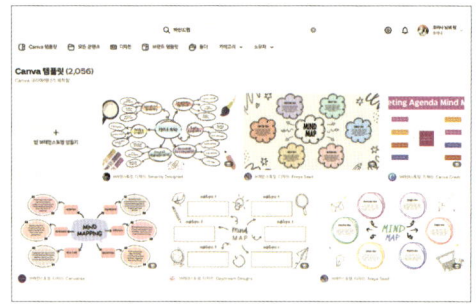
마인드맵 템플릿 검색

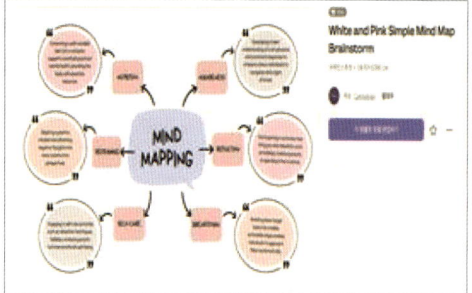
마인드맵 템플릿 선택

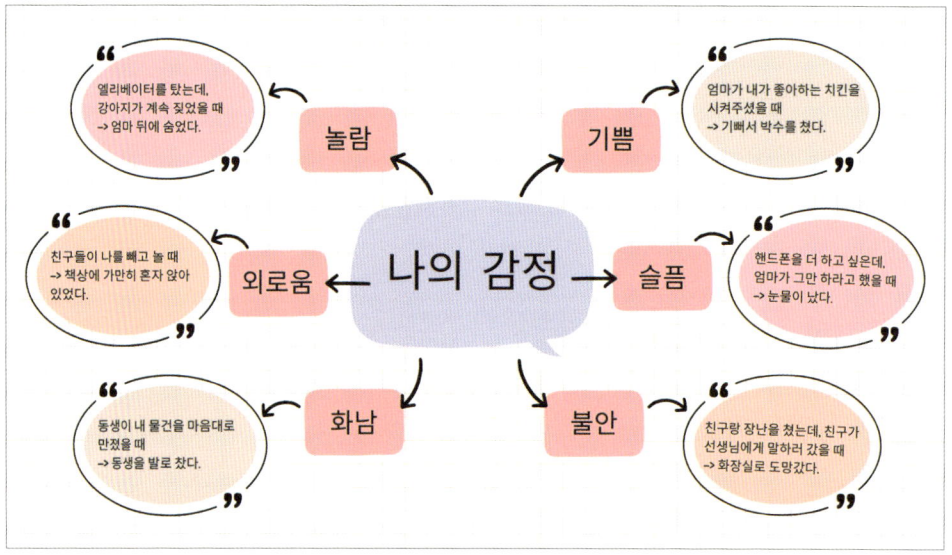
감정 마인드맵 하기

학생들이 자신의 감정을 마인드맵으로 표현한 후에는 서로 공유하는 시간을 갖는다. 이는 학생들이 느낀 감정이 특별하거나 이상한 것이 아니라, 많은 사람들이 일상적으로 경험하는 것임을 깨닫는 데 큰 도움을 준다. 특히, 자신의 감정을 표현하는 과정에서 서로 공감대를 형성하고, 다른 사람의 이야기를 들으면서 새로운 관점을 배우는 기회가 된다. 더 나아가 이러한 활동은 학생들이 감정의 다양성을 인식하는 데 도움을 준다. 감정은 단순히 좋고 나쁜 것으로 나뉘는 것이 아니라 기쁨, 슬픔, 분노, 두려움, 놀라움 등 다양한 형태로 나타나며, 이 모든 감정이 우리의 삶에 중요한 역할을 한다는 사실을 느끼게 된다.

2단계 그림책 읽으며 감정 호텔에 찾아온 주요 감정과 특징 찾아보기

감정 호텔에는 다양한 감정이 찾아온다. 호텔 지배인은 감정이 찾아오면 환영해 주고, 각 감정에 알맞은 적절한 방을 준다. 감정들은 다양한 방식으로 호텔에 머무른다. 예를 들어, '슬픔'은 호텔에 찾아오면 툭하면 방을 어질러 놓고 욕실에 물이 흘러넘치게 한다. 심지어 아래층까지 물이 새기도 한다. 하지만 호텔 지배인은 곁에서 조용히 기다려 주며 슬픔의 이야기에 귀 기울여 준다.

교사는 학생들과 함께 그림책을 읽으며 그림책에 표현된 감정들의 다양한 시각적 특징을 찾아본다. "지금 ○○은 무엇을 하고 있나요?" "○○의 방의 모습은 어떤가요?" "호텔 지배인은 어디에 있나요?" "나와 비슷한 모습을 보여 주는 감정이 있나요?"와 같은 질문을 던지며 그림책에서 섬세하게 표현된 부분들을 학생들과 짚어 본다. 충분한 시간을 가지고 그림책에 머무르며, 그림책에서 감정이 얼마나 세세하고 소중하게 표현되었는지를 생각해 보게 한다. 아래와 같이 정리해 보는 활동을 진행할 수도 있다.

감정	특징
분노	• 엄청나게 시끄럽다. • 벽이 흔들릴 정도로 소리를 지른다. • 분노는 가두어 놓으면 죄책감, 우울감, 수치심으로 바뀌기도 한다. • 마음껏 소리를 지를 넓은 방이 필요하다. • 마음껏 소리를 지르고 나면 금방 훌훌 털고 떠난다.
평화	• 분노가 떠나면 호텔이 조용해지며 찾아온다. • 모든 것을 있는 그대로 받아들이고 문제를 일으키지 않는다. • 평화는 침대에 누워 편안한 표정을 짓고 있다. • 호텔 지배인은 평화가 계속 머무르길 바란다.

불안	• 많은 감정이 한꺼번에 아우성치면 찾아온다. • 늘 모습이 다르다. • 두려움처럼 보일 때도 있고, 죄책감처럼 보일 때도 있다. • 주목받기 좋아한다. • 자신만 봐 주기를 바란다.

3단계 나만의 감정 호텔 포스터로 표현하기

학생들과 그림책을 세밀하게 살펴본 후에는 캔바에서 나만의 감정 호텔 포스터를 만드는 활동을 진행한다. 캔바에서 제공하는 포스터 템플릿을 선택하거나 포스터의 양식만 설정하고 직접 만들어 볼 수 있다. 템플릿을 선택하지 않고 직접 포스터를 제작할 경우 캔바 왼쪽 상단 [디자인 만들기]를 클릭한다. 그러면 '어떤 걸 만들고 싶으세요?' 라는 검색창이 나타나는데, 검색창에 '포스터'라고 검색어를 입력한다. 다양한 포스터 양식이 나오면 그중 원하는 포스터 디자인의 용지 방향과 크기를 설정한 후에 포스터를 제작한다. 나만의 감정 호텔 포스터는 세로보다는 가로 형태가 학생들이 표현하기에 용이하다.

디자인 만들기 클릭

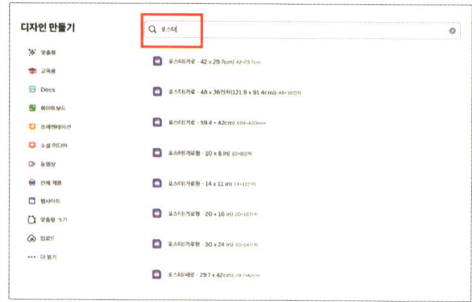

검색창에 '포스터'를 입력 → 포스터 양식 선택

포스터 양식을 결정했으면 본격적으로 나만의 감정 호텔 포스터 작업을 시작한다. 먼저, 포스터의 배경을 설정한다. 캔바의 왼쪽 메뉴 중 [요소]를 누르고 검색어에 '방'을 입력해서 원하는 방에 알맞은 그림을 선택할 수 있다. 또는 포스터 페이지의 상단에 동그라미 색상환을 클릭하여 포스터 페이지의 배경 색상을 설정하고 나만의 감정 호텔을 만들 수도 있다.

요소 → '방'을 입력 → 포스터 배경 선택

페이지에 배경색을 입혀 포스터 배경 선택

다음으로 왼쪽 메뉴에서 [텍스트]를 누르고 원하는 텍스트 스타일을 추가하여 자신이 표현하려는 감정을 적는다. 이제 학생들이 표현하고 싶은 감정에 어울리는 다양한 요소를 검색해서 나만의 감정 호텔을 표현한다. 캔바에는 다양한 요소가 많기 때문에 학생들

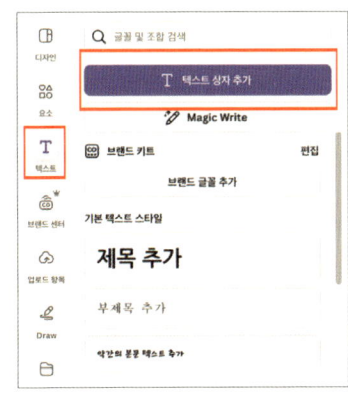

텍스트 → 텍스트 상자 추가 → 나의 감정 호텔에 찾아온 감정 적기

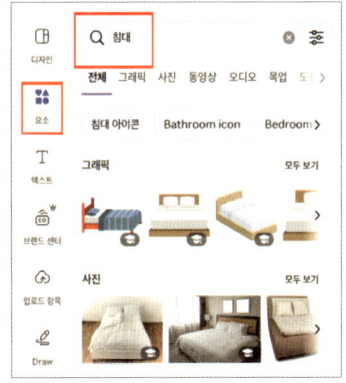

요소 → 나만의 감정 호텔을 꾸미는 데 필요한 것을 검색하고 입력

이 생각하는 감정을 구체적이고 생동감 있게 표현할 수 있다. 직접 그림을 그리지 않아도 되므로 종이와 물감 등 표현을 위한 도구를 준비할 필요가 없다. 학생들은 오로지 자신의 창의력에 집중할 수 있다.

캔바를 활용한 포스터 만들기에 어려움을 느끼는 학생들에게는 아래와 같은 예시 작품을 참고하도록 안내할 수 있다.

예시 작품

캔바를 활용한 포스터 만들기에서 중요한 점은 캔바가 학생들의 생각을 펼칠 수 있는 강력한 수단으로 활용된다는 점이다. 캔바 포스터 만들기는 '감정'이라는 추상적인 개념을 구체적으로 시각화할 수 있는 도구가 되어 주며, 학생들에게 마음껏 표현할 수 있도록 날개를 달아 준다. 이를 통해 학생들은 자신의 감정을 보다 깊이 이해할 수 있다.

4단계 포스터 다운로드 및 발표하기

학생들의 포스터가 완성되면 오른쪽 상단의 [공유]를 클릭한다. 그러면 아래에 8개의 아이콘이 보이는데, 첫 번째 아이콘인 [다운로드]를 누른다. 그 후 그림 파일 형식을 지정해서 다운로드할 수 있는데, 포스터의 경우 복잡한 이미지이기 때문에 PNG로 저장하는 것이 적합하다.

학생들이 포스터를 만들고 다운로드까지 하고 나면 교사는 학생들의 포스터를 인쇄하

공유 → 다운로드 클릭

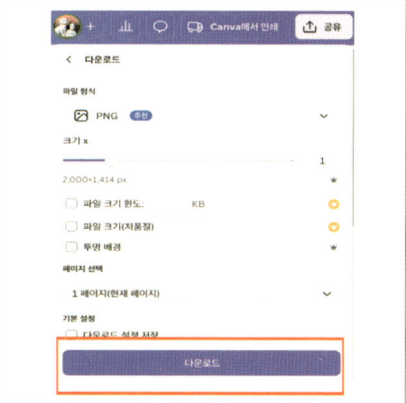
파일 형식은 PNG로 선택 → 다운로드 클릭

여 서로의 포스터를 소개하는 발표를 진행한다. 이 시간은 그림책을 읽고 캔바로 포스터를 만들어 본 배움의 과정을 마무리하는 의미 있는 시간이다. 학생 간 발표와 대화가 충분히 이루어지도록 하고, 역할을 교대하여 모든 학생이 발표자와 관람자의 역할을 골고루 경험하게 한다.

캔바를 활용한 포스터 만들기의 의의

캔바를 활용한 포스터 만들기 활동은 여러 가지 교육적 의의를 지닌다.

첫째, 캔바를 활용한 활동은 학생들이 자신의 감정과 생각을 시각적으로 표현할 수 있는 기회를 제공한다. 『감정 호텔』 그림책의 각 장면과 감정을 분석한 후, 학생들은 자신이 느낀 감정이나 생각을 캔바의 다양한 디자인 도구를 통해 포스터로 제작하게 된다. 이를 통해 창의적인 사고와 시각적 표현 능력을 개발할 수 있다.

둘째, 이 활동은 학생들의 자기 성찰 능력을 키우는 데 도움을 준다. 그림책의 이야기를 바탕으로 자신의 감정을 해석하고, 이를 캔바를 활용해 포스터로 표현하는 과정에서 감정을 깊이 탐구하고 표현할 기회를 갖는다. 이러한 경험은 정서적 발달에 기여할 뿐만 아니라, 공감 능력을 증진하는 데도 긍정적인 영향을 미친다.

셋째, 학생들은 자신이 제작한 포스터를 소개하고, 친구들과 작품에 대해 피드백을 주고받는 과정을 통해 협력적 소통 능력을 강화할 수 있다. 발표자는 자신의 생각과 의도를 명확히 전달하는 연습을 하고, 관람자는 경청하며 건설적인 질문과 의견을 나누면서 의사소통 능력을 더욱 발전시킨다. 이러한 과정은 학생들이 상호작용을 통해 협력적이고 존중하는 태도를 기르는 데 기여한다.

넷째, 디지털 도구를 사용하는 경험은 학생들의 디지털 리터러시를 강화한다. 캔바의 다양한 기능을 익히고, 이를 창의적으로 활용하는 과정은 디지털 대전환 시대에 필수적인 디지털 기술을 학습하는 좋은 기회가 된다.

마지막으로, 이 수업은 학생들이 감정을 자유롭게 표현하고, 이를 바탕으로 긍정적인 자기 이미지를 형성하는 데 도움을 준다. 자신만의 독창적인 포스터를 완성하며 성취감을 느끼고, 이를 발표하며 자신감을 기를 수 있다.

5 | 환경 신문 만들기
- 워크시트

　캔바의 워크시트를 활용한 신문 만들기는 2022 개정 교육과정에서 강조하는 디지털 리터러시 함양에 매우 효과적인 학습 방법이다. 이 활동은 학생들의 디지털 역량을 강화하는 동시에 비판적 사고력과 창의성을 계발하는 데 큰 도움을 준다. 학생들은 캔바라는 디지털 도구를 직접 사용하면서 기술적 역량을 키우고, 미래 학습 환경에 필요한 디지털 스킬을 자연스럽게 습득한다. 신문 제작 과정에서 정보의 출처를 확인하고 포함할 내용을 선별하는 작업은 비판적 사고 능력을 향상시키며, 다양한 시각적 요소를 조합하여 효과적으로 메시지를 전달하는 과정을 통해 창의적 사고력과 자기주도학습을 촉진한다. 학생들은 주제 선정부터 자료 수집, 디자인까지 전 과정을 스스로 결정하며 자기 주도적인 학습자로 성장한다. 신문의 구조와 내용을 구성하는 과정에서 정보를 분석하고 중요 요소를 선별하는 능력이 향상되며, 텍스트와 이미지를 효과적으로 배치하는 작업을 통해 시각적 소통 기술도 익힐 수 있다.

　따라서 캔바의 워크시트를 활용한 신문 만들기는 2022 개정 교육과정의 목표에 부합하는 효과적인 학습활동으로, 학생들의 종합적인 역량을 키우며 디지털 시대에 필요한 핵심 역량을 갖추는 데 중요한 역할을 한다.

워크시트를 활용한 환경 신문 만들기

그림책 읽기와 캔바의 워크시트를 활용한 신문 만들기를 결합하는 활동은 학생들의 다양한 능력을 종합적으로 향상시키는 효과적인 교육 방법이다. 그림책을 읽은 후 신문을 만드는 과정은 학생들이 이야기의 내용을 깊이 이해하도록 돕는다. 캔바의 워크시트를 활용하여 신문을 만들면 이야기의 주요 사건, 등장인물, 주제 등을 정리하고 시각적으로 표현해야 한다. 학생들은 자신이 학습한 내용을 정리하고, 이를 시각적으로 표현함으로써 책 내용을 재구성하고 이해도를 높일 수 있다. 예를 들어, 그림책의 주제나 교훈을 정리한 워크시트를 만들면서 내용을 명확하게 정리하고, 이를 바탕으로 더 깊은 이해를 할 수 있다. 이러한 시각화 과정은 학생들이 복잡한 개념을 쉽게 이해하고 기억하는 데 도움을 준다.

『지구가 보내온 편지』 몰리 블룸·마크 산체스·샌든 토튼 글, 마이크 오르단 그림, 에듀앤테크

플라스틱 쓰레기 문제를 다룬 그림책으로, 지구의 환경문제에 대해 이야기한다. 이 책은 플라스틱으로 힘들어 하는 지구가 독자들에게 편지를 보내는 형식으로 구성되어 있다. 플라스틱이 어떻게 우리 생활에 자리 잡았는지를 설명하며, 그로 인해 발생하는 환경문제를 쉽게 이해할 수 있도록 돕는다.

1단계 환경문제에 대한 자료 조사하기

지구의 환경이 오염되면서 다양한 문제가 발생함에 따라 지구의 생태환경에 대한 관심이 높아지고 있다. 『지구가 보내온 편지』는 환경문제, 특히 플라스틱 쓰레기의 심각성을 알리는 매우 의미 있는 그림책이다. 그림책을 함께 읽으며 지구는 우리를 어떻게 생각하는지, 인간이 살기 좋은 곳이 되게 하기 위해 무엇을 하고 있는지 생각하면서 지구가 우리에게 편지를 쓴 이유와 지구가 처한 어려움에 대해 이야기를 나눌 수 있다. 교사

는 플라스틱 쓰레기가 우리 일상생활에서 어떻게 사용되고 버려지는지를 질문하며 플라스틱 사용의 긍정적인 영향과 부정적인 영향에 대해 학생들이 생각해 보게 한다. 이 그림책에서 지구는 플라스틱 쓰레기를 줄이는 다양한 방법도 제안하고 있다. 쓰레기를 줄이는 방법을 실천하는 것 외에 플라스틱 쓰레기의 심각성을 알리는 것도 중요하다는 학생들의 의견을 반영하여 환경 신문을 제작하기로 한다.

『지구가 보내온 편지』의 내용을 토대로 환경 신문을 만들기 위해서는 그림책에 등장한 인물, 지구가 편지를 보낸 이유, 문제를 해결하기 위해 제안한 내용을 분석하면서 신문에 기사로 넣을 자료를 찾아야 한다. 학생들이 자료를 찾기 전에 어떠한 자료를 찾으면 좋을지 함께 이야기를 나누고 마인드맵으로 정리한 후 필요한 자료를 검색하도록 한다.

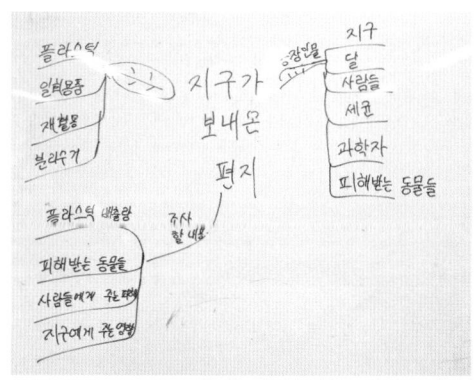
지구가 보내온 편지 내용 분석

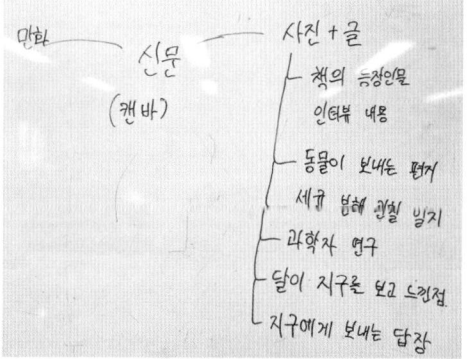
신문에 넣을 수 있는 내용

신문에 포함할 내용을 조사하기 위해서는 주제를 명확히 하고, 관련된 정보를 수집하기 위해 다양한 자료를 활용해야 한다. 플라스틱 쓰레기 문제에 대한 신뢰할 수 있는 정보를 찾기 위해서는 환경 관련 웹사이트나 기관의 자료를 참고하는 것이 좋다. 예를 들어, 세계자연기금(WWF)이나 그린피스 같은 국제 환경단체의 웹사이트는 플라스틱 쓰레기의 오염 현황, 통계 그리고 해결책에 대한 유용한 정보를 제공한다. 이러한 자료는 플라스틱 쓰레기의 심각성을 이해하는 데 큰 도움이 된다.

또한, 정부기관의 보고서나 연구 자료도 중요한 참고 자료가 될 수 있다. 환경부의 웹사이트에서는 국내외 플라스틱 관리 정책이나 관련 통계를 확인할 수 있으며, 이를 통해 현재의 상황을 더욱 명확히 파악할 수 있다. 신문 기사를 작성할 때는 신뢰할 수 있는 자료를 바탕으로 기사를 작성하는 것이 중요하며, 이는 독자에게 정확하고 유익한 정보를 제공하는 데 기여한다는 것을 학생들이 자료를 찾을 때 명심하도록 한다.

2단계 신문에 넣을 글을 정리하고 사용할 이미지 찾기

환경 신문에 포함할 글을 검색하고 이미지를 찾는 과정은 신문의 내용과 시각적 요소를 풍부하게 만들어 독자에게 보다 효과적으로 메시지를 전달하는 데 중요한 역할을 한다. 특히 플라스틱 쓰레기 같은 환경문제를 다룰 때 신뢰할 수 있는 정보와 감동적인 이미지는 독자의 관심을 끌고 문제의 심각성을 전달하는 데 필수적이다.

학생들이 신문 기사 작성에 필요한 정보를 수집한 후에는 그 내용을 바탕으로 기사를 작성해야 한다. 이 과정에서는 플라스틱 쓰레기의 현황, 이로 인해 발생하는 환경문제, 그리고 이를 해결하기 위한 개인과 사회의 노력에 대해 서술할 수 있다. 독자들이 이해하기 쉽도록 구체적인 사례를 들어 설명하는 것이 효과적이다. 예를 들어, 특정 지역에서 시행된 성공적인 재활용 프로그램이나 플라스틱 사용 줄이기 캠페인을 소개하는 것도 좋은 방법이다. 이러한 정보는 독자에게 실질적인 대안을 제시할 수 있으며, 그들이 문제 해결에 참여하도록 유도할 수 있다.

그다음으로는 이미지 검색 단계이다. 이미지 선택은 기사의 시각적 요소를 강화하는 데 중요한 역할을 한다. 적절한 이미지를 찾기 위해서는 먼저 저작권 문제를 고려해야 한다. 저작권과 이미지 사용에 대한 출처 표기에 대해 학생들에게 사전 설명을 하고, 무료 이미지 사이트인 Pixabay, Unsplash나 Pexels 같은 플랫폼을 이용하면 저작권 걱정 없이 사용할 수 있는 고품질 이미지를 쉽게 찾을 수 있다는 것을 학생들에게 안내한다. 이러한 사이트에서는 다양한 주제에 대한 이미지를 제공하므로 '플라스틱 쓰레기', '환경 보호' 같은 키워드로 검색하여 관련 이미지를 찾아볼 수 있다.

또한, 구글 이미지 검색을 활용하는 방법도 있다. 구글에서 '플라스틱 쓰레기' 또는 '환경문제' 같은 키워드를 입력한 후, 검색 결과에서 [도구] → [고급검색]을 클릭하면 창이 새로 열린다. 그 창의 [사용 권한] 옵션에서 '사용 또는 공유 가능(상업적 용도 포함)'을 선택하고 [고급검색]을 클릭하면 저작권에 문제가 없는 이미지를 찾을 수 있다. 그러나 이 경우에도 출처를 정확히 기록하여 신뢰성을 높이는 것이 중요하다. 이미지의 출처를 명확히 하는 것은 독자에게 신뢰를 주고 저작권을 존중하는 태도를 보여 준다.

3단계 캔바를 이용하여 지구의 상태를 알리는 신문 제작하기

캔바에서 프로젝트 또는 수업 과제를 진행하기 위해서는 교사는 학생들을 캔바로 초대해야 한다. 이를 위해서 교사는 캔바의 홈 화면에서 가장 왼쪽에 있는 [프로젝트] → [폴더] → [+ 새 항목 추가]를 클릭하여 학생들과 환경 신문을 만들 공유 폴더를 만든다. 폴더에 마우스 포인터를 갖다 대면 '더보기'가 뜨는데 이곳에서 [공유] → 공유할 대상자 선택 → [편집 및 공유 가능] → [링크 복사]를 클릭한다. 복사한 링크는 구글 클래스룸이나 학생들과 소통하는 도구를 이용해 학생들에게 전달한다. 링크를 전달하여 초대하는 방법 외에도 QR코드나 이메일로 초대할 수도 있다.

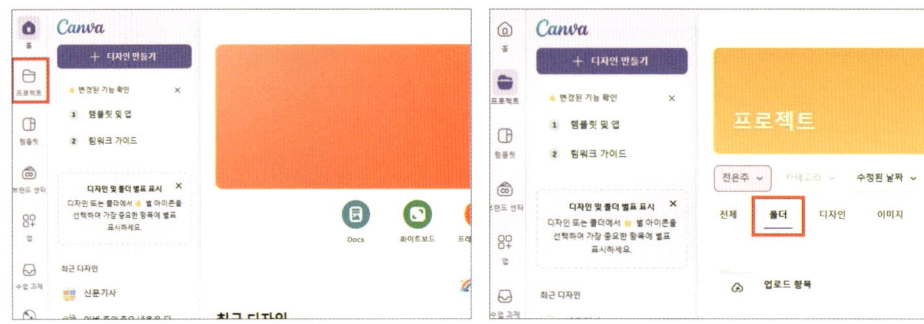

캔바 홈에서 프로젝트 선택 · 폴더 클릭

새 항목 추가

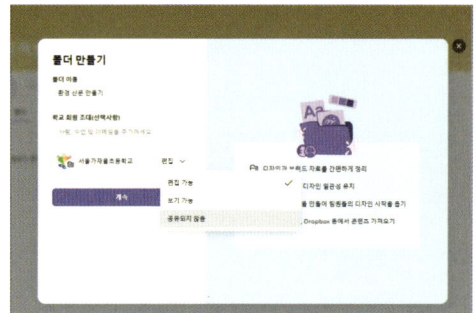

폴더 이름 만들고 공유 대상 및 권한 부여

공유

링크 복사

    캔바의 워크시트를 이용하여 환경 신문을 제작하는 과정은 여러 단계로 나뉘어 있으며, 각 단계는 신문의 내용과 시각적 요소를 결합하여 독자에게 효과적으로 메시지를 전달하는 데 중요하다.

(1) 템플릿 선택하기

학생들이 로그인하여 들어오면 대시보드에서 [디자인 만들기]를 클릭한다. 캔바는 여러 가지 스타일과 레이아웃을 제공하므로 원하는 디자인을 선택하는 것이 중요하다. 템플릿은 전통적인 신문 형식부터 현대적인 느낌의 레이아웃까지 다양하다. 선택한 템플릿을 클릭하면 새로운 디자인 편집 화면으로 이동하게 된다.

템플릿을 선택할 때는 목적에 맞는 디자인과 구성 요소를 고려해야 한다. 먼저, 신문의 주제와 분위기에 맞는 템플릿을 선택한다. 예를 들어, 환경문제를 다루는 신문이라면 자연색 계열의 부드러운 디자인이 적합할 수 있다. 다음으로 템플릿에 포함된 헤드라인, 이미지, 텍스트 박스 등의 배치가 효과적인지 확인한다. 나중에 수정할 수 있지만, 처음부터 잘 구성된 템플릿을 선택하면 작업이 수월해진다. 여기에서는 워크시트 A4 세로형을 선택하고 검색창에 신문을 입력하여 나온 템플릿에서 자신이 제작할 신문 스타일을 선택한다. 선택한 템플릿이 외국어인 경우 왼쪽 맨 아래의 [자동번역]을 클릭하여 한국어로 선택하면 변환된다.

 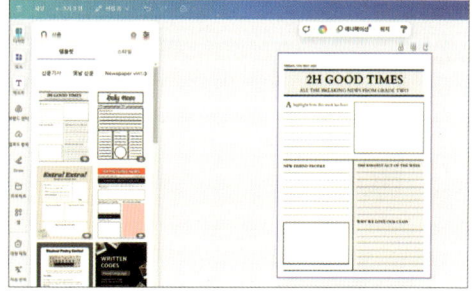

(2) 템플릿 수정하며 글 입력하기

템플릿을 선택한 후에는 이를 학생 각자의 필요에 맞게 수정하는 단계이다. 템플릿의 텍스트 박스를 클릭하여 플라스틱 쓰레기 오염에 대한 기사 글을 입력한다. 이때 기사의 구조를 명확히 하여 독자들이 쉽게 이해할 수 있도록 해야 한다. 미리 조사하여 정리한 기사의 주요 내용을 학생들이 구상한 형태로 나눌 수 있다. 정리한 내용을 신문 기사로 작성할 때 독자들이 쉽게 이해할 수 있도록 간결하고 명확한 언어로 작성해야 하며, 필요한 경우 통계나 사례를 통해 주장을 뒷받침하는 것이 좋다는 것을 강조한다.

글자의 크기, 글꼴 등은 기사의 내용과 어울리게 왼쪽의 [텍스트]에서 조정하여 선택할 수 있다. 신문을 제작할 때 글꼴의 선택도 중요한 요소이다. 가독성이 높은 글꼴을 선택하여 독자가 쉽게 내용을 읽을 수 있도록 해야 한다. 제목과 본문의 글꼴을 다르게 설정하여 시각적으로 구분할 수도 있고, 강조할 부분은 굵게 하거나 색상을 달리하여 강조할 수도 있다.

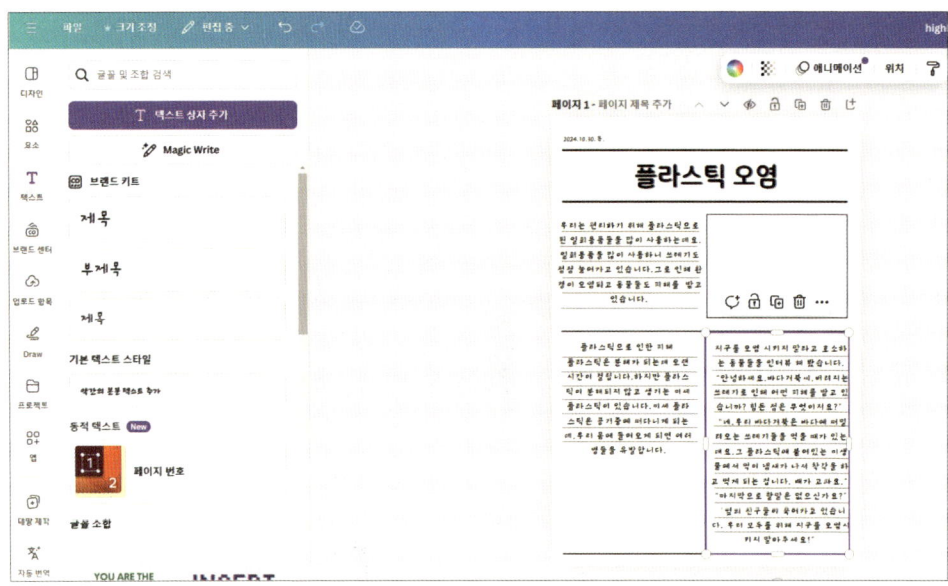

(3) 이미지 및 그래픽 추가하기

신문의 시각적 매력을 높이기 위해 이미지를 추가하는 것이 중요하다. 캔바의 왼쪽 메뉴에서 [사진] 또는 [요소]를 선택하여 플라스틱 쓰레기 오염과 관련된 이미지를 검색한다. 여기서 무료 이미지 사이트인 Unsplash나 Pexels를 활용할 수 있고, 미리 찾아놓은 이미지를 불러와서 입력할 수 있다. 이미지를 불러온 후 디자인에 끌어다 놓아 배치한다. 이때 이미지의 크기와 위치를 조정하여 텍스트와 잘 어우러지도록 배치하는 것이 중요하다. 이미지는 독자의 시선을 끌고, 기사의 내용을 보강하는 역할을 하므로 적절히 선택하여 배치하는 것이 필요하다.

또한, 데이터 시각화가 필요한 경우 캔바의 '차트' 기능을 활용하여 통계 데이터를 그래픽 형태로 나타낼 수 있다. 예를 들어, 플라스틱 소비량 변화나 재활용 비율을 차트로 표현하여 독자가 한눈에 이해할 수 있도록 한다. 이 과정에서 데이터의 출처를 표기하여 신뢰성을 높이는 것도 중요하다.

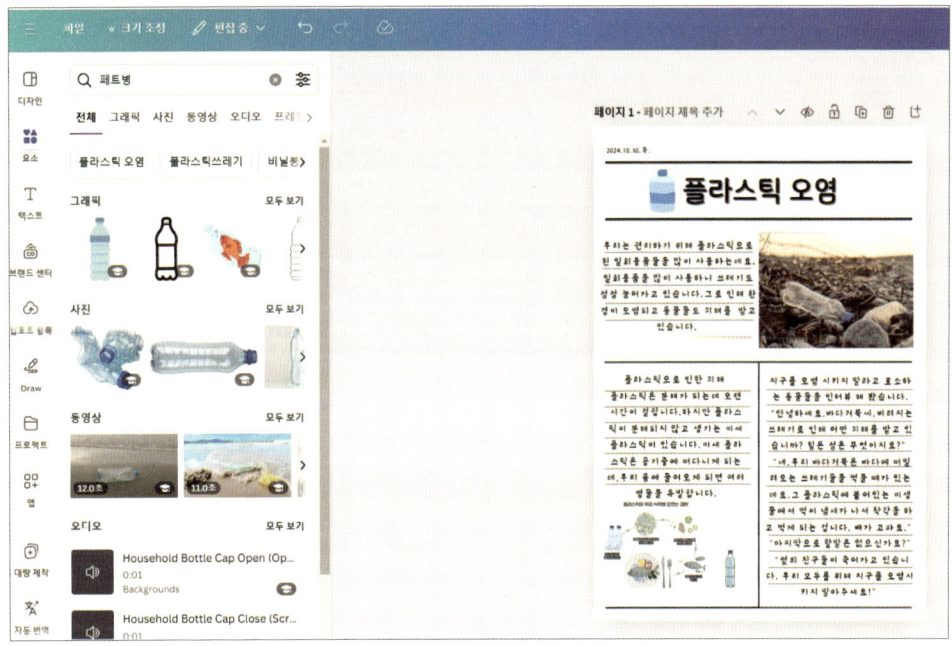

(4) 디자인 스타일 조정하기

신문의 전체적인 디자인을 조정하여 일관성을 유지하는 것이 중요하다. 캔바의 왼쪽 맨 위 [디자인] 메뉴에서 색상, 배경 등을 변경할 수 있다. 신문에 사용하는 색상은 환경

친화적인 느낌을 줄 수 있는 자연색 계열을 선택하는 것이 좋지만 학생의 자율적 선택이 가장 중요하다. 전하고자 하는 의미가 잘 전달되도록 색상을 선택하는 것이 좋다고 안내한다.

(5) 최종 검토

모든 내용을 입력하고 디자인을 조정한 후, 신문의 내용을 최종 검토하는 단계로 넘어간다. 이 과정에서는 기사 내용이 정확한지, 인용한 통계나 사실이 올바른 출처에서 온 것인지, 문법, 철자 및 문장의 흐름을 확인하여 오류를 수정한다. 검토 과정에서 동료나 다른 사람에게 피드백을 받는 것도 유익하며, 이는 최종 결과물의 품질을 높이는 데 도움이 된다.

(6) 다운로드 및 배포

최종적으로 신문이 완성되면 캔바의 오른쪽 상단에 있는 [다운로드]를 클릭하여 신문을 PDF, PNG 또는 JPG 형식으로 저장한다. 인쇄할 경우 PDF 형식을 추천하며, 디지털 형식으로 배포할 경우 PNG나 JPG 형식이 적합하다.

4단계 워크시트를 활용한 추가 활동

(1) 워크시트를 활용한 학습지 만들기

캔바를 이용하여 학생들이 자신이 만든 신문 내용을 바탕으로 워크시트를 만드는 과정은 창의적이고 교육적인 경험이 될 수 있다. 이 과정은 학생들이 정보를 정리하고 시각적으로 표현하는 능력을 키우며, 자신의 주제를 더욱 깊이 이해하는 데 도움을 준다. 학생들은 자신이 만든 신문에서 중요한 정보를 추출하고, 이를 바탕으로 워크시트를 어떻게 활용할지를 계획한다.

캔바의 대시보드에서 [디자인 만들기]를 클릭하고, 검색창에 '워크시트' 또는 '학습지'를 입력하여 관련 템플릿을 찾아본다. 캔바는 다양한 스타일의 워크시트 템플릿을 제공하므로 학생들은 자신이 원하는 디자인을 선택할 수 있다. 이러한 과정은 워크시트를 활용한 신문 만들기의 과정과 동일하다. 캔바의 다양한 템플릿 중에서 학습지에 적합한 디자인을 선택하거나, 백지 상태에서 직접 디자인을 시작할 수 있다. 왼쪽 메뉴에서 제공하는 다양한 요소를 활용하여 학습지를 구성한다. 텍스트 상자를 추가하여 문제나 지시사항을 입력하고, 이미지나 도형을 삽입하여 시각적 요소를 보강할 수 있다.

학습지의 기본 구조가 완성되면 '복사'와 '붙여넣기' 기능을 활용하여 유사한 형식의 문제를 쉽게 추가할 수 있다. 또한, 키보드의 Shift 키를 누르고 여러 요소를 클릭하여 '그룹' 기능을 사용하면 관련된 요소들을 함께 묶어 관리할 수 있어 효율적인 편집이 가능하다.

최종적으로 학습지의 내용과 디자인을 검토하고 필요한 수정을 거친 후, 상단의 [공유]를 클릭하여 PDF나 이미지 파일로 다운로드한다. 이렇게 만들어진 학습지는 인쇄하여 사용하거나 디지털 형태로 친구들에게 배포하여 서로 문제를 풀어 볼 수 있다.

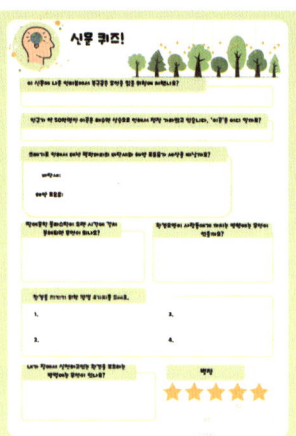

(2) 워크시트를 활용한 편지 쓰기

캔바의 워크시트를 활용한 편지 쓰기는 창의적이고 시각적으로 매력적인 편지를 만들 수 있는 효과적인 방법이다. 『지구가 보내온 편지』를 읽고 워크시트를 활용하여 신문과 학습지를 만든 후 마무리 활동으로 지구에게 답장의 편지 쓰기 활동까지 할 수 있다.

먼저 디자인 만들기에서 편지 크기에 맞는 템플릿을 선택하거나 원하는 크기의 빈 캔버스를 만든다. 캔바에서 제공하는 다양한 편지 디자인 템플릿 중에서 원하는 스타일을 고르거나 처음부터 직접 디자인할 수 있다.

다음으로 편지의 구조를 잡는다. 상단에는 날짜와 수신인을 위한 공간을, 중앙에는 본문 내용을 위한 넓은 영역을, 하단에는 발신인 서명을 위한 공간을 배치한다. 캔바의 다양한 텍스트 도구를 사용하여 각 부분에 적절한 글꼴과 크기를 적용한다. 준비가 완료되면 편지 내용을 작성하기 시작한다. 텍스트 상자를 추가하여 인사말, 본문, 맺음말을 차례로 입력한다. 필요한 경우 캔바의 '맞춤법 검사' 기능을 활용하여 오타나 문법 오류를 수정할 수 있다.

편지의 시각적 매력을 높이기 위해 캔바의 다양한 디자인 요소를 활용하면 좋다. 배경에 적절한 색상이나 패턴을 적용하고, 테두리나 장식 요소를 추가하여 편지의 분위기를 강조한다. 또한, 관련 이미지나 스티커를 삽입하여 편지 내용을 보완하거나 감성을 더할 수 있다

 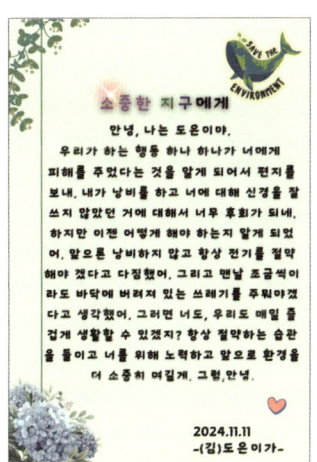 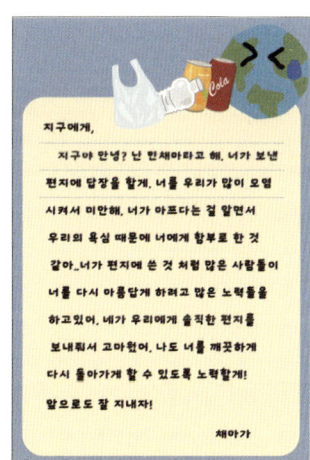

마지막으로, 전체적인 레이아웃과 디자인을 검토하고 필요한 조정을 한다. 모든 요소가 조화롭게 배치되었는지, 텍스트가 명확히 읽히는지 확인한다. 만족스러운 결과가 나오면 편지를 PDF나 이미지 파일로 저장하거나 직접 인쇄한다. 캔바의 워크시트를 활용한 편지 쓰기는 디지털 도구의 장점을 살려 전통적인 편지 쓰기에 새로운 차원을 더하는 창의적인 방법이다.

캔바를 활용한 환경 신문 만들기의 의의

캔바의 워크시트를 활용한 환경 신문 만들기는 여러 가지 교육적 의의를 지닌다.

첫째, 학생들은 캔바를 활용하여 시각적으로 매력적인 신문을 디자인하면서 창의력을 발휘할 수 있다. 다양한 템플릿과 요소를 사용하여 독창적인 콘텐츠를 만드는 과정은 창의적 사고를 촉진한다.

둘째, 환경문제에 대한 정보를 조사하고 분석하는 과정에서 비판적 사고력을 기를 수 있다. 여러 자료를 수집하고 이를 정리하여 신문에 담는 경험은 정보 활용 능력을 키우는 데 도움을 준다.

셋째, 환경 신문 제작을 통해 현재의 환경 이슈와 그 해결 방안에 대해 깊이 이해하게 된다. 이러한 과정은 환경에 대한 관심과 책임감을 높이는 데 중요한 역할을 한다.

넷째, 캔바와 같은 디지털 도구를 사용함으로써 현대사회에서 필수적인 디지털 리터러시를 기를 수 있다. 디자인 소프트웨어 사용법을 배우고, 온라인 자료를 효과적으로 활용하는 경험은 미래 사회의 다양한 분야에 유용하다.

마지막으로, 신문 제작 과정에서 자신의 의견이나 주장을 효과적으로 표현하는 법을 배우게 된다. 이는 글쓰기 및 발표 능력 향상에도 기여하는 중요한 요소이다.

이러한 교육적 의의는 학생들이 환경문제에 대한 이해를 높이고, 동시에 다양한 기술적·사회적 능력을 기르는 데 큰 도움이 된다.

— 2장 —

에듀테크를 활용한 미래형 융합 수업 디자인

1 패들렛
- 진로와 직업 게시판 토론하기

 2020년 팬데믹이 시작되면서 온라인 교육의 중요성이 부각되었고, 이에 대응하기 위한 다양한 에듀테크 도구가 보급되었다. 코로나19가 진정된 이후 사용이 줄어든 도구도 있지만, 패들렛(Padlet)은 여전히 온라인, 블렌디드, 오프라인 수업 환경에서 널리 사용되는 유용한 도구로 자리 잡고 있다.

 패들렛은 사용자가 다양한 형태의 콘텐츠를 손쉽게 공유하고 협업할 수 있게 도와주는 디지털 게시판이다. 글, 사진, 비디오, 파일 등을 동시에 게시할 수 있으며, 실시간 업데이트를 통해 수업이나 팀 프로젝트 등에 매우 유용하다. 주요 특징으로는 사용자 친화적인 인터페이스를 꼽을 수 있는데, 간단한 드래그 앤 드롭 방식으로 콘텐츠를 추가할 수 있어 기술적으로 숙련되지 않은 사용자도 쉽게 이용할 수 있다. 또한, 텍스트, 이미지, 비디오, 링크, 파일 등 다양한 형태의 콘텐츠를 지원하여 학습 자료를 풍부하게 구성할 수 있다. 실시간 협업 기능도 제공되어 여러 사용자가 동시에 참여하고 수정할 수 있어 팀 프로젝트나 공동 과제에 매우 적합하다. 뿐만 아니라 비밀번호 보호, 개인 게시판 설정 등 다양한 보안 옵션이 제공되어 프라이버시를 중요시하는 사용자도 안심하고 사용할 수 있다.

 패들렛을 수업에 활용하면 학생들이 적극적으로 의견을 공유하고 참여할 수 있어 수업의 참여도가 높아진다. 시각적·청각적 학습 자료를 모두 제공할 수 있어 다양한 학습 스타일을 가진 학생들에게 효과적이며, 교사와 학생이 실시간으로 상호작용하고 피드백을 주고받을 수 있어 학습의 질도 향상된다. 또한 모든 학습 자료와 학생들의 기여 내용을 하나의 패들렛에 보관하여 언제든지 복습 및 관리가 용이하다.

패들렛의 다양한 게시판 기능

그림책 수업을 할 때 날짜별 혹은 사건별로 내용을 정리하면 이야기를 이해하는 데 도움이 되는 경우가 많다. 이때 패들렛의 '담벼락 게시판' 기능을 활용하면 깔끔하게 정리할 수 있다. 특히 협업이 쉬워 시간을 절약하는 데도 도움이 된다. 그림책을 읽을 때 역사적 혹은 사회적 배경지식이 있으면 작가의 의도를 더 잘 이해할 수 있는데, 패들렛의 'AI 추천 레시피' 중 '사건 연대'를 활용하면 얻고자 하는 정보의 주제를 입력해 손쉽고 정확하게 역사적 혹은 사회적 사건들을 시간 순서에 맞게 정리할 수 있다. 사진 자료가 필요한 경우 요청하면 사건 요약과 함께 제시해 주어 매우 편리하다.

또한 그림책을 읽고 다양한 주제에 대해 토론할 때 패들렛의 '토론 게시판' 기능을 활용하면 학생들이 주제에 대해 찬반으로 나뉘거나 각자의 의견을 제시하고 댓글을 달아 토론할 수 있다. 이외에도 역사적 사건 지도 만들기, 평가 설문조사하기 등 다양한 기능이 지속적으로 추가되고 있어 그림책 수업뿐만 아니라 다양한 교과 수업에서도 편리하게 활용할 수 있다.

『리디아의 정원』 사라 스튜어트 글, 데이비드 스몰 그림, 시공주니어

대공황 시기에 아버지의 실직으로 인해 경제적으로 어려워진 가족과 떨어져 대도시의 외삼촌 집으로 가게 된 소녀 리디아의 이야기다. 리니아가 외삼촌, 부모님, 할머니에게 보내는 편지로 구성된 이 그림책은, 역경 속에서도 순수한 마음과 정원사가 되겠다는 꿈을 잃지 않는 리디아를 통해 가족 간의 사랑과 꿈을 이루기 위한 노력, 그리고 어떤 상황

에서도 웃음과 꿈을 잃지 않는 것의 중요성을 생각하게 한다.

1단계 담벼락 게시판으로 편지 내용 요약하기

『리디아의 정원』은 리디아가 외삼촌, 엄마, 아빠, 할머니에게 쓴 12통의 편지로 이루어진 그림책이다. 그림책을 함께 읽은 후에 2~3명씩 모둠을 나누어 한 통의 편지를 요약 정리하여 패들렛 담벼락 게시판을 통해 일자별로 공유하면 그림책 전체의 내용을 이해하는 데 도움이 된다.

(1) 담벼락 게시판 만들기

패들렛은 다양한 방법으로 쉽게 가입할 수 있으며, 구글 아이디를 포함한 여러 옵션이 제공된다. 무료 회원은 최대 3개의 게시판을 만들 수 있다. 패들렛 홈 화면에서 좌측 상단의 [+ 만들기] → [새 게시판]을 선택하면 오른쪽에서 게시판 설정을 할 수 있다. 설정에서는 제목, 형식, 섹션을 선택할 수 있다. 예를 들어, 『리디아의 정원』을 읽고 날짜별로 요약한 내용을 작성하려면 제목을 '『리디아의 정원』 날짜별 핵심 내용 요약'으로 설정하면 된다. 여러 사람이 내용을 요약하여 올리는 활동에는 담벼락 형식이 적합하므로 형식으로 [담벼락]을 선택하고, 섹션을 [켜기(셀프)]로 설정한 후 [완료]를 누르면 새 게시판이 생성된다.

게시판이 생성된 후 오른쪽 끝의 톱니바퀴 아이콘을 클릭하면 상세 설정을 할 수 있다. 여기서 제목 수정, 배경화면 변경 등 다양한 디자인 설정이 가능하다. 또한, 게시물 위치와 댓글 허용 여부를 설정할 수 있다. 모든 설정을 마친 후 [X]를 누르면 만들어진 게시판으로 이동할 수 있다.

1 패들렛 첫 화면에서 좌측 상단 + 만들기 → Padlet 만들기 → 새 게시판
2 우측에 생기는 설정에서 제목, 형식, 섹션을 선택하고 완료
3 생성된 게시판의 우측에 있는 아이콘 중 톱니바퀴 → 상세 설정하기
4 제목, 배경화면, 글꼴 등을 원하는 대로 설정하기
5 새 게시물의 위치, 댓글 및 반응 사용 여부 등 설정하기

(2) 섹션 추가 및 섹션 제목 입력하기

만들어진 게시판에는 기본적으로 섹션 1만 포함되어 있으므로 필요한 만큼 섹션을 추가하려면 [섹션 추가]를 클릭하면 된다. 각 섹션의 제목을 변경하려면 섹션 우측의 점 세 개 아이콘을 클릭하여 메뉴에서 [섹션 이름 변경] → 원하는 제목을 입력한다. 1단계 활

동으로 '『리디아의 정원』 날짜별 핵심 내용 요약하기'를 진행할 예정이라면, 그림책에 나오는 편지 작성 날짜를 섹션 제목으로 등록하면 된다. 이후 패들렛 우측의 화살표 아이콘 → [공유]를 선택하여 학생들과 공유할 수 있다. 공유 방법으로는 링크를 복사하여 채팅방 등에 공유하거나, QR코드를 생성하여 학생들이 스캔하여 접속할 수 있도록 할 수 있다.

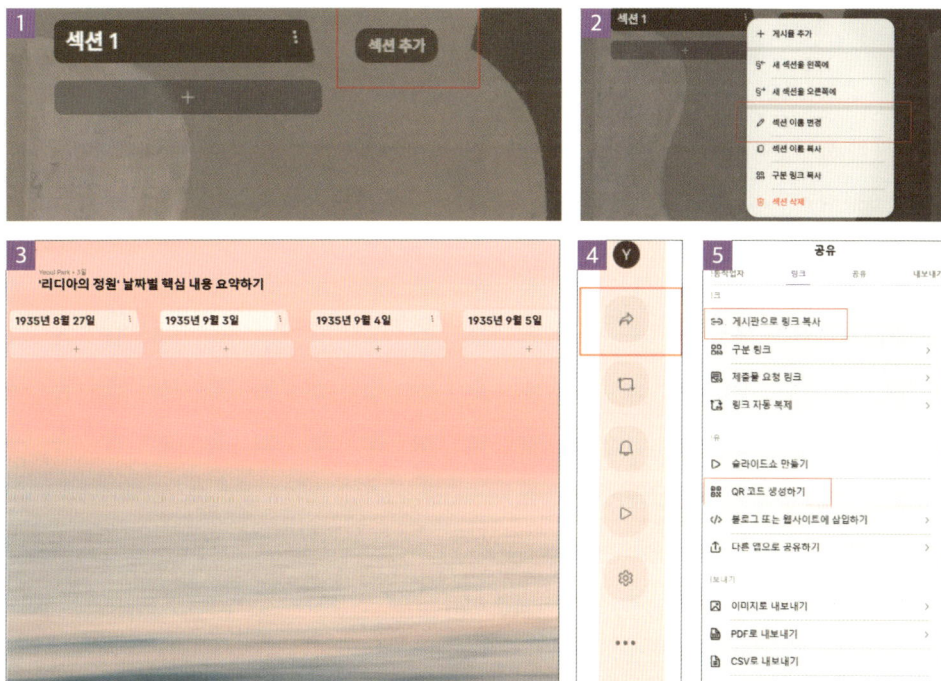

1 섹션 추가 → 원하는 만큼 섹션 생성하기
2 각 섹션의 끝에 있는 점 세 개 → 섹션 이름 변경 → 원하는 제목 입력하기
3 만들어진 게시판 화면
4 게시판 우측 끝에 있는 화살표 아이콘 눌러서 학생들과 공유하기
5 링크를 복사하거나 QR코드를 생성하여 공유하기

(3) 게시판에서 입력하고 이야기 나누기

그림책을 읽은 후 사전에 구성된 2~3명으로 이루어진 모둠끼리 편지 내용을 요약한다. 그런 다음 제공된 링크를 클릭하거나 QR코드를 스캔하여 게시판에 접속한다. 각 모둠은 자신들이 맡은 날짜 아래에 있는 [+]를 눌러 요약 내용을 입력한다. 모든 입력이 완료되면 화면을 보며 날짜별로 어떤 내용인지 읽고 이야기를 나눈다.

또한, 본인이 리디아의 입장이라면 어떻게 할지에 대해서도 토론할 수 있다. 예를 들어, 리디아처럼 가족 중의 누군가가 집을 떠나서 친척집에 가야 한다면 자신이 가는 것이 좋을지, 아니면 다른 형제가 가는 것이 좋을지 등에 대해서도 의견을 나눌 수 있다. 또 정원사를 꿈꾸는 리디아처럼 꿈꾸는 미래의 직업은 무엇인지, 그것을 위해 어떤 노력을 하고 있는지도 소개할 수 있다.

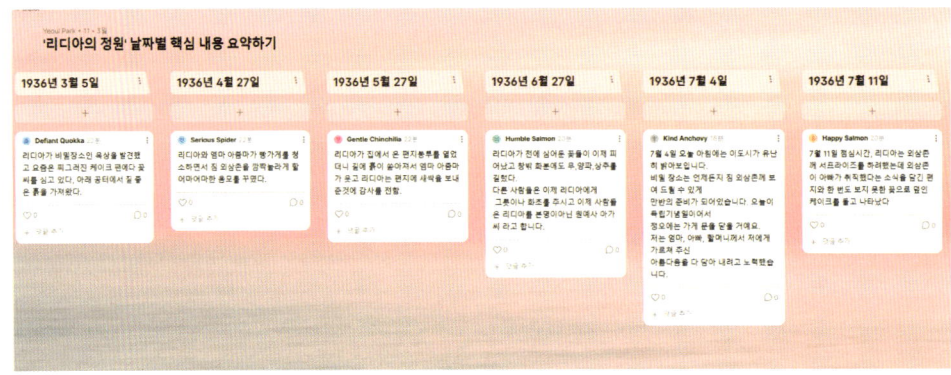

패들렛 담벼락 게시판에 학생들이 입력한 그림책 내용 요약 예시

2단계 AI 기능을 활용하여 배경지식 익히기

『리디아의 정원』은 1930년대 대공황 시기의 미국을 배경으로 하고 있다. 대공황에 대한 배경지식을 습득하면 리디아의 상황을 더 잘 이해하고 그녀의 마음에 공감할 수 있다. 이때, AI 추천 레시피의 '사건 연대 게시판' 기능을 활용하면 손쉽게 역사적 배경을 설명하는 시기별 자료를 만들 수 있다.

(1) 사건 연대 게시판 만들기

패들렛 홈 화면에서 우측 상단의 [+만들기]를 클릭한다. 나타나는 화면에서 AI 추천 레시피 중 '사건 연대 게시판'을 선택한다. 그러면 우측에 설정 창이 나타나는데, 여기서 제목, 대상 학년, 주제 또는 수업 목표, 기간, 추가 세부 활동 옵션을 입력한다. 예를 들어, 미국 대공황 시기의 타임라인을 중학생 대상 수업으로 구성하려면 제목과 기간을 입력하고, 이해를 돕기 위해 주요 사건과 함께 사진을 제시하도록 요청한다. 모든 설정을 마친 후 [만들기]를 클릭하면 된다.

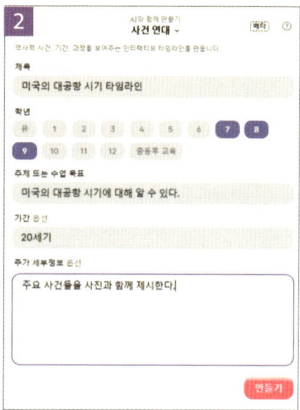

1 홈 화면에서 +만들기 → 하단의 AI추천 레시피 중 사건 연대
2 새 게시판의 우측에 생기는 설정 창 → 제목, 학년, 주제 또는 수업 목표, 기간, 추가 세부 정보 옵션 입력
 → 만들기

(2) 사건 연대 게시판을 보며 역사적 배경 설명하기

사건 연대 게시판이 생성되면 교사는 사전에 주요 내용을 읽고 꼼꼼하게 확인해야 한다. AI가 제공하는 정보의 정확성을 반드시 검토한 후 학생들에게 제시하는 것이 중요하다. 역사 교사와 협력하여 융합 수업을 진행하면 학습목표를 더 효과적으로 달성할 수 있다. 초등학교에서는 다소 어려울 수 있지만, 중·고등학교의 경우 교과가 나누어져 있으므로 단계별로 교과 융합 수업을 진행하면 더 심화된 내용을 전달할 수 있다.

AI 추천 레시피 중 사건 연대 기능을 활용해서 만든 미국 대공황 시기에 대한 설명 자료 예시

3단계 토론 게시판 활용해서 토론하기

담벼락 게시판을 활용해 세부 내용을 파악하고, 사건 연대 게시판을 통해 그림책의 시대적·사회적 배경을 학습한 후 토론 주제를 정해 토론을 진행할 수 있다. 『리디아의 정원』의 주인공 리디아는 꽃과 정원 가꾸기를 좋아하며, 정원사가 되겠다는 목표를 위해 노력한다. 어려운 상황에서도 포기하지 않고 꿈을 이루기 위해 노력하는 리디아의 모습에 대해 이야기한 후, 토론 게시판을 활용해 '직업 선택의 조건'에 대해 토론할 수 있다.

(1) 토론 게시판 만들기

패들렛 홈 화면에서 우측 상단의 [+ 만들기]를 클릭한다. 나타나는 화면에서 하단의 AI 추천 레시피 중 [토론 게시판]을 선택한다. 생성된 토론 게시판의 좌측에 있는 설정으로 이동하여 주제와 학년을 입력한 후 [생성]을 누르면 AI가 관련 토론 주제를 제시해 준다. AI가 제시한 주제 중 하나를 선택하거나 직접 주제를 입력하려면 맨 아래쪽의 [수동 기입]을 선택한다. 만약 수동 기입을 선택했다면 구성 단계에서 토론 프롬프트에 토론 주제를 직접 입력한다.

토론 유형도 설정할 수 있는데, 모든 학생이 질문에 답변하도록 할지, 찬반으로 나누어 작성하도록 할지 주제에 적합하게 결정하면 된다. 이어서 구성 옆의 [게시물] 탭을 클릭하면 첫 게시물의 샘플이 나타난다. 샘플을 게시하려면 제시된 문장을 클릭하고, 학생들이 바로 시작하게 하려면 [이 단계 건너뛰기]를 선택하면 된다. 모든 설정을 마친 후 [공유]를 눌러 링크를 복사하거나 QR코드를 생성하여 학생들이 접속할 수 있도록 하고, 마지막으로 하단의 [완료]를 클릭하면 토론 게시판이 생성된다.

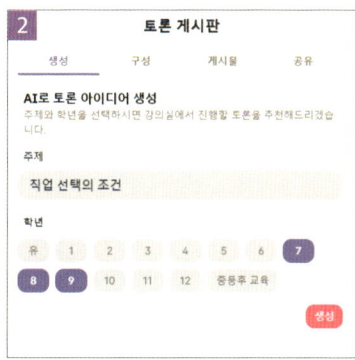
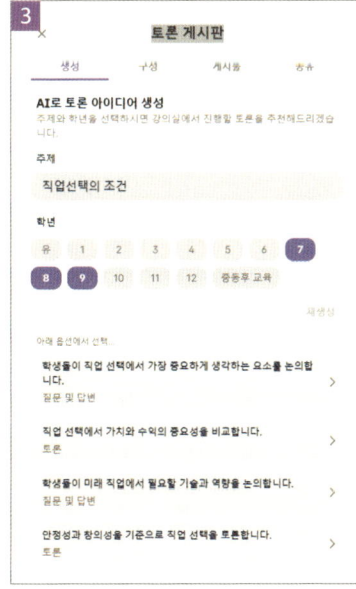
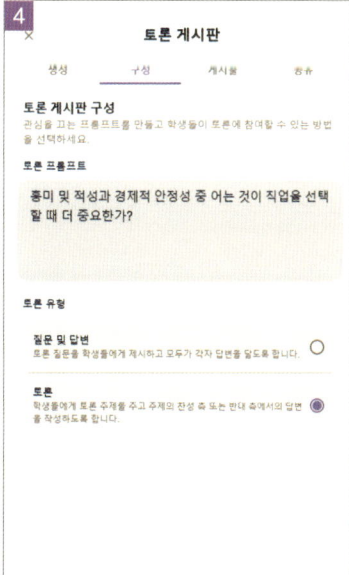

2장. 에듀테크를 활용한 미래형 융합 수업 디자인

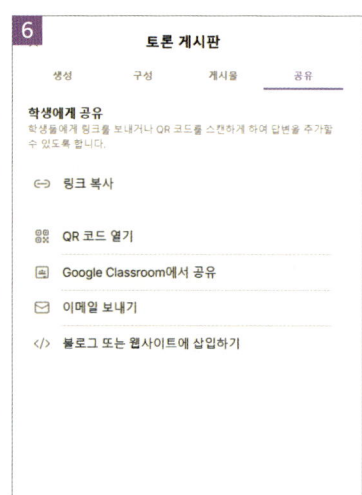

1 패들렛 홈에서 +만들기 → AI 추천 레시피 중 토론 게시판
2 우측 설정 창에서 주제와 해당 학년 → 생성(AI를 사용하고 싶지 않으면 하단의 수동 기입)
3 AI가 제시한 주제 중에서 고르기
4 수동 기입을 누른 경우 구성으로 넘어가 토론 프롬프트와 토론 유형 선택하기
5 게시물로 넘어가서 샘플 게시물을 선택하여 게시하거나 원하지 않으면 이 단계 건너뛰기
6 공유를 눌러서 링크를 복사하거나 QR코드 스캔

(2) 지지하는 주장별로 그룹 나누고 브레인스토밍하기

토론 게시판에 '흥미 및 적성과 경제적 안정성 중 어느 것이 직업을 선택할 때 더 중요한가?' 라는 주제를 소개한 후, 학급을 '흥미와 적성이 직업 선택에서 더 중요하다.' 라는 주장을 지지하는 그룹과 '경제적 안정성이 직업 선택에서 더 중요하다.' 라는 주장을 지지하는 2개의 그룹으로 나눈다. 나누어진 그룹을 다시 5~6명의 소모둠으로 쪼갠 후 모여서 자신들의 주장을 뒷받침할 내용을 논의하고, 그에 대한 근거를 찾으며 브레인스토밍을 진행하게 한다. 이 과정에서 나온 아이디어는 이젤패드에 먼저 적어 보도록 한다. 이때, 학생들이 원하는 주장에 따라 그룹을 나누면 한쪽으로 쏠림 현상이 발생할 수 있으므로 강제 배분을 고려해 보는 것도 좋다.

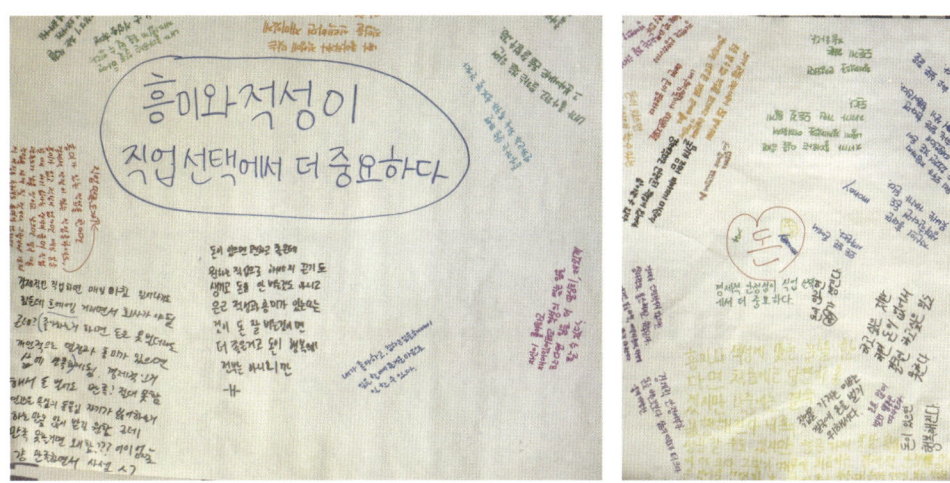

학생들이 주장별로 브레인스토밍한 것을 공유하는 사전 자료

(3) 토론 게시판에 각 주장을 지지하는 이유 및 댓글 올리기

모둠별로 브레인스토밍을 통해 충분히 생각을 정리한 후, 학생들이 앞서 만들어진 토론 게시판에 교사가 제시한 링크를 누르거나 QR코드를 찍고 접속하여 자신이 지지하는 주장이 적힌 섹션 옆에 있는 [+]를 누르고 자신이 그 주장을 지지하는 이유를 작성하도록 한다. 또한, 자신의 주장과 다른 주장을 지지하는 학생들의 글을 읽고 댓글 기능을 이

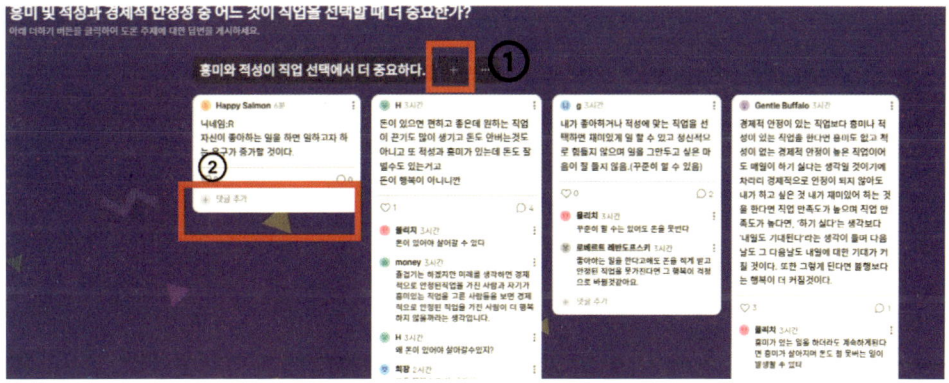

① 자신이 지지하는 주장이 적힌 섹션 옆에 있는 [+]을 누르고 이유 작성하기
② 상대편 주장을 지지하는 이유가 적힌 게시물의 아래에 있는 [+댓글 추가]를 눌러서 댓글 작성하기

용해 반박하는 의견을 적을 수 있도록 한다. 댓글은 각 의견의 아래에 있는 [+댓글 추가]를 누르고 작성할 수 있다. 토론이 끝난 후에는 '반응' 기능을 이용해 투표를 통해 가장 많은 공감을 받은 의견을 선정할 수도 있다.

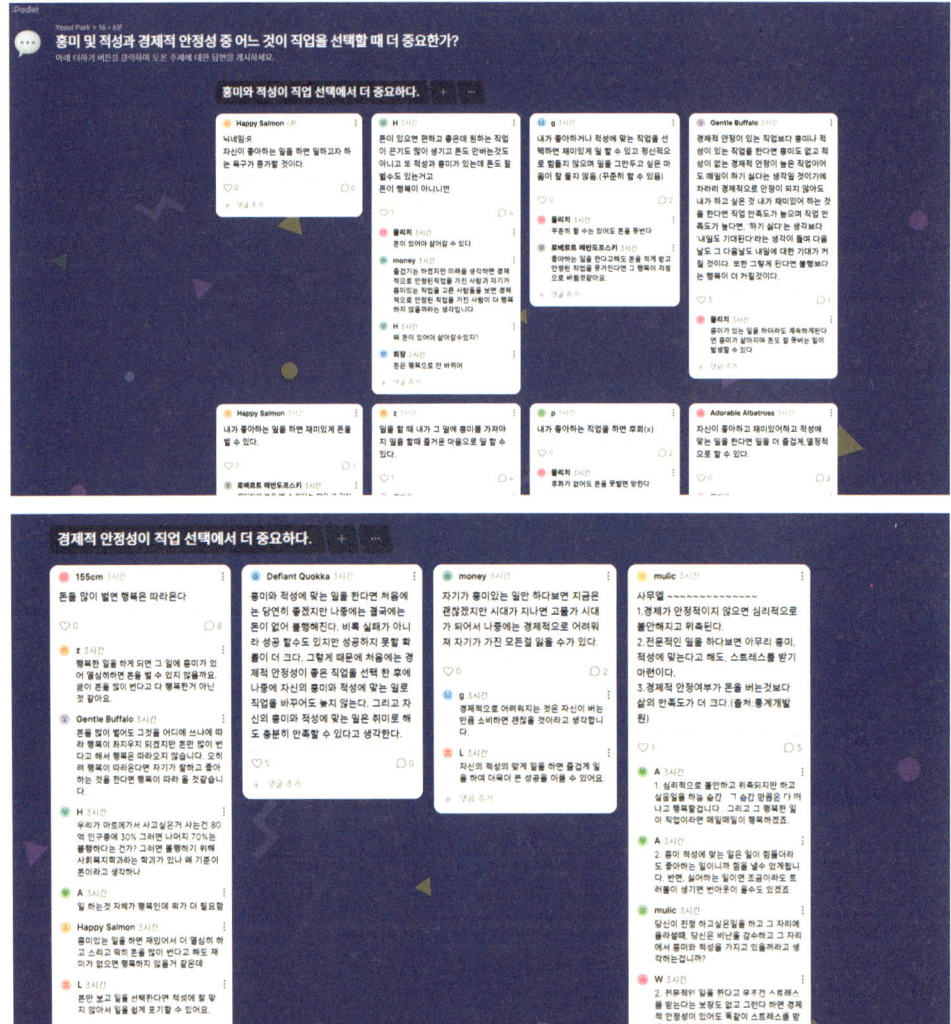

학생들이 지지하는 주장에 대한 이유를 작성하고 댓글을 통해 반박을 하는 토론 게시판 예시

패들렛을 이용한 토론은 학생들이 글을 공개하기 전에 다시 한번 읽고 생각을 정리할 수 있어 더 논리적인 주장을 펼칠 수 있다. 반박할 때도 상대방의 의견을 충분히 읽고 생각할 시간이 주어져 논리적인 반박이 가능하다. 하지만 글로 하는 토론이라도 토론 전에 반드시 지켜야 할 올바른 태도와 단어 선택에 대한 안내가 필요하다. 특히, 반박 댓글이 감정적이거나 인신공격적일 경우 교사가 임의로 삭제할 수 있음을 안내하여 올바른 토론 분위기를 형성하는 것이 중요하다.

패들렛을 활용한 그림책 수업의 의의

그림책 수업에서 패들렛을 활용하면 학생들이 적극적으로 의견을 공유하고 참여할 수 있어 수업의 참여도가 높아진다. 시각적·청각적 학습 자료를 모두 제공할 수 있어 다양한 학습 스타일을 가진 학생들에게 효과적이며, 교사와 학생이 실시간으로 상호작용하고 피드백을 주고받을 수 있어 학습의 질도 향상된다. 또한, 모든 학습 자료와 학생들의 기여 내용을 하나의 패들렛에 보관하여 언제든지 복습 및 관리가 용이하다.

패들렛의 다양한 기능을 활용하면 그림책의 내용을 날짜별 혹은 사건별로 정리하고, 역사적 배경지식을 습득하며, 토론을 통해 학생들의 비판적 사고와 협업 능력을 향상시킬 수 있다. 예를 들어, 패들렛의 '담벼락 게시판' 기능을 활용하면 깔끔하게 내용을 정리할 수 있으며, '사건 연대 게시판' 기능을 통해 역사적 혹은 사회적 사건들을 시간 순서에 맞게 정리할 수 있다. 또한, '토론 게시판' 기능을 활용하면 학생들이 상반되는 주장에 대해 각자의 의견을 제시하고 댓글을 달아 토론할 수 있다.

2 띵커벨
- 시민의식 키우기

    교육 현장의 디지털 전환이 가속화됨에 따라 학생들의 몰입도를 높이고 효과적인 학습을 지원하는 도구의 필요성이 더욱 커지고 있다. 이러한 흐름 속에서 탄생한 '띵커벨(ThinkerBell)'은 교사와 학생 모두에게 다채로운 기능을 제공하는 참여형 수업 플랫폼이다. 띵커벨은 퀴즈, 토론, 게임, 협동 작업 등 다양한 활동 유형을 지원하여 풍부한 학습 경험을 제공한다. 객관식·주관식 퀴즈는 물론이고, 이미지나 영상을 활용한 퀴즈, OX 퀴즈, 빈칸 채우기 등의 다채로운 형태를 통해 학습 내용을 효과적으로 평가하고 복습할 수 있다.

    또한 학생들은 '보드' 기능을 통해 자신의 생각을 자유롭게 표현하고 다른 학생들의 의견을 읽어 보며 비판적 사고력을 함양할 수 있다. 띵커벨은 일방적인 지식 전달이 아닌, 교사와 학생, 학생과 학생 간의 실시간 상호작용을 통해 생동감 넘치는 수업을 만들어 나갈 수 있는 도구이다. 교사는 학생들의 반응을 실시간으로 확인하고 즉각적인 피드백을 제공하여 학습 효과를 높일 수 있으며, 학생들은 질문이나 의견을 자유롭게 표현하고 실시간으로 의견을 교환하며 적극적으로 수업에 참여할 수 있다. 게임 요소를 통해 점수 획득, 랭킹 경쟁 등의 활동을 하면서 학습목표 달성에 대한 동기를 부여하여 학습에 대한 성취감을 높이고 지속적인 참여를 유도한다.

띵커벨의 다양한 게임 활동을 통한 학습 경험

띵커벨을 활용한 그림책 수업은 학생들이 주도적으로 학습에 참여하도록 유도하고, 학습에 대한 흥미와 동기를 높여 궁극적으로 학습 효과를 높이는 데 효과적인 교육 방법이다. 그림책을 읽고 띵커벨의 게임 기능을 활용하여 가로세로 단어 찾기 활동을 진행하면 그림책에 나오는 주요 단어들을 예상하는 데 도움이 된다. 또한 카드 짝 맞추기 활동을 통해 학생들이 그림책의 내용을 깊이 이해하도록 도울 수 있다. 이러한 활동은 학생들의 호기심을 자극하고 그림책 내용에 대한 기대감을 키워 수업에 대한 몰입도를 높여 준다.

또한 학생들은 가치수직선 활동을 통해 아동 인권이 존중받고 있는지를 생각해 보고, 다른 학생들의 의견과 나의 의견을 비교하며 서로 이해하고 존중하는 태도를 기를 수 있다. 마지막으로 보드에 아동노동에 반대하는 글을 적는 캠페인 활동을 하며 아동노동 문제에 대한 인식을 높이고, 사회 참여의식을 함양할 수 있다. 이처럼 띵커벨은 그림책 수업에 활력을 불어넣고 학생들의 흥미와 참여를 끌어내어 깊이 있는 이해와 창의적인 사고를 가능하게 하는 효과적인 교육 도구이다.

띵커벨 게임은 학생들과 실시간으로 문제를 풀고 함께 참여하는 온라인 수업 도구이다. 학생들은 교사가 제시한 문제를 자신의 태블릿으로 확인하며 게임에 참여한다. 게임은 배틀 형식으로 함께 플레이할 수도 있고, 과제나 도전 형식으로 혼자 플레이할 수도 있다. 띵커벨 게임으로 만들 수 있는 게임 유형은 다양하다. 가로세로 단어 찾기, 흩어진 단어 찾기, 카드 짝 맞추기, 단어 순서 맞히기, 문장 순서 맞히기, 운석 터뜨리기, OX 퀴즈, 빈칸 퀴즈쇼, 그림 맞히기가 있으며 모든 유형은 무료로 사용할 수 있다.

『거짓말 같은 이야기』 강경수 글·그림, 시공주니어

『거짓말 같은 이야기』는 거짓말 같지만 현실에서 진짜 일어나고 있는 가난, 기아, 폭력 등으로 고통받는 지구촌 아이들의 현실을 보여 주는 그림책으로, 인권 문제에 관해 이야기한다. 이 책은 기본적인 인권을 누리지 못하고 지구촌 곳곳에서 힘겨운 삶을 이어 나가고 있는 어린이들의 현실을 담백하게 전하면서 아동 인권에 대해 생각할 수 있도록 돕는다.

1단계 그림책 읽고 내용 이해하기

(1) 가로세로 단어 찾기

그림책을 읽어 주기에 앞서 학생들에게 표지 그림을 보여 주고 '가로세로 단어 찾기' 게임을 통해 그림책에 나오는 주요 단어를 예상하게 한다. 먼저 교사는 띵커벨에 접속하여 회원가입을 진행한다. 아이스크림 아이디가 있으면 같이 사용할 수 있지만, 아이스크림 아이디가 없는 경우에는 GPKI로 교사 인증을 받고 회원가입을 해야 한다. 로그인 후 오른쪽 상단에 있는 [만들기]를 클릭하면 띵커벨 에디터 화면이 나온다.

 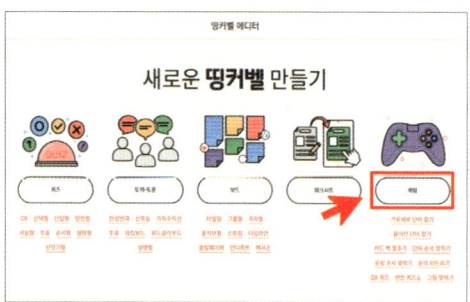

[게임]을 클릭하고 제목, 공개 범위, 학교급, 차시 선택, 태그 등 기본 정보를 입력한다.

① 공개 범위 : 게임을 만든 후 공개할 범위를 선택한다. 전체 공개, 교사 공개, 비공개로 구분한다.

② 학교급 : 게임을 하기 적합한 연령대의 학교급을 설정한다.

③ 차시 선택 : 해당 게임이 어떤 학년의 몇 학기, 무슨 과목, 단원, 차시에 해당하는지 세부적으로 선택한다.

④ 태그 : 게임을 검색할 때 찾을 수 있는 검색 태그를 최대 10개까지 설정한다.

기본 정보에 대한 입력이 끝났다면 게임 문제를 제작한다. 총 9개의 다양한 게임 형식 중 '가로세로 단어 찾기'로 문제 유형을 선택하고 게임 옵션을 선택한다. 게임 난이도 하(5×5, 정답 최대 3자)의 경우 최대 7문제까지 출제할 수 있고, 게임 난이도 상(10×10, 정답 최대 8자)의 경우 최대 12문제까지 출제할 수 있다. 게임 유형을 한번 선택하면 다른 유형으로 변경이 불가하니 미리 유형을 확인 후 문제와 적합한 유형으로 출제하는 것이 좋다.

공통 질문은 해당 게임의 공통 질문으로 화면 상단에 보여 준다. 문제는 난이도에 상관없이 최소 3문제 이상 출제해야 하며, 힌트(선택)를 주거나 미디어 추가가 가능하다. 모든 문제를 출제한 후, 오른쪽 상단에 있는 [완료]를 클릭하면 가로세로 단어 찾기 게임이 저장된다.

교사는 그림책 『거짓말 같은 이야기』에 나오는 단어 7개(거짓말, 이야기, 전쟁터, 어린이, 약값, 카페트, 석탄 등)를 활용하여 문제를 만든다. 게임의 난이도는 낮은 단계에서 시작하여 잘하는 경우에만 높은 단계로 올린다. 게임 난이도 '상'의 경우 가로세로 퍼즐로 낼 수 있는 단어는 거짓말, 이야기, 전쟁터, 어린이, 약값, 카페트, 석탄, 맨홀, 지진, 전쟁터, 말라리아, 꿈 등이 있다.

띵커벨로 수업하기 위해서는 학생들에게 연결 웹사이트 QR코드나 방 번호를 제공해

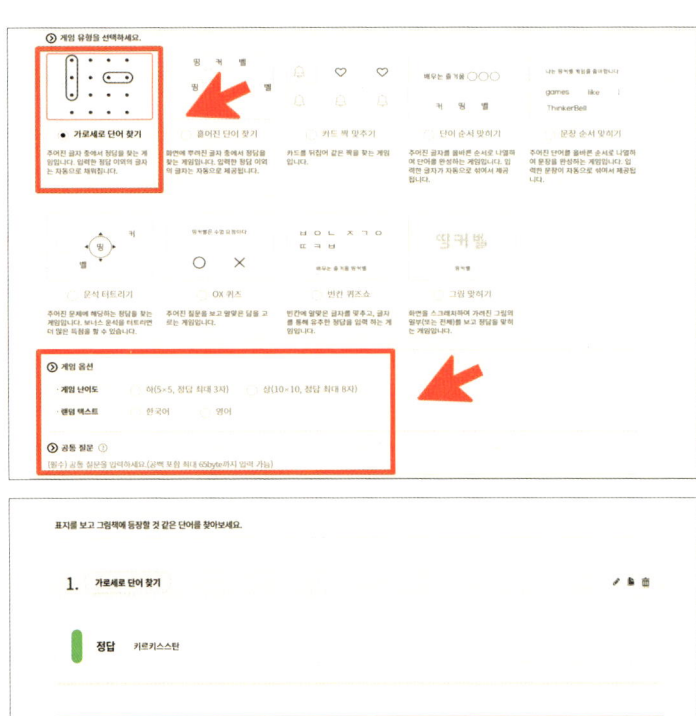

야 한다. 학생들은 회원가입 없이 교사가 제시한 연결 웹사이트로 접속할 수 있다. 연결 웹사이트 QR코드와 방 번호는 아래와 같이 제시한다.

교사는 학생들이 얼마나 접속했는지 확인할 수 있으며, 학생들은 로그인할 때 자신의 이름을 입력하여 게임에 접속할 수 있다. 함께 플레이하기 위한 배틀 모드에서는 배경음악, 중간 입장을 허용하고, 타이머는 문제 수에 맞게 설정한 후 [시작하기]를 누른다. 학생들이 더 흥미 있어 하는 것은 배틀 모드이나 연습이 필요한 경우에는 혼자 플레이한 후 배틀 모드를 하는 것이 좋다. 2가지 모드 모두 정답을 맞히지 못하더라도 틀린 문제를 확인 후 정답을 맞힐 때까지 여러 번 도전이 가능하다.

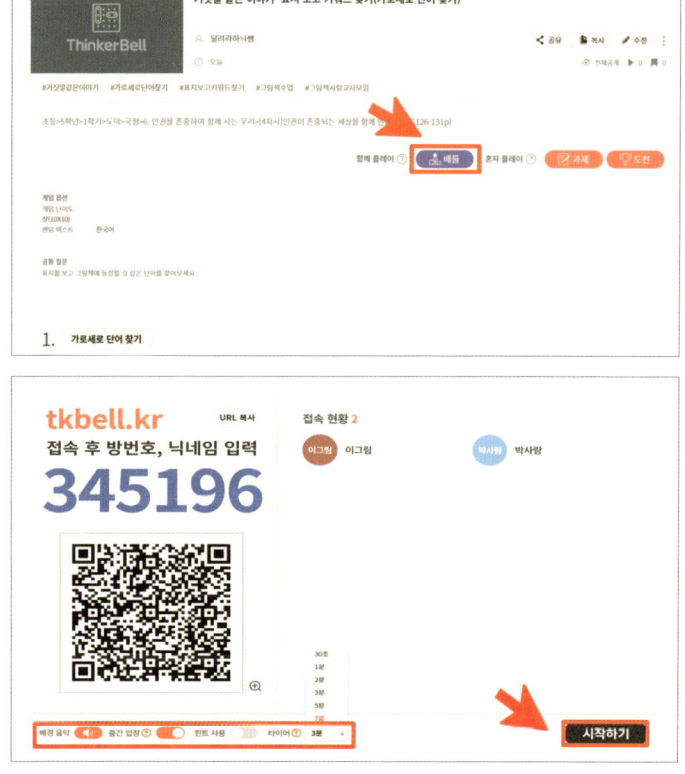

2단계 내용을 이해하고 등장인물에게 필요한 권리 토론해 보기

(1) 카드 짝 맞추기

다양한 토론 주제를 생각해 보는 활동을 하기에 앞서 『거짓말 같은 이야기』 속 등장인물과 관련된 '카드 짝 맞추기' 게임을 진행한다. 카드 짝 맞추기 게임은 그림책에 등장하는 6명의 주인공(엘레나, 르네, 칼라미, 키잠부, 파니어, 하산)의 이름이나 그림이 적힌 카드와 각 인물과 관련된 중요한 사건이나 특징 카드의 짝을 맞추는 게임이다. 학생들은 두 종류의 카드를 짝 맞추면서 등장인물과 그들의 이야기를 연결해 본다. 짝을 맞춘 후에는 왜 그렇게 생각하는지 이유를 설명하고, 다른 학생들과 의견을 나누어 본다.

이 활동은 단순히 재미있는 게임을 넘어 등장인물에 대한 이해를 높이고, 그림책의 핵심 내용을 파악하며, 다음에 진행될 토론 활동에 더욱 적극적으로 참여할 수 있도록 준비시켜 주는 중요한 역할을 한다. 특히, 정답을 맞히기 위해 친구들과 의견을 나누는 과정에서 자연스럽게 협동 학습을 경험할 수 있도록 도와준다.

'카드 짝 맞추기' 게임을 진행하기 위해 교사는 먼저 1단계 과정과 마찬가지로 [게임]을 클릭하고 [카드 짝 맞추기] 유형을 선택한다. 문제를 낼 때는 글자 수 56바이트까지 입력할 수 있으며, 초과하는 부분은 삭제되므로 글자 수에 주의해야 한다. [문제 완료]를 누르면 수정할 수 없으므로 수정이 필요한 경우에는 [연필 모양]을 클릭하여 문제를 수정한다. 최대 10개의 문항을 출제할 수 있어 총 20개의 카드로 짝 맞추기를 진행할 수 있다. 예를 들어, 6명의 주인공에 대한 문제를 모두 낸 후 오른쪽 위에 있는 [완료]를 누르면 학생 화면에 총 12개의 카드가 보인다.

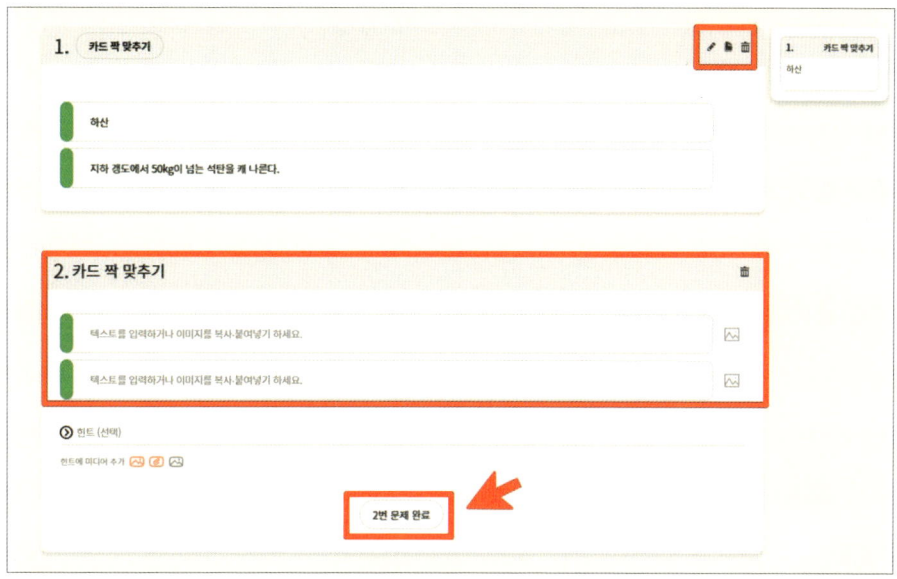

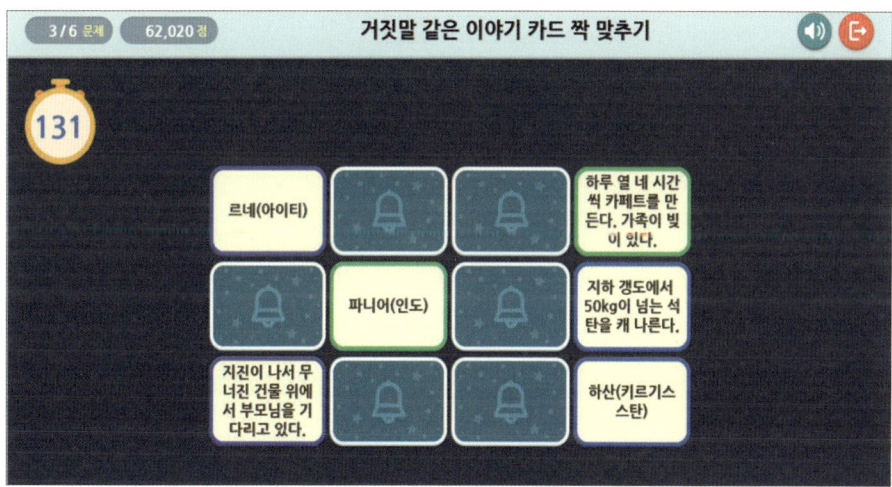

(2) 토의·토론 : 가치수직선

가치수직선을 이용하여 아동 인권 존중에 대한 생각을 5단계로 나누어 표현하게 하여 학생들이 자신의 생각을 정리하고 다른 사람들과 의견을 공유하며 비판적 사고력을 키울 수 있도록 한다. 먼저 "아동의 인권은 존중받고 있을까요?"라는 질문에 대해 자료를 조사하며 충분히 생각해 보는 시간을 갖는다. 아동 인권의 의미와 중요성, 우리 주변에서 아동 인권이 존중되고 있는지 또는 침해되고 있는지 등에 대해 자유롭게 이야기 나눈다.

교사는 가치수직선에 대해 소개하고, 학생들이 단계별로 자신의 생각을 표시하도록 안내한다. 학생들은 질문에 대한 자신의 생각을 5단계 중 하나로 선택하고, 그 이유를 간략하게 적는다. 이후 가치수직선 결과를 바탕으로 전체 학생들이 함께 토론한다. 교사는 토론 과정에서 학생들이 아동 인권 존중 또는 침해 사례를 구체적으로 제시할 수 있도록 돕는다. 이 과정을 통해 학생들은 아동 인권에 대한 이해와 몰입도를 높일 수 있다. 또한, 다양한 의견을 경청하고 서로의 생각을 존중하면서 아동 인권 존중에 대한 자신의 생각을 더욱 발전시킬 수 있다.

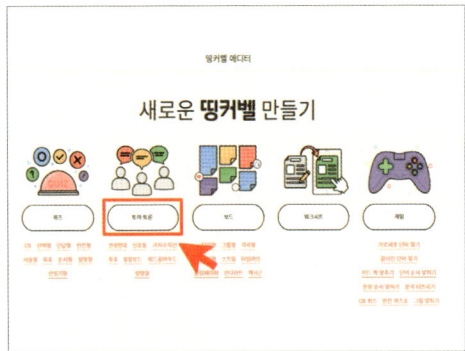
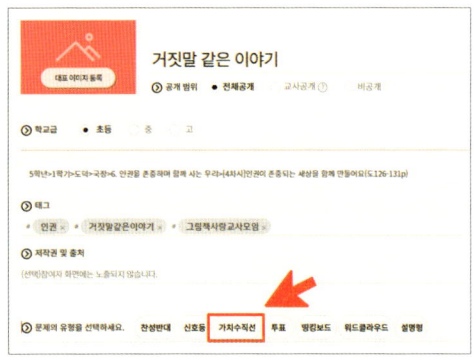

'가치수직선'은 주제에 대한 자신의 생각이나 가치 판단을 수직선 위에 표시하여 시각적으로 나타내는 토론 방식이다. 일반적으로 5단계로 나누어 자신의 의견을 표현할 수 있다.

① 도의·토론 유형을 [가치수직선]으로 선택한다.

② 질문을 적는다.

③ 질문과 관련된 미디어를 추가할 수 있다. 필요한 경우 그림이나 동영상 등을 넣는다.

④ 선택지를 작성한다. 총 5단계로 나타낼 수 있으며 보기를 수정할 수 있다.

⑤ 질문에 응답하는 제한 시간을 선택할 수 있다. 토의·토론의 경우 충분히 생각할 시간이 필요하므로 제한 시간 [없음]으로 설정한다.

⑥ 의견 받기 [ON]으로 선택하여 응답한 학생들이 자신의 생각을 각자 적을 수 있도록 한다.

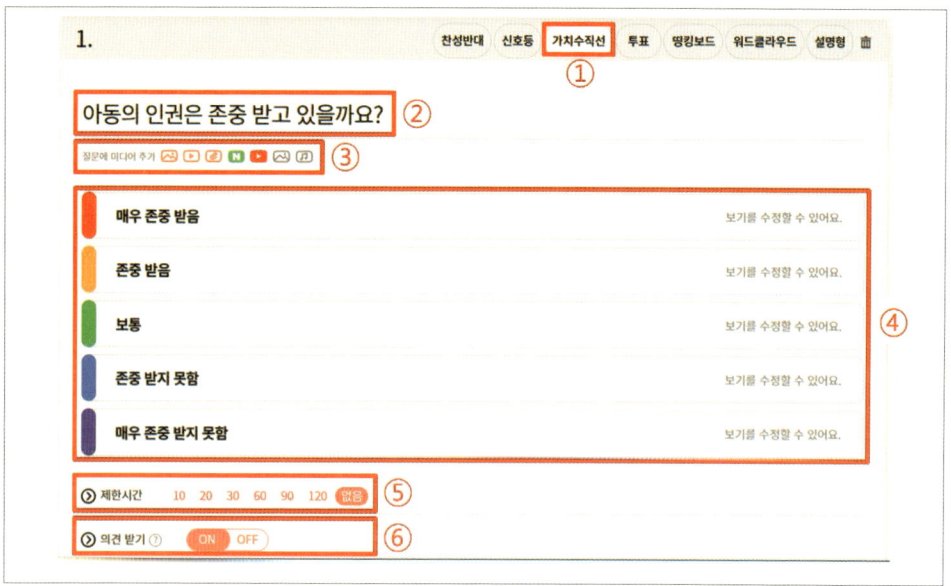

3단계 Red Card to Child Labour! 캠페인 활동하기

'Red Card to Child Labour!' 캠페인은 국제노동기구(ILO)에서 주관하는 아동노동 반대 캠페인이다. 축구 경기에서 심각한 반칙을 했을 때 주심이 꺼내 드는 레드카드처럼 아동노동을 용납하지 않겠다는 강력한 의지와 아동노동을 근절해야 한다는 메시지를 전달하는 상징적인 활동이다. 이 캠페인을 띵커벨 보드 기능을 이용하여 진행하면 학생들의 적극적인 참여를 유도하고 아동노동 문제에 대한 인식을 높이는 효과적인 수업을 만들 수 있다. 또한, 시간과 공간의 제약 없이 누구나 쉽게 참여할 수 있어 많은 학생의 참여를 유도하고 연대 의식을 높일 수 있다.

교사는 수업 전에 출석부형 보드를 생성해 두어야 한다. 보드 제목은 'Red Card to Child Labour! 캠페인' 또는 '아동노동 반대 캠페인' 등으로 설정한다. 온라인 캠페인 활동을 할 때 출석부형 보드를 활용하는 이유는 어떤 학생이 콘텐츠를 올렸는지 한눈에 파악할 수 있어 모든 학생의 참여를 실시간으로 확인하고 격려할 수 있기 때문이다. 이는 학생들의 적극적인 참여를 유도하고 동기를 부여하는 데 도움이 된다.

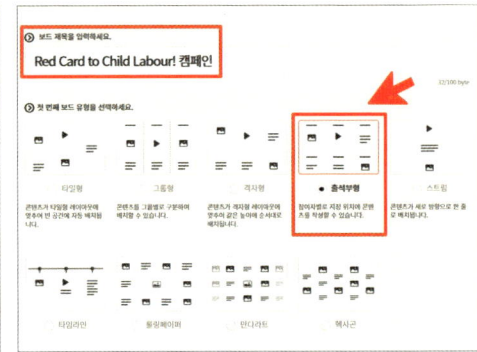

[출석부형]을 클릭하고 왼쪽 상단에서 [복수 그룹]을 설정하여 학생 수만큼 그룹을 만든다. 그룹은 한 번에 최대 40개까지 만들 수 있으며, 한 페이지에 총 100개까지 그룹을 만들 수 있다. 그룹을 생성하면 각 번호가 매겨져 콘텐츠를 입력할 수 있는 칸이 활성화되고, 학생들은 자신의 출석번호에 맞는 그룹에 [+]를 눌러 콘텐츠를 입력할 수 있다.

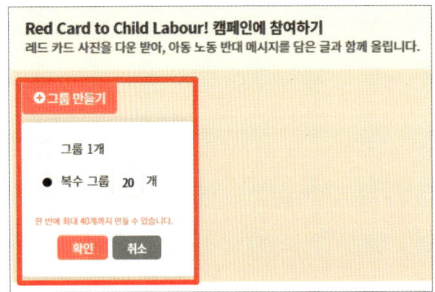

2단계의 가치수직선을 활용한 토론 수업을 끝낸 후, 교사는 학생들에게 Red Card to Child Labour! 캠페인의 의미에 대해 설명한다. 관련 영상이나 사진 자료를 보여 주면서 학생들의 이해를 돕고 캠페인 참여를 유도한다. 학생들은 레드카드 이미지 혹은 아동노동에 반대하는 메시지가 담긴 사진을 내려받아 아동노동 반대 메시지를 적은 후, 보드에 게시물을 업로드한다. 교사는 실시간으로 업로드되는 내용을 확인하고, 필요에 따라 칭찬이나 격려의 피드백을 제공한다. 게시물 오른쪽 상단의 [점 세 개]를 클릭하면 배경색을 바꾸거나 잘된 작품의 경우 공지로 지정할 수 있다.

① 태블릿에 저장된 사진이나 파일 등을 최대 10MB까지 첨부할 수 있다.
② 링크를 첨부할 수 있다.
③ 그림판에 그림을 그려 첨부할 수 있다.
④ 동영상을 최대 길이 3분, 용량 400MB까지 첨부할 수 있다.

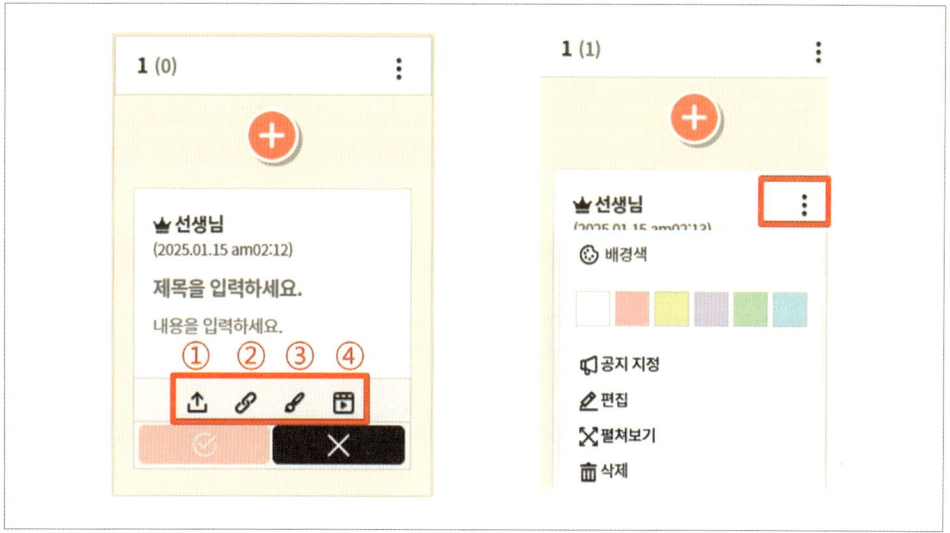

모든 학생이 업로드를 완료하면 함께 보드를 보면서 아동노동에 대한 생각을 나눈다. 학생들은 친구들이 적은 아동노동 반대 메시지를 읽고 느낀 점을 댓글로 공유하면서 서로의 의견을 이해하고 공감대를 형성할 수 있다.

다음으로 교사는 "아동노동을 근절하기 위해 우리가 할 수 있는 일은 무엇일까요?"와 같은 심화 토론을 할 수 있는 질문을 던져 학생들의 사고를 확장한다. 이때, 단순히 답변을 듣는 것에 그치지 않고, 개인적 차원에서부터 국제적 차원에 이르기까지 다양한 추가 질문을 통해 학생들이 스스로 답을 찾을 수 있도록 유도하는 것이 중요하다.

- 개인적 차원의 질문 : 아동노동으로 만들어진 제품을 구매하지 않기 위해 어떤 노력을 할 수 있을까요?
- 사회적 차원의 질문 : 아동노동 문제를 해결하기 위해 어떤 단체나 기관에 도움을 줄 수 있을까요?
- 국가적 차원의 질문 : 정부는 아동노동 문제를 해결하기 위해 어떤 정책을 펼쳐야 할까요?
- 국제적 차원의 질문 : 아동노동이 심각한 나라를 돕기 위해 우리나라는 어떤 역할을 할 수 있을까요?

교사는 학생들이 다양한 의견을 제시할 수 있도록 격려하고, 서로의 의견을 존중하면서 토론에 참여하도록 지도한다. 예를 들어, 아동노동 문제의 해결을 위한 캠페인에 참여하는 것 외에도 아동노동으로 만들어진 제품을 구매하지 않는 것, 공정무역 제품을 구매하는 것, 아동노동 문제 해결을 위한 모금 운동을 펼치는 것과 같이 다양한 방법을 생각해 볼 수 있다. 심화 토론을 통해 학생들은 아동노동 문제에 대해 깊이 생각하고, 문제 해결을 위해 적극적으로 참여하는 자세를 기를 수 있다.

띵커벨을 활용한 그림책 수업의 의의

띵커벨을 활용한 그림책 수업을 통한 민주시민교육은 여러 가지 교육적 의의를 지닌다.

첫째, 학생들의 능동적인 수업 참여를 유도할 수 있다. 띵커벨은 실시간으로 의견을 제시하고, 댓글을 통해 다른 사람과 소통하는 등 학생들의 능동적인 참여를 유도하는 다양한 기능을 제공한다. 이러한 참여 중심적인 환경은 아동의 권리나 인권에 대한 흥미와 집중도를 키워 토론에 대한 몰입도를 높인다.

둘째, 가치수직선뿐만 아니라 찬반 토론, 자유 토론, PMI 토론 등 다양한 토론 방식을 고루 경험할 수 있다. 교사는 아동 인권을 주제로 학습목표에 따라 적절한 토론 방식을 선택하여 활용할 수 있으며, 학생들은 다양한 토론 방식을 경험하며 사고의 유연성을 키울 수 있다.

셋째, 토론 주제에 대한 배경지식을 제공하고 관련 자료를 탐색하도록 하며, 다양한 관점에서 생각해 볼 수 있는 질문을 제시하여 학생들의 깊이 있는 사고를 촉진한다. 또한, 토론 과정에서 자신의 생각을 논리적으로 정리하고, 타인의 의견을 비판적으로 분석하며, 근거를 바탕으로 자신의 주장을 펼치는 능력을 키울 수 있도록 돕는다.

마지막으로, 아동노동 반대 캠페인을 기획하고 실행하는 과정을 통해 학생들은 사회 참여를 경험하고 시민의식을 함양할 수 있다. 함께 캠페인 활동을 하면서 협력하고 연대하는 방법을 배우고, 공동체의 일원으로서 책임감과 소속감을 느낄 수 있다.

이처럼 띵커벨을 활용한 민주시민교육은 학생들이 비판적 사고, 의사소통, 문제 해결, 협업 능력 등 미래 사회에 필요한 핵심 역량을 키우고, 민주시민으로서의 자질을 함양하는 데 기여하는 효과적인 교육 방법이다.

3 | 북크리에이터
- 입체 덕후북 만들기

북크리에이터(Book Creator)는 누구나 쉽게 e-book을 제작할 수 있도록 설계된 온라인 플랫폼이다. 직관적인 인터페이스와 강력한 기능을 제공해 창의적이고 독창적인 책을 제작할 수 있다. 다양한 디지털 콘텐츠를 활용해 텍스트, 이미지, 비디오, 오디오 등을 결합한 멀티미디어 책을 만드는 데 최적화되어 있다. 사용자가 책을 자유롭게 디자인할 수 있도록 다양한 템플릿과 설정 옵션을 제공한다. 표지부터 본문 페이지까지 자신만의 스타일을 적용할 수 있으며, PDF, ePub 등 다양한 파일 형식으로 저장할 수 있어 출력하거나 디지털 형식으로 쉽게 공유할 수 있다는 점이 큰 장점이다.

북크리에이터는 교육 현장에서 특히 유용하게 활용된다. 학생들은 이 도구를 사용해 디지털 그림책, 포트폴리오, 연구 보고서, 창작 스토리 등 다양한 프로젝트를 제작할 수 있다. 이를 통해 학생들의 창의력을 키우고 학습 내용을 시각화하며, 협력적 학습 환경을 조성할 수 있다. 학생들은 자신만의 창작물을 e-book으로 제작하는 과정에서 창의력, 표현력, 기술 활용 능력을 동시에 키울 수 있다. 또한, 실시간 협업 기능을 통해 팀으로 작업하며 협동심을 배울 수 있다. 학생들이 자신의 아이디어를 e-book으로 구현하며 즐거움을 느끼는 동시에 성취감을 얻을 수 있는 매력적인 디지털 플랫폼이다.

창의적이고 효과적인 학습 환경을 제공

북크리에이터를 활용한 그림책 수업은 학생들의 창의력과 학습 동기를 높이는 데 효과적인 교육 방법이다. 직관적인 인터페이스를 통해 학생들이 쉽게 사용할 수 있으며 텍스트, 이미지, 오디오, 비디오 등 다양한 미디어를 결합할 수 있어 표현의 폭이 넓다. 이러한 특징은 그림책을 읽고 자신만의 책 만들기 활동이나 그림책을 창작하는 과정에서 학생들이 상상력을 발휘하고 자신만의 독창적인 이야기를 만들어 가는 데 큰 도움을 준다.

입체 덕후북 만들기 활동을 통해 학생들은 자신이 좋아하는 것이 무엇인지 찾아보고, 그 과정에서 자신을 이해하고 표현해 보는 효과를 얻을 수 있다. 또한 학생들은 입체 덕후북의 주제를 정하고 소개하기 위해 자신만의 콘텐츠를 구성하며 논리적 사고를 연습할 수 있다. 북크리에이터는 이 과정을 시각적으로 지원하여 자신의 아이디어를 더욱 쉽게 구체화할 수 있도록 돕는다. 완성된 그림책을 디지털 형식으로 저장하거나 실물로 출력해 공유함으로써 자신만의 작품을 발표하며 성취감을 느낄 수 있다. 이런 활동은 학습 동기를 높이고 자신감을 키워 준다. 북크리에이터를 활용한 그림책 수업은 창의적이고 효과적인 학습 환경을 제공하는 훌륭한 방법이라 할 수 있다.

『그림 좀 아는 고양이 루이』 의자 글·그림, 한솔수북

귀여운 고양이 루이의 동선에 따라 보여지는 다양한 명화를 감상할 수 있는 그림책이다. 고양이 루이가 들른 곳은 마티스의 작업실, 홈즈의 방, 재밌는 장난감이 가득한 가게, 키스 해링의 그림이 그려진 벽화 거리, 고흐의 명화 등 진귀한 물건이 가득한 고미술품 가게 등이다. 각 장면의 배경 속에는 마티스, 모네, 고흐, 클레, 클림트 등의 유명한 작품이 숨겨져 있다. 또한 마그리트, 리히텐슈타인, 제프 쿤스 등의 현대적인 작품은 물론 우리나라의 고려청자나 그리스 도기, 이집트 황금 가면 등도 있다. 고양이 루이를 따라 명화를 찾아보는 재미를 느껴 볼 수 있는 그림책이다.

1단계 그림책 속 명화 찾기 놀이하기

『그림 좀 아는 고양이 루이』의 장면마다 명화와 예술 작품이 숨어 있다. 그냥 지나칠 수 있지만 자세히 보면 그림책 장면에서 발견할 수 있다. 학생들과 그림책을 함께 읽으면서 페이지마다 숨겨진 명화를 찾고, 그것을 소개해 보는 활동은 매우 흥미로운 수업이 된다. 학생들도 자연스럽게 그림책을 집중해서 읽게 되고, 명화를 발견하는 즐거움 또한 얻게 된다. 또 발견한 명화에 대해 교사가 설명을 덧붙인다면 훌륭한 예술 수업으로 연계할 수 있다.

가장 먼저 그림책 표지에서부터 시작한다. 그림책 표지에는 어떤 명화들이 숨겨져 있을까? 빈센트 반 고흐의 〈해바라기〉, 앙리 마티스의 〈머리카락 흩날리는 여인〉 등의 작품을 찾아볼 수 있다. 그림책을 열면 더 많은 작품을 흥미롭게 찾아보는 재미에 빠져들 수 있다.

그림책 표지　　　　　　그림책 표지 속 명화 찾기

2단계 나의 입체 덕후북 만들기 사진 계획하기

입체 덕후북 만들기란 자신이 좋아하는 분야에 대해 글, 그림, 동영상 등 다양한 자료를 활용해서 소개하는 활동이다. 일단 '덕후' 란 일본어 '오타쿠' 를 한국식으로 발음한

'오덕후'의 줄임말로, 현재는 '어떤 분야에 몰두해 전문가 이상의 열정과 흥미를 가지고 있는 사람'이라는 긍정적인 의미로 사용된다. 아이돌을 좋아하는 사람은 아이돌 덕후, 야구를 좋아하는 사람은 야구 덕후 등으로 사용된다. 자신이 좋아하고 친구들에게 소개하고 싶은 주제를 선정해 입체 덕후북을 만들어 본다.

(1) 입체 덕후북에 들어갈 콘텐츠 마인드맵 하기

자기가 소개하고 싶은 덕후 대상을 선정하기 위해 학생들이 평소 어떤 대상에 열정을 쏟으며 몰입하는지 브레인스토밍을 해 본다. '나는 ○○ 덕후'라는 중심어를 가운데 쓰고 학생들이 좋아하는 분야를 포스트잇에 적어 보면 연예인, 게임, 스포츠, 동물, 음식, 영화, 예술, 만화, 웹툰 등 다양한 분야가 나온다. 다양하게 나온 분야에서 더 세부적으로 자기가 좋아하는 분야를 구체화하도록 안내한다.

내가 소개할 분야를 선정했다면 입체 덕후북에는 어떤 내용이 넣을지 마인드맵을 해 본다. 6가지 이상의 소개 콘텐츠가 들어가도록 안내한다. 6가지 콘텐츠 중 3가지는 공통으로 들어갈 내용을 정한다. '나의 덕후 활동 대상 소개', '그 대상을 좋아하는 이유' 그리고, '덕후 활동이 내 삶에 미치는 영향에 대한 에세이 작성'으로 제시한다. 그리고 나머지 3가지 콘텐츠는 본인의 덕후 대상에 맞게 자유롭게 구상하도록 한다. 예를 들어, 덕후 대상과 관련된 순위를 매겨 보는 '베스트 5'나 덕후 대상과 관련된 에피소드 소개 등 자신이 소개하고 싶은 콘텐츠를 기획해 본다. 입체 덕후북 만들기인 만큼 6가지의 소개 콘텐츠에 오디오, 음악, 이미지, 동영상 등 다양한 매체를 어떻게 활용할 계획인지 간단하게 작성해 본다. 그리고 소개할 덕후 활동과 관련된 텍스트, 이미지, 음악, 링크 등을 사전에 준비하도록 안내한다.

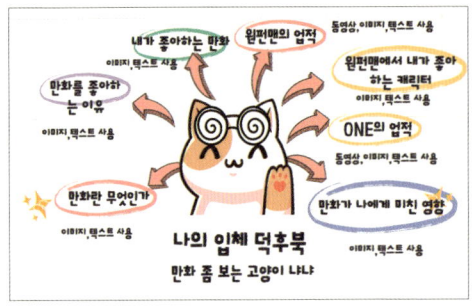 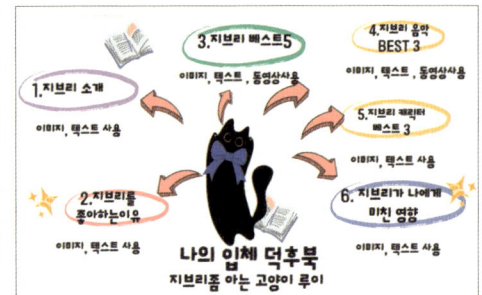

○○ 좀 아는 고양이 △△ 소개 개인별 계획 맵

3단계 북크리에이터를 이용하여 입체 덕후북 만들기

(1) 교사 계정 만들어서 라이브러리 생성하기

학생들과 북크리에이터에서 책 만들기를 진행하기 위해서 교사는 교사 계정으로 로그인한 후, 대시보드에서 [새 라이브러리 만들기]를 클릭해 학생들과 공유할 라이브러리를 만든다. 참고로 무료 계정은 1개의 라이브러리와 40권의 책을 생성할 수 있으며, 유료 계정은 라이브러리 개수의 제한은 없고 1,000권의 책을 만들 수 있다.

 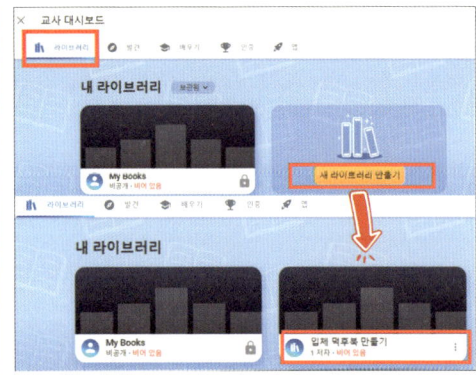

교사 로그인   교사 대시보드에서 새 라이브러리 만들기

라이브러리를 생성한 후, 학생들이 라이브러리 내에서 사용할 수 있도록 몇 가지 설정을 한다. 책이 완성되기 전까지 서로의 책을 열람하지 못하도록 설정하고, 학생당 한 권의 책만 생성할 수 있도록 제한한다. 설정이 완료되면 라이브러리 화면에서 [다른 사람이 참여할 수 있도록 초대 코드 표시]를 클릭해 초대 코드를 학생들에게 공유한다.

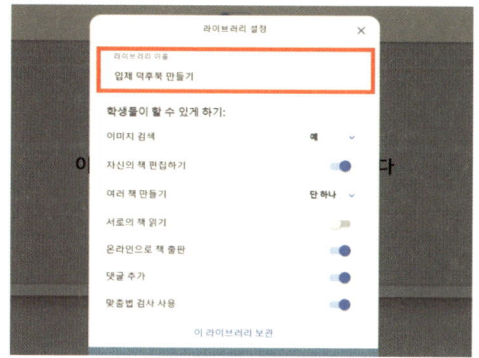
라이브러리 설정하기

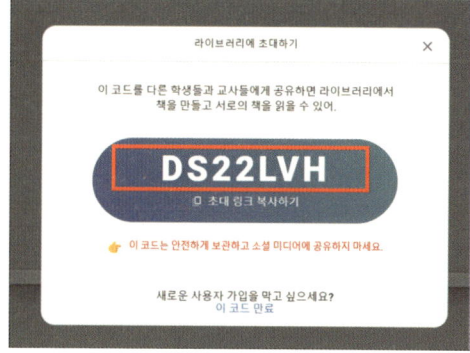
학생 초대 코드 표시하기

(2) 학생들이 북크리에이터 시작하기

구글에서 북크리에이터를 검색해서 북크리에이터의 메인 화면에 들어가면 학생으로 로그인하라는 창이 뜬다. 개인 구글 계정으로 로그인하면 초대 코드 입력창이 뜬다. 교

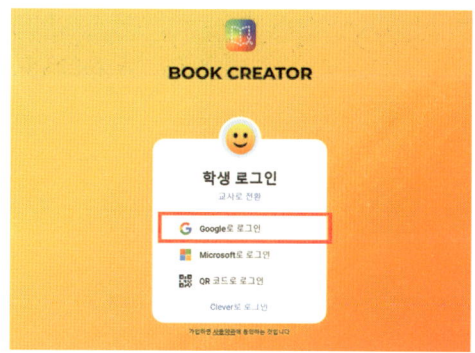
학생 계정 로그인

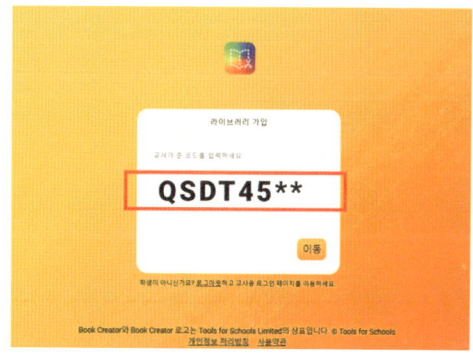
교사가 제시한 초대 코드 입력

사가 제시한 초대 코드를 입력하면 학생들은 교사가 만든 라이브러리에 참여할 수 있게 된다.

(3) 새 책 만들기 및 기본 편집 도구 소개

학생들이 교사가 초대한 라이브러리에 참여하게 되면 가장 먼저 [+ 새 책]을 눌러 새 책을 생성한다. 이때 책의 모양을 다양하게 선택할 수 있다. 각자의 취향에 맞게 책의 모양을 선택할 수 있으며, 템플릿을 선택하면 미리 준비된 다양한 템플릿을 바로 사용할 수 있다.

+새 책 누르기

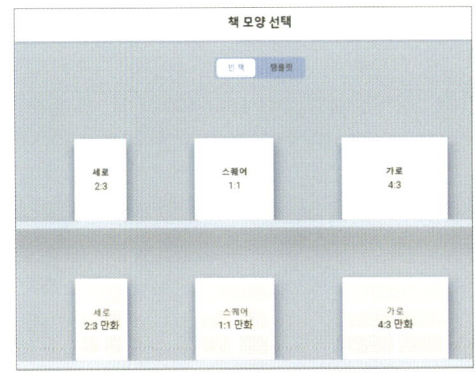

빈 책 또는 템플릿 선택

새 책 생성

새 책이 생성되었다면 오른쪽 [>]를 누르면 페이지가 한 장씩 생성이 된다. 화면 상단의 [페이지]를 누르면 책의 전체 페이지를 확인할 수 있으며, 페이지를 추가하거나 삭제, 순서를 조정할 수 있다.

페이지가 생성되었다면 표지 오른쪽 상단 옆에 [+]를 누르면 책을 편집할 수 있는 도구들을 확인할 수 있다. [+] → [도구]를 누르면 [이미지]는 웹 또는 파일을 업로드해서 삽입할 수 있다. [카메라]는 직접 사진을 찍어서 사용이 가능하다. [펜]은 다양한 그리기 도구를 통해 그림을 그리거나 손 글씨를 작성할 수 있다. [텍스트]는 글을 입력할 수 있다. [녹음]은 직접 소리를 녹음하여 사용할 수 있는 기능이다.

또 [+] → [미디어]를 누르면 [템플릿]에서는 북크리에이터에서 제공하는 다양한 템플릿을 바로 사용이 가능하다. [모양]은 사각형, 원, 세모, 별 형태의 모양을 삽입할 수 있다. [아이콘]은 사람, 동물, 자동차 등 아이콘의 이미지를 삽입할 수 있다. [파일]은 사용자가 가지고 있는 파일을 업로드할 수 있다. [임베드]는 유튜브나 동영상 링크를 삽입할 수 있다.

① 책 페이지 편집하기

입체 덕후북의 구성은 총 8페이지를 기본 구성으로 한다. 기본적으로 앞표지, 자기가 좋아하는 대상이 무엇인지, 왜 좋아하게 되었는지, 덕후 활동 중 소개하고 싶은 3가지 정도를 자율적으로 소재를 정해서 소개하도록 안내한다. 그리고 마지막 페이지에 덕후 활동이 자기 삶에 어떤 영향을 미쳤는지 짧은 에세이를 쓰도록 한다. 뒷표지에는 간단한 한 줄 소개와 이미지, 바코드를 삽입해서 책의 구성을 마무리한다.

가장 먼저 입체 덕후북의 앞표지를 만들기 위해서 소개하고 싶은 내용을 '○○ 좀 아는 고양이'라는 제목을 붙여 준다. 그리고 책 내용 소개를 이끌 고양이 캐릭터를 설정한

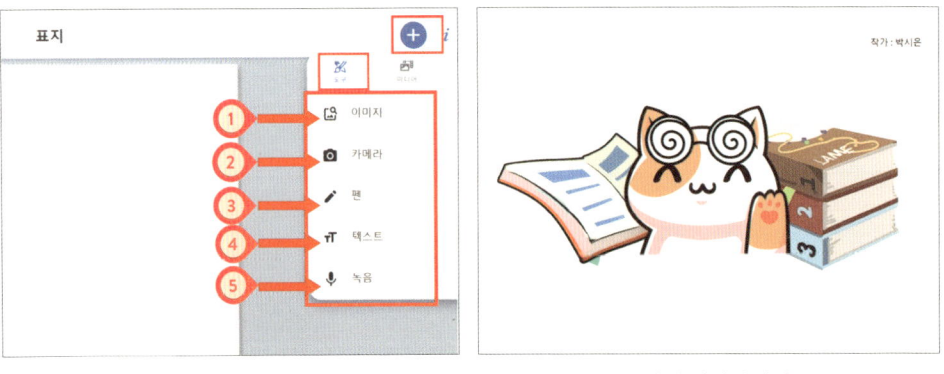

다. 고양이 캐릭터는 캔바의 요소를 활용하거나, 고양이 이미지를 구글 검색해서 사용한다. 오른쪽 상단 [+]→ [도구] → [이미지]를 클릭해서 삽입한다.

제목 틀을 넣기 위해서는 [+] → [미디어] → [모양]을 클릭한 후 말풍선이나 다양한 도형 틀을 넣어 꾸며 준다.

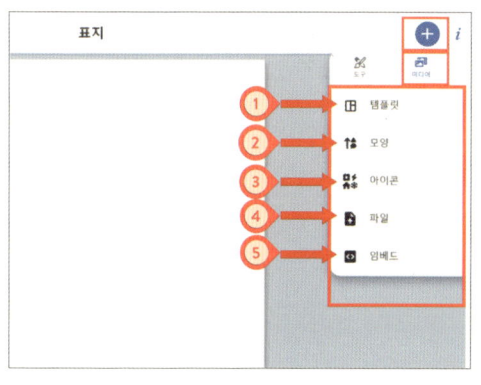
+ → 미디어 → 모양 삽입

말풍선 삽입

텍스를 삽입하기 위해서는 오른쪽 상단 [+] → [도구]에서 [텍스트]를 눌러 글을 입력할 수 있다. 단 [텍스트] 메뉴에서는 입력만 가능하고 글의 크기, 정렬, 색을 수정하기 위해서는 오른쪽 상단의 [i]를 눌러야 편집이 가능하다.

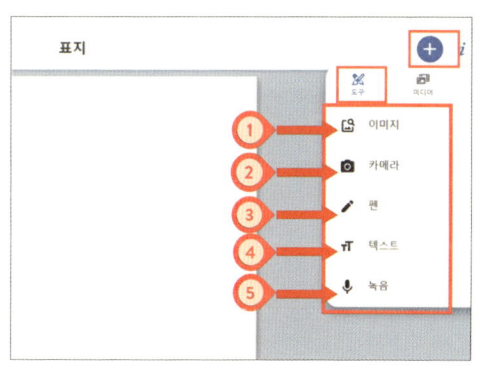
+ → 도구 → 텍스트 삽입

텍스트 입력

수정하고 싶은 텍스트를 클릭한 후 [i]를 누르면 편집 메뉴창이 뜬다. 여기에서 해당 텍스트의 크기, 색, 정렬 등을 수정하거나 삭제할 수 있다.

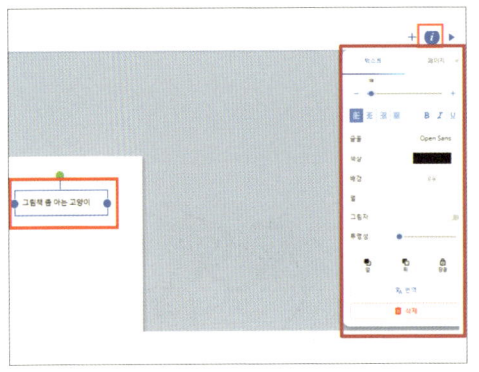
i→ 텍스트(텍스트 수정 및 삭제)

텍스트 크기, 글자, 정렬이 가능

책 페이지의 배경 변경은 마우스를 책 페이지에 두고 오른쪽 상단 [i] → [페이지]를 누르면 만화, 종이, 테두리, 패턴, 텍스처 등 다양하게 변경할 수 있다.

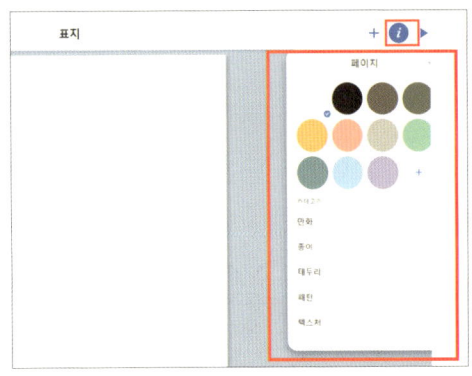
i→ 페이지(다양한 페이지 변경)

만화 배경으로 변경

② 유튜브 동영상 책 속에 삽입하기

북크리에이터로 책을 만들 때 매력적인 부분은 책에 동영상을 넣어서 만들 수 있다는 것이다. 평면적인 책이 입체북이 되는 매력적인 순간이다. 동영상을 삽입하기 위해서는 [+] → [미디어] → [임베드]를 누르면 동영상 링크를 삽입할 수 있는 창이 뜬다. 유튜브에서 복사한 링크 주소를 붙여넣기하고 [추가]를 누르면 책 안에 동영상이 삽입된다.

 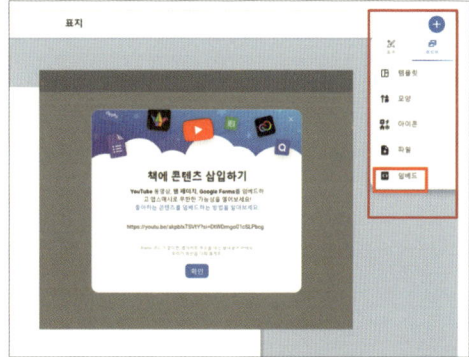

+ → 미디어 → 임베드(동영상 링크를 복사하여 붙여넣기)

책에 삽입된 유튜브 동영상

③ 뒷표지 만들기

마지막 페이지는 뒷표지 디자인으로 덕후북의 한 줄 소개와 이미지, 바코드를 입력해서 마무리한다. 바코드 이미지는 [+] → [미디어] → [아이콘]에서 검색해서 삽입할 수 있다.

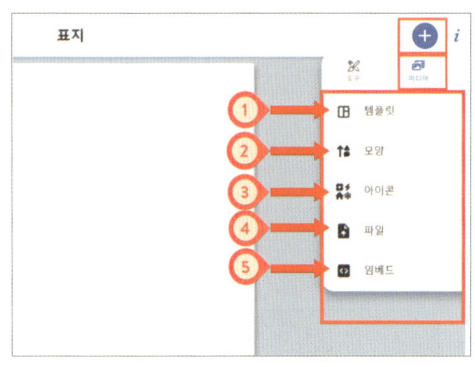

+ → 미디어 → 아이콘 　　　　　　　　　　　　아이콘에서 바코드 삽입

④ 온라인 출판하기

　최종적으로 책이 완성되면 책 아래쪽 [공유] → [온라인 출판]을 누르면 온라인 출판을 하기 위한 간단한 설정 창이 나온다. 책 제목, 저자, 책의 한 줄 소개를 작성 후 [온라인 출판하기]를 누르면 바로 e-book으로 전환이 가능해진다. 온라인 출판된 책은 QR코드나 링크로 누구나 공유할 수 있다. 그리고 온라인 출판을 중지하고 싶을 때는 [온라인 출판 중지]를 누르면 즉시 공유가 중지된다.

공유 → 온라인 출판 　　　　　온라인 출판 완료 　　　　　e-book QR코드

북크리에이터를 활용한 그림책 수업의 의의

북크리에이터를 활용하여 입체 덕후북을 만드는 활동은 여러 가지 교육적 의의를 지닌다.

첫째, 학생들은 북크리에이터를 활용하여 자신만의 개성 있는 책을 만들면서 창의력을 발휘할 수 있다. 녹음, 이미지, 텍스트, 동영상 등 다양한 요소와 템플릿을 활용해서 표현하고자 하는 바를 입체적이고 창의적으로 표현할 수 있다. 여기에 북크리에이터와 연동이 가능한 캔바, 구글맵, 3D모델링 등 다양한 앱과 연계를 통해 창의적인 표현이 가능하다.

둘째, 입체 덕후북은 자신이 열정을 다하고 몰입하는 대상을 소개하는 활동이다. 책을 만드는 과정에서 학생들은 자기가 좋아하는 것이 무엇인지 탐색하며 자기 이해를 깊게 할 수 있는 시간을 갖게 된다.

셋째, 북크리에이터로 만든 책은 간단한 설정만으로 e-book으로 출판할 수 있어 전 세계의 누구나 볼 수 있다. 출판된 책은 링크나 QR코드로 쉽게 전달할 수 있다.

마지막으로, 주제 선정, 내용 작성, 이미지와 동영상을 검색하고 선택하는 등 책을 만드는 과정이 자기 주도적으로 이루어진다. 책을 완성하고 나면 학생들은 스스로 자긍심을 느끼며 성취감을 맛볼 수 있다.

4 | 구글 슬라이드 & 독스
- 우리 반 친구 표현하기

구글 슬라이드(Google Slides)와 구글 독스(Google Docs)는 구글에서 제공하는 무료 온라인 문서 작성 도구이다. 구글 슬라이드는 프레젠테이션을 만들고 편집할 수 있는 프로그램으로 마이크로소프트 파워포인트와 유사한 기능을 제공한다. 구글 독스는 워드프로세서 기능을 갖춘 온라인 문서 작성 및 편집 도구로, 텍스트 문서를 만들고 편집하며 저장할 수 있다. 두 도구 모두 클라우드 기반으로 작동하여 인터넷 연결이 가능한 곳이라면 어디서나 접근할 수 있으며 실시간 협업 기능을 제공한다. 이를 통해 학생들은 그룹 프로젝트나 공동 과제를 효과적으로 수행할 수 있고, 클라우드 기반 접근성으로 인해 학교와 집에서 작업을 이어 갈 수 있다. 교사는 학생들의 작업을 실시간으로 모니터링하고 즉각적인 피드백을 제공할 수 있어 학습 과정을 더욱 효과적으로 만들고, 학생들의 이해도를 높일 수 있다는 장점도 있다. 대부분의 기능을 무료로 사용할 수 있으며, 사용이 간편하여 디지털 기술에 익숙하지 않은 학생들도 쉽게 활용할 수 있다. 이러한 특징으로 인해 구글 슬라이드와 독스는 현대 교육 환경에서 효과적인 학습 도구로 자리 잡고 있다.

구글 슬라이드와 구글 독스를 활용한 그림책 독후 활동

구글 슬라이드와 구글 독스를 활용한 수업은 학생들의 학습 경험을 풍부하게 만들어 준다. 구글 슬라이드를 사용하면 그림책의 내용을 시각적으로 재구성하거나 자신의 생각을 창의적으로 표현할 수 있다. 이미지, 텍스트, 애니메이션 등 다양한 요소를 활용하여 독후 활동 결과물을 만들 수 있어 학생들의 디지털 리터러시와 창의성을 향상시킨다. 또한, 구글 슬라이드는 프레젠테이션에 최적화되어 있어 학생들이 자신의 작업을 쉽게 발표할 수 있다. 발표 모드를 통해 전체 화면으로 작품을 보여 줄 수 있고, 필요한 경우 발표자 노트 기능을 활용하여 효과적인 발표를 할 수 있다. 구글 독스는 학생들이 그림책에 대한 감상문이나 분석을 작성하는 데 유용하며, 실시간 협업 기능을 통해 그룹 활동을 원활하게 진행할 수 있다.

두 도구 모두 댓글 기능을 제공하여 학생 간, 그리고 교사와 학생 간의 피드백 교환이 용이하다. 학생들은 서로의 작품에 대해 건설적인 의견을 남길 수 있고, 교사는 실시간으로 학생들의 작업을 모니터링하며 즉각적인 피드백을 제공할 수 있다. 이러한 상호작용은 학생들의 비판적 사고력과 의사소통 능력을 향상시키는 데 도움이 된다. 결과적으로 구글 슬라이드와 구글 독스를 활용한 그림책 독후 활동은 학생들의 참여도를 높이고 다양한 학습 스타일을 수용하며, 협업과 피드백 교환을 통해 더욱 풍부하고 효과적인 학습 경험을 제공한다.

『내 친구 ㅇㅅㅎ』 김지영 글·그림, 사계절

새 학교에 적응하는 어린이의 모습을 'ㅇㅅㅎ' 초성을 활용한 글자 놀이로 재미있게 표현했다. 서툴지만 씩씩하게 친구를 사귀어 가는 주인공의 학교생활을 통해 또래 관계 형성 과정을 보여 준다. 어린이의 감정을 섬세하게 그려 내어 독자들에게 공감과 위로를 전하며, 친구에 대해 다시 생각해 보게 하는 그림책이다.

1단계 친구 초성 마인드맵

『내 친구 ㅇㅅㅎ』 그림책을 읽고 난 후 학생들은 먼저 우리 반 친구들에 대해 이야기 나누는 시간을 갖는다. 각자가 생각하는 친구들의 장점과 특별한 점을 자유롭게 이야기하며 서로에 대해 깊게 이해하고 긍정적인 관계를 형성할 수 있다. 학생들은 친구들의 다양한 모습을 생각하면서 서로를 더 잘 알아 가는 기회를 갖게 된다.

서로 이야기한 반 친구들의 특징을 참고하여 구글 슬라이드에 친구 한 명 한 명을 마인드맵으로 표현하는 활동을 한다. 구글 슬라이드를 사용하기 위해서는 학생 개인의 구글 계정이 필요하므로 교사는 학교 계정으로 학생들의 구글 아이디를 만들어 나누어 준다. 한 해 동안 학생들과 다양한 구글 수업 도구를 효과적으로 활용하기 위해서는 구글 클래스룸을 개설하여 이를 중심으로 교육활동을 진행하는 것이 좋다.

학급의 구글 클래스룸을 개설하기 위해서는 구글 클래스룸 웹사이트에 접속하여 우측 상단의 [+] → [수업 만들기]를 선택한다. 수업 이름, 섹션, 과목, 강의실 등의 정보를 입력하여 새로운 클래스를 생성한다. 클래스가 만들어지면 상단의 [사용자] 탭으로 이동하여 학생들을 초대할 수 있다. 여기서 [학생 초대]를 클릭하고 학생들의 이메일 주소를 입력하거나 생성된 수업 코드를 공유하여 학생들이 참여하게 한다. 이메일로 초대할 경우 학생들은 받은 이메일의 링크를 통해 클래스에 참여할 수 있다. 수업 코드를 사용할 경우 구글 클래스룸에 로그인한 후 [+] → [수업 참여하기]를 선택하여 코드를 입력함으로써 클래스룸에 가입할 수 있다. 교사는 모든 학생이 성공적으로 클래스룸에 참여했

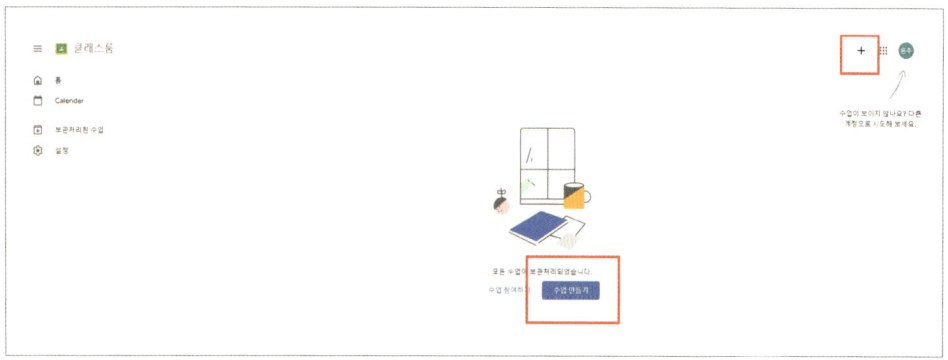

구글 클래스룸 만들기

는지 [사용자] 탭에서 확인할 수 있으며, 필요한 경우 개별적으로 학생들을 도와 클래스룸 참여를 지원할 수 있다.

구글 클래스룸에 학생 초대 방법 순서

학생들의 참여가 완료되면 교사는 구글 클래스룸에서 상단의 [수업 과제] → [만들기] → [과제]를 선택한다. 과제 제목으로 '친구 초성 마인드맵'을 쓰고 활동에 대한 안내 설명을 입력한 후 아래의 첨부에서 [만들기] → [Slides]를 선택한다. 첨부에서 [Drive]를 선택할 경우에는 미리 준비한 구글 슬라이드 템플릿을 선택할 수 있다. 이때, '학생별로 사본 제공' 옵션을 선택하는 것이 중요하다. 이 옵션을 선택하면 각 학생에게 개별적인 슬라이드 사본이 제공되어 학생들이 자신의 작업을 독립적으로 수행할 수 있다. 과제의 점수, 마감 기한, 주제 등을 설정한 후 [과제 만들기]를 클릭하여 과제를 게시한다.

과제 만들기

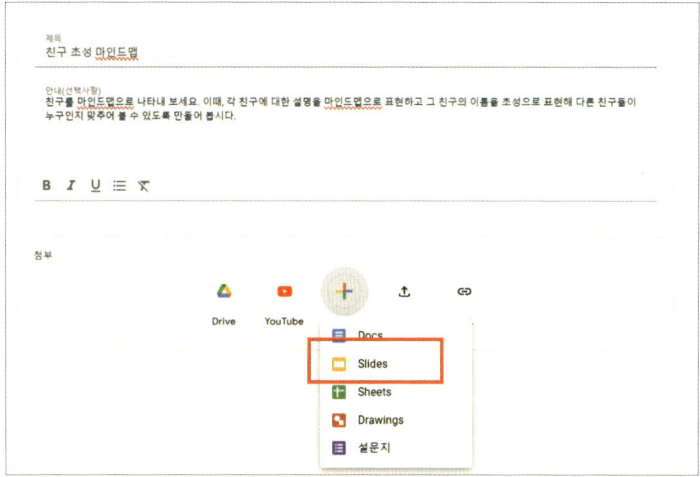

구글 슬라이드로 과제 제시

학생별로 사본 제공과 전체 학생에게 과제 부여

이렇게 생성된 과제는 학생들에게 즉시 공유되며, 학생들은 자신의 구글 클래스룸 계정에서 과제를 확인하고 개별로 부여된 구글 슬라이드에서 상단의 프레젠테이션 도구를 이용하여 마인드맵을 작성한다. 구글 슬라이드에서 마인드맵으로 표현하는 방법은 다음과 같다.

먼저 상단 메뉴에서 [삽입]을 선택한다. 여기서 [도형]이나 [이미지]를 클릭하여 마인드맵의 중심 주제를 나타낼 원이나 사각형 또는 그림을 추가한다. 도형 안에는 텍스트를 입력하여 주제를 쓴다. 다음으로 [선] 옵션을 사용하여 중심 주제에서 뻗어 나가는 가지를 그린다. 각 가지의 끝에 다시 도형을 추가하고 하위 주제를 입력한다. 이 과정을 반복하여 더 많은 가지와 하위 주제를 추가할 수 있다. 도형과 선의 색상, 크기, 스타일을 조정하여 시각적으로 구분하기 쉽게 만든다. 마지막으로 전체 레이아웃을 조정하여 마인드맵이 슬라이드에 균형 있게 배치되도록 한다.

교사는 실시간으로 학생들의 작업 진행 상황을 모니터링하고 필요한 경우 피드백을 제공할 수 있다. 과제를 모둠별로 제공하여 실시간 협업 기능을 통해 여러 학생이 동시에 같은 프레젠테이션 파일에 접속하여 작업할 수도 있다.

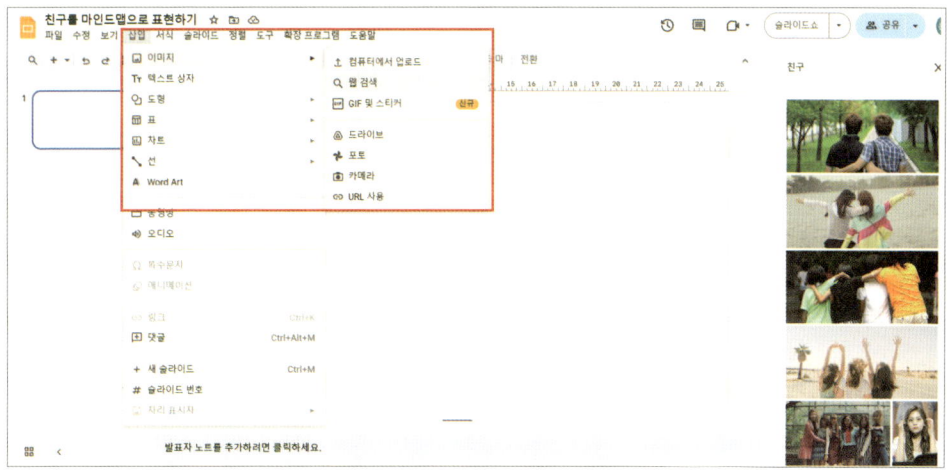

마인드맵에서 주제 이미지 삽입

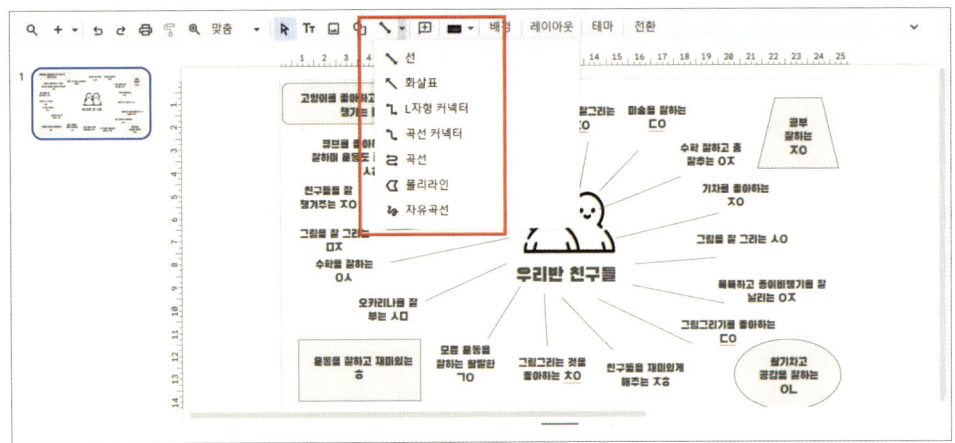

[선] 옵션을 사용하여 가지 그리기

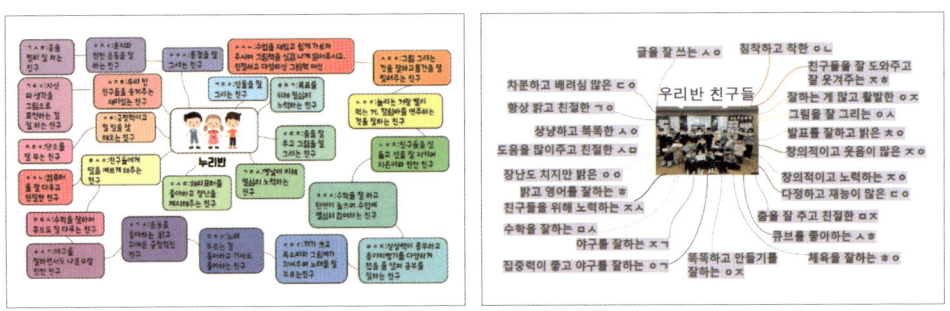

반 친구들 소개 마인드맵(이름을 초성으로 표현)

학생들이 작업을 완료하면 구글 클래스룸을 통해 과제를 제출하고, 교사는 제출된 과제를 검토하고 평가한다. 클래스룸에 제출된 과제는 학생들이 슬라이드쇼로 발표하고, 이어서 각 친구들의 특징을 맞히는 퀴즈로 활동을 마무리할 수 있다.

2단계 구글 슬라이드로 학급 그림책 만들기

구글 슬라이드를 활용하여 학생들이 하나의 파일에 '내 친구 __ㅎ' 그림책 만들기를 한다. 각자 한 페이지씩 친구와의 관계에서 일어나는 상황이나 감정을 표현하는 초성 문제와 정답을 작성하여 하나의 그림책을 완성하는 활동이다.

먼저 교사는 구글 슬라이드에서 새로운 프레젠테이션을 만든다. 이때 학생 수만큼의 빈 슬라이드를 추가하고, 각 슬라이드에 학생의 이름 또는 번호를 미리 입력한다. 첫 슬라이드에 전체 프로젝트의 주제나 지침을 써 주는 것이 좋다. 이렇게 만든 프레젠테이션은 구글 드라이브에 저장한다.

다음으로 구글 클래스룸에 접속하여 [수업 과제]를 선택한 후 상단의 [만들기] → [과제]를 선택한다. 과제 제목과 설명을 입력한 후 [추가]를 클릭하여 구글 드라이브에서 미리 만들어 둔 구글 슬라이드(프레젠테이션)를 선택한다. 파일 첨부 시 중요한 점은 '학생' 옵션을 '학생에게 파일 수정 권한 제공'으로 설정하는 것이다. 이렇게 하면 모든 학생이 같은 파일을 동시에 편집할 수 있다. 과제 설명에는 각 학생이 어떤 슬라이드를 작성해야 하는지, 어떤 내용을 포함해야 하는지 등을 명확히 안내한다. 예를 들어, "자신의 번호가 적인 슬라이드만을 사용합니다. 우리 반 친구들을 생각하며 초성에 어울리는 상황이나 그림을 그린 후 초성을 적습니다."와 같이 구체적인 설명을 쓴다.

과제를 게시한 후 학생들은 구글 클래스룸을 통해 공유된 구글 슬라이드에 접근할 수 있다. 각 학생은 자신에게 할당된 슬라이드에 친구 초성을 만들기 위한 상황과 내용을 작성한다. 이때, 친구들과의 관계에서 일어날 수 있는 상황이나 그때의 감정을 초성으로 만들도록 한다. 삽입 도구를 이용해 이미지나 텍스트 상자 등을 넣어 자신만의 스타일대로 만든다. 학급 전체가 하나의 프로젝트로 만드는 것임을 상기시키고 주제에 맞게 작성할 수 있도록 안내한다.

교사는 구글 슬라이드의 실시간 협업 기능을 통해 학생들의 작업을 모니터링하면서 다른 학생들의 슬라이드는 건드리지 않고 존중해 주도록 강조한다. 필요한 경우 댓글 기능을 활용하여 즉각적인 피드백을 제공할 수 있다. 모든 학생이 작업을 완료하면 하나의 완성된 학급 그림책이 만들어진다. 이 완성된 결과물은 함께 보며 '초성 맞히기' 퀴즈로도 활용할 수 있다. 이를 통해 학생들은 협업 능력을 기르고, 전체 프로젝트의 일부분을 책임감 있게 수행하는 경험을 할 수 있다. 또한 다른 학생들의 작업을 실시간으로 볼 수 있어 서로에게서 배울 수 있는 기회를 제공한다.

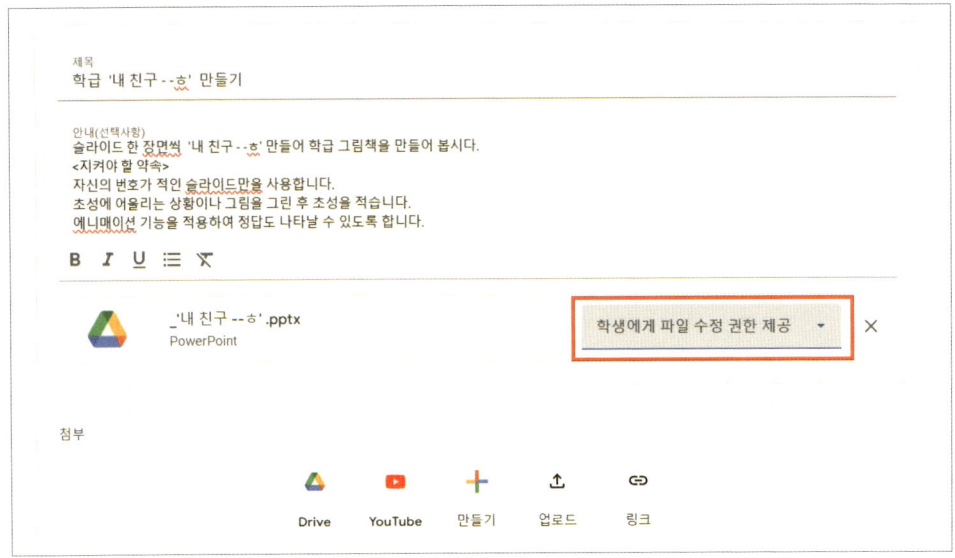

협업으로 할 수 있는 권한 부여

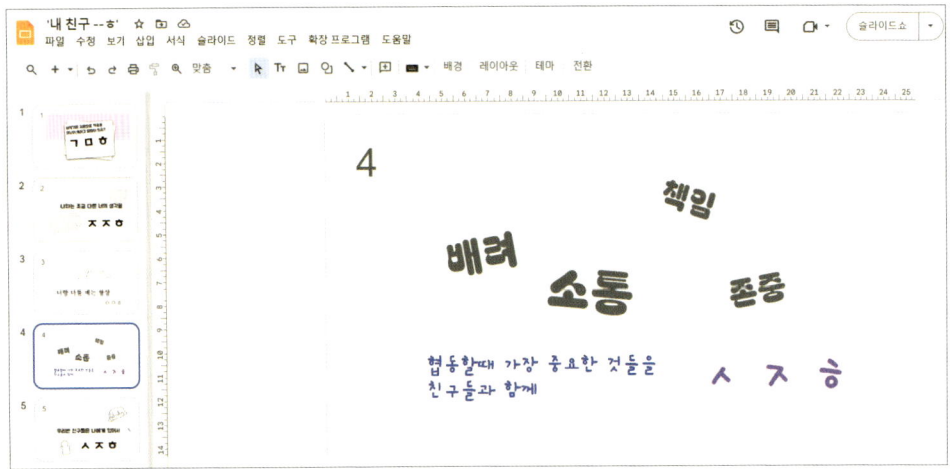

협업으로 하는 구글 슬라이드

3단계 구글 독스를 이용하여 글쓰기

구글 독스는 워드프로세서 기능을 갖춘 온라인 문서 작성 및 편집 도구로, 구글 클래스룸에서 활동 과제로 안내하고 친구에 대한 글을 쓰는 수업을 한다.

먼저 교사는 구글 클래스룸에서 상단의 [만들기] → [과제]를 선택한다. 과제 제목에 '나에게 우리 반 친구들은?'이라고 쓰고 "나에게 우리 반 친구들은 어떤 친구들이었는지 사진을 하나 찾아서 표현하고, 그 사진을 고른 이유를 설명하며 글을 써 보세요."와 같이 상세한 설명을 입력한다. 그다음 [추가]를 클릭하여 구글 드라이브에서 미리 저장해 놓은 구글 문서를 선택하거나 [만들기] → [Docs]를 선택한다. 이때 중요한 점은 '학생별로 사본 제공' 옵션을 반드시 선택하여 각 학생이 개별적으로 작업할 수 있게 하는 것이다.

학생들은 구글 클래스룸에서 해당 과제를 클릭하여 자신의 구글 독스 문서에 접근한다. 문서 상단의 [제목 없는 문서]를 클릭하여 제목으로 '나에게 우리 반 친구는?'이라고 입력한다. '나에게 우리 반 친구는?' 주제로 구글 독스에서 글을 쓰기 전, 이미지를 삽입하거나 직접 그림을 그려 넣는다. 먼저 이미지를 삽입하려면 상단 메뉴의 [삽입] → [이미지]를 선택한다. 여기서 '웹 검색' 옵션을 사용하면 친구를 떠올리게 하는 이미지를 인터넷에서 찾아 바로 삽입할 수 있다. 예를 들어, '우정', '친구', '학교생활' 등의 키워드로 검색하여 적절한 이미지를 선택할 수 있다. 만약 직접 그린 그림을 사용하고 싶다면 [삽입] → [그리기] → [+ 새로 만들기]를 클릭한다. [그림 그리기]로 열린 창에서 그리기 도구를 이용해 친구의 모습이나 함께한 추억을 그림으로 표현할 수 있다. 그림이 완성되면 [저장 후 닫기]를 눌러 문서에 삽입한다. 이렇게 삽입된 이미지나 그림은 크기를 조절하거나 위치를 변경할 수 있어 글의 내용과 어울리게 배치할 수 있다. 이러한 시각적 요소는 친구에 대한 글을 더욱 풍부하고 생동감 있게 만들어 준다.

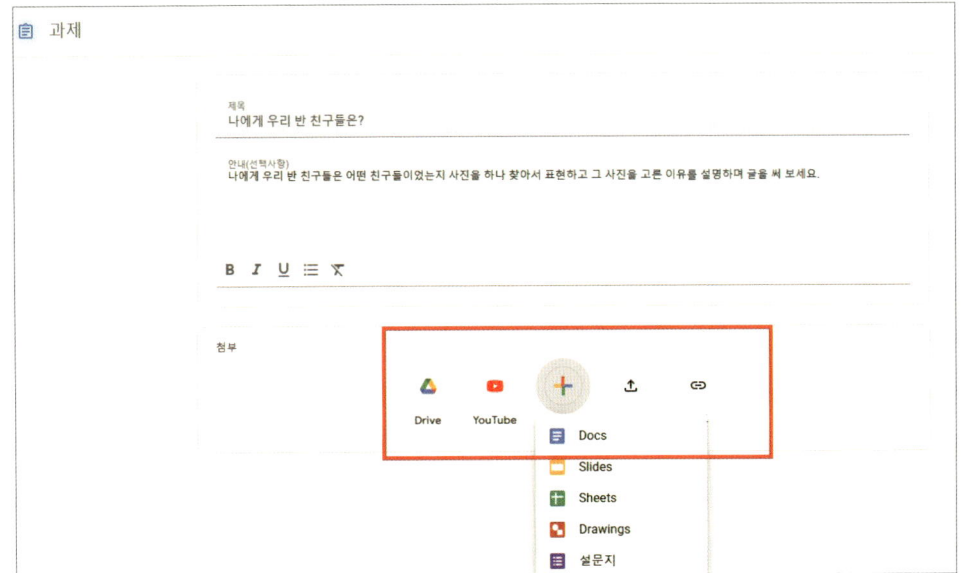

구글 클래스룸에서 구글 독스 과제 제시

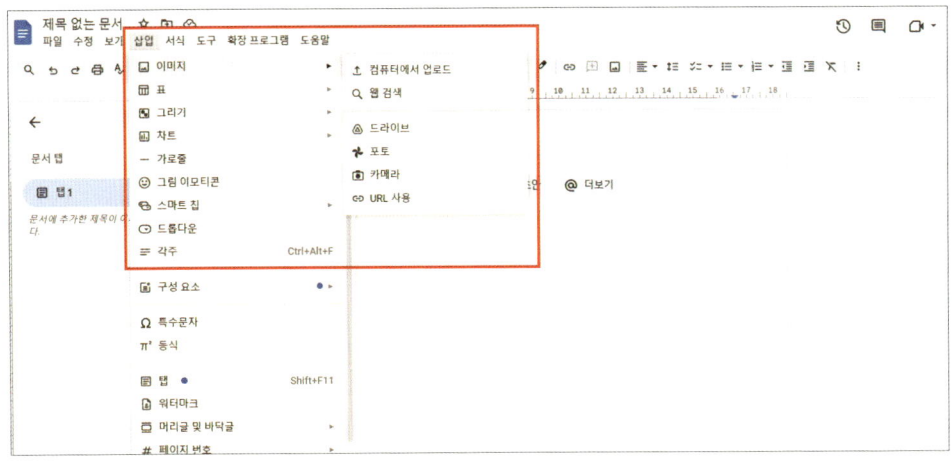

구글 독스에서 이미지 삽입

본문에는 친구에 대한 글을 자유롭게 작성한다. 글꼴, 크기, 색상 등은 상단 메뉴에서 쉽게 변경할 수 있다. 예를 들어, 글꼴을 바꾸려면 상단의 [글꼴 이름]을 클릭하여 원하는 것을 선택하면 된다. 구글 독스의 주요 장점은 자동 저장 기능이다. 글쓰기를 마친 후에 별도로 저장할 필요 없이 창을 닫으면 자동으로 저장된다. 과제를 제출하려면 구글 클래스룸에서 우측 상단의 [제출]을 클릭하면 된다.

이미지를 활용한 글쓰기(글꼴 변경 기능)

그림책을 읽고 주제를 선정해서 구글 독스를 이용하여 주제 글쓰기를 하는 것은 여러 가지 측면에서 효과적이다. 그림책은 짧고 함축적인 내용과 풍부한 시각적 요소를 통해 다양한 주제와 메시지를 전달하기 때문에 글쓰기의 좋은 매체이다. 학생들은 그림책을 통해 깊이 있는 사고를 할 수 있고, 이를 바탕으로 자신만의 독특한 주제를 발견할 수 있다. 이렇게 선정된 주제로 구글 독스를 활용해 글을 쓰는 과정은 학습자의 다양한 역량을 종합적으로 개발하고 향상시킨다. 구글 독스의 다양한 기능과 도구를 활용하여 아이디어를 시각화하고 구조화하는 과정은 창의성을 촉진하며, 글쓰기 과정에서 자신의 진행 상황을 모니터링하고 관리하는 능력을 기르면서 자기주도학습 능력도 향상된다. 더

불어 검색 및 탐색 기능을 활용하여 필요한 정보를 효과적으로 찾고 활용하는 정보 리터러시 능력도 강화된다.

구글 슬라이드와 구글 독스를 활용한 그림책 수업의 의의

구글 슬라이드와 구글 독스를 활용한 그림책 독후 활동 수업은 다양한 교육적 의의를 지닌다.

첫째, 이 수업 방식은 학생들의 디지털 리터러시 능력을 향상시킨다. 구글 도구를 활용함으로써 학생들은 디지털 기기와 온라인 플랫폼을 능숙하게 다루는 능력을 기를 수 있다. 이는 미래 사회에 필수적인 기술이다.

둘째, 협업 능력을 증진시킨다. 구글 슬라이드와 독스의 실시간 협업 기능을 통해 학생들은 함께 작업하며 아이디어를 공유하고 의견을 조율하는 과정을 경험한다. 이는 팀워크와 의사소통 능력 향상에 도움이 된다.

셋째, 창의성과 표현력을 신장시킨다. 그림책의 내용을 디지털 도구를 활용해 재구성하고 표현하는 과정에서 학생들은 자신만의 독창적인 아이디어를 발전시키고 다양한 방식으로 표현할 수 있다.

넷째, 비판적 사고력을 함양한다. 그림책의 내용을 분석하고, 이를 디지털 형태로 정리하는 과정에서 학생들은 정보를 체계화하고 핵심을 파악하는 능력을 기를 수 있다.

다섯째, 학습 동기를 높인다. 디지털 도구를 활용한 활동은 학생들의 흥미를 유발하고 적극적인 참여를 촉진한다. 이는 학습 내용에 대한 이해도와 기억력 향상으로 이어진다.

여섯째, 개별화 학습을 가능하게 한다. 교사는 구글 도구를 통해 학생들의 작업 과정을 실시간으로 모니터링하고 개별적인 피드백을 제공할 수 있다. 이를 통해 각 학생의 수준과 특성에 맞는 맞춤형 지도가 가능하다.

일곱째, 학습 결과물의 공유와 피드백이 용이하다. 완성된 작품을 온라인상에서 쉽게 공유하고 서로의 작품에 대해 의견을 나눌 수 있어 상호 학습의 기회가 확대된다.

마지막으로, 이러한 수업 방식은 온·오프라인 블렌디드 러닝을 가능하게 한다. 교실에서의 그림책 읽기 활동과 온라인 플랫폼을 통한 후속 활동을 연계함으로써 학습의 연속성과 확장성을 확보할 수 있다.

이처럼 그림책 수업에 구글 슬라이드와 독스를 활용하는 것은 디지털 시대에 걸맞은 다양한 역량을 종합적으로 향상시키는 효과적인 교육 방법이다.

5 구글 아트앤컬처
- 교실에서 예술 작품 만나기

 구글 아트앤컬처(Google Arts & Culture)는 전 세계 예술 작품과 문화유산을 온라인으로 감상할 수 있는 디지털 플랫폼이다. 시간과 장소에 상관없이 예술 작품과 문화유산을 감상할 수 있어 학생들이 쉽게 예술과 문화를 배울 수 있는 기회를 제공한다. 이 플랫폼은 증강현실(AR)과 가상현실(VR) 기술을 사용해 작품의 세부적인 부분을 자세히 탐구할 수 있게 해 준다. 또한, 다양한 도구를 통해 학생들이 예술 작품을 새롭게 해석하거나 직접 만들어 보는 기회를 제공하며, 디지털 기술을 배우고 창의적인 사고력을 키우는 데 도움을 준다. 미술관에 가지 못하는 학생들에게는 구글 아트앤컬처가 예술과 문화를 만날 수 있는 대안이 된다. 이를 통해 학생들은 더 넓은 시각으로 예술과 문화를 이해할 수 있고, 온라인 학습으로 오프라인 경험을 확장할 수 있다. 그러므로 구글 아트앤컬처는 단순히 예술을 감상하는 것을 넘어 학생들의 창의력과 미래 역량을 키우는 중요한 학습 도구이다.

구글 아트앤컬처를 활용한 예술 작품 감상

 구글 아트앤컬처를 활용한 그림책 수업은 학생들에게 흥미롭고 깊이 있는 학습 경험을 제공한다. 이 수업을 통해 학생들은 고해상도의 예술 작품을 감상하며 그림책의 주제와 배경을 더욱 생생하게 이해할 수 있고, 다양한 문화와 시대의 작품을 접하면서 글로

벌한 시각을 갖게 된다. 또한, 예술 작품의 세부 요소와 그림책의 이야기를 비교하는 과정을 통해 창의적 사고력을 기르고, 예술과 이야기를 연결하는 새로운 시각을 형성할 수 있다.

구글 아트앤컬처의 다양한 기능은 학습을 더욱 흥미롭고 독창적으로 만드는 데 기여한다. '퍼즐 파티' 같은 활동은 예술 작품을 퍼즐 형식으로 구성해 문제 해결 능력을 키우게 하고, '아트 컬러링북'은 학생들이 그림에 색을 입히며 자신의 예술적 감각을 발휘하도록 돕는다. 증강현실(AR) 기술은 그림책과 예술을 생동감 있게 연결하여 학생들의 흥미를 끌고 학습 효과를 극대화하며, 전 세계의 다양한 예술 작품과 국가유산에 쉽게 접근할 수 있게 해 준다. 이러한 수업은 학생들이 예술과 문화를 새로운 관점에서 이해할 수 있도록 돕고, 그림책 수업을 더 깊고 의미 있는 학습 경험으로 만들어 주는 효과적인 접근 방식이다.

『미술관에 간 윌리』 앤서니 브라운 글·그림, 웅진주니어

명화를 작가 앤서니 브라운 특유의 표현 방식과 색채로 재해석한 그림책으로, 주인공 윌리가 원숭이와 고릴라를 등장시켜 익살스럽게 작품을 표현한다. 윌리는 레오나르도 다 빈치, 라파엘로, 베르메르, 마네 등 유명 화가들의 작품에 자신만의 독창적인 해석을 더해 새로운 이야기를 만들어 낸다.

1단계 아트필터로 작품에 대한 호기심 갖기

예술과 문화를 배우는 것은 삶의 다양한 측면에서 학생들에게 깊이 있는 이해와 균형 잡힌 관점을 제공한다. 『미술관에 간 윌리』는 학생들이 예술 작품에 담긴 다양한 이야기를 만나며, 예술 작품에 친근하게 다가갈 수 있도록 도와준다. '윌리'라는 귀엽고 친근한 캐릭터를 사용해서 작품을 패러디하고, 원화와는 전혀 다른 예상 밖의 그림들을 보여 준다. 학생들은 이 그림책을 통해 단순히 미술 작품을 감상하는 데서 그치지 않고, 각 작품에 담긴 의미와 이야기를 자신만의 방식으로 상상하고 해석하는 과정을 경험하게 된다. 책 속의 패러디 작품들은 원작의 분위기와는 다른 유머와 상상력을 더해, 미술이 고상하고 어렵다는 선입견을 허물어 준다.

1단계에서는 그림책을 읽기 전에 구글 아트앤컬처를 활용하여 학생들의 학습 동기를 유발한다. 구글 아트앤컬처는 앱을 다운로드하거나 웹사이트(https://artsandculture.google.com)에 접속해서 사용할 수 있다. 아트앤컬처 앱을 이용하면 카메라를 활용해 더 많은 기능을 사용할 수 있으므로 앱 사용을 추천한다. 앱 설치를 위해서는 플레이스토어나 앱스토어에서 '아트앤컬처'를 검색하여 설치하면 된다.

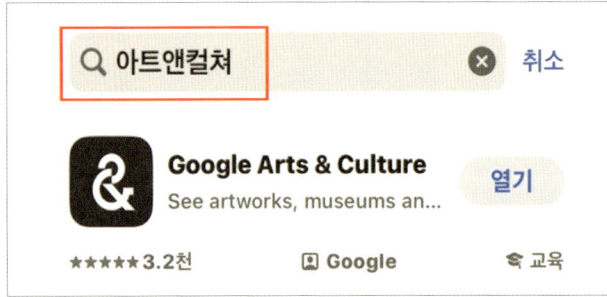 

앱스토어에서 '아트앤컬처' 검색 후 다운로드하기   구글 아트앤컬처 앱 실행하기

앱을 설치하고 구글 계정으로 로그인한 후 아트 필터(Art Filter)를 실행한다. 아트 필터는 전 세계의 상징적인 작품을 기반으로 내 모습을 예술 작품으로 만들어 주는 카메라 필터이다. 학생들은 이 필터를 사용해서 '모나리자'가 되어 보기도 하고, '진주 귀걸이를 한 소녀'가 되어 볼 수도 있다. 단순히 작품을 감상하는 것을 넘어 작품 속 인물이나 요소를 자신의 얼굴로 재구성하면서 작품에 대한 흥미와 몰입도를 높일 수 있게 된다.

구글 아트앤컬처에는 다양한 기능이 많기 때문에 아트 필터를 사용하기 위해서는 앱 왼쪽 상단의 [돋보기]를 누르고 '아트 필터' 검색어를 입력한다. 이 모드에서는 전면 카메라만 사용할 수 있다. 아트 필터에 접속하면 카메라 설정에 대한 팝업이 뜨는데, 이때 카메라 접근 허용을 눌러 주어야만 카메라가 활성화된다.

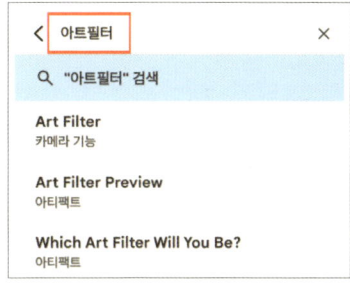
돋보기를 누르고 '아트 필터'를 검색하기

아트 필터 접속하기

카메라 접근 허용하기

아트 필터 기능 팝업

아트 필터에는 필터로 사용할 수 있는 다양한 작품들이 있다. '모나리자' 필터를 사용하면 필터 속 내 모습이 모나리자로 바뀐다. 학생들이 카메라 화면을 보면서 움직이거나 표정을 지으면 필터 안에서 반영되어 모나리자의 모습이 다르게 나타난다. '고흐' 필터를 사용하면 내 모습이 고흐로 변한다. 아트 필터 하단의 동그라미 버튼을 짧게 누르면 사진이 찍히고, 길게 누르면 동영상으로 촬영이 된다.

모나리자 필터 사용하기   고흐 필터 사용하기

2단계 그림책 속 작품 탐색하기

『미술관에 간 윌리』 그림책에는 윌리가 영감을 얻은 16개의 그림이 나온다. 또한 부분적으로 8개의 그림이 숨어 있다. 교사는 윌리가 미술관 작품을 보며 재해석한 글에 대해 학생들과 이야기 나눈다. 학생들은 구글 아트앤컬처를 사용하여 그림책 속 작품들을 탐색해 본다.

구글 아트앤컬처는 다국어번역 서비스를 사용하고 있지만, 작품을 한글로 검색했을 때는 검색되지 않을 때가 많다. 그리고 학생들이 검색어를 입력해서 작품을 검색하는 것이 쉽지 않기 때문에 다음과 같이 QR코드를 사용하여 학생들에게 안내해 주는 것을 추천한다. 학생들은 구글 아트앤컬처를 사용하여 각 작품들을 살펴보면서 작품의 작가가 누구인지, 작품이 전시되어 있는 곳은 어디인지, 작품을 어떤 시각에서 보아야 할지를 알아본다.

더 나아가 구글 아트앤컬처의 작품들을 줌인, 줌아웃 하면서 윌리가 어떤 요소를 변형하고 강조했는지를 더욱 명확하게 파악할 수 있다. 증강현실로 볼 수 있는 작품의 경우, 실제 작품의 크기가 어느 정도인지 카메라를 통해 살펴볼 수도 있다.

Birth of Venus　　The Tower of Babel　　A Sunday Afternoon on the Island of La Grande Jatte　　The Gleaners

Early Sunday Morning　　Mona Lisa　　The Herring Net　　Blind Orion Searching for the Rising Sun　　Saint George and the Dragon

3단계 아트 컬러링북으로 작품 색칠하기

구글 아트앤컬처의 아트 컬러링북은 유명한 예술 작품이나 장소를 직접 색칠해 볼 수 있는 콘텐츠이다.

학생들은 여러 컬러링 그림 중 『미술관에 간 윌리』에 나왔던 '프리다 칼로' 작가의 작품 〈원숭이가 있는 자화상〉을 색칠해 본다. 프리다 칼로는 멕시코의 대표적인 화가로 강렬한 색감과 상징을 담은 자화상을 많이 남긴 작가이다. 그래서 이 작품은 학생들이 다

구글 아트앤컬처 아트 컬러링북　　아트 컬러링북 QR코드

2장. 에듀테크를 활용한 미래형 융합 수업 디자인

양한 색감을 사용하여 개성 있게 색칠하기에 좋다.

컬러링북에는 몇 가지 버튼이 있다. 색칠하기 전 작품에 대한 자세한 내용을 알고 싶다면 [Learn More]를 눌러 작품에 대해 알아볼 수 있다. 학생들이 색칠하는 것에 부담을 느낀다면 [원본]을 클릭해서(🖼) 원본 작품을 참고하여 색칠해도 무방하다. [선]을 눌러 (◆) 외곽선을 있게 하거나 없게 할 수 있다. 그림을 정확하게 인식하는 것이 어렵다면 [배경]을 클릭해서(◆) 원본 작품을 흑백으로 두고 그 위에 색을 칠할 수도 있다.

프리다 칼로 작품 선택하기

작품에 대해 알아보기

프리다 칼로 작품 색칠하기

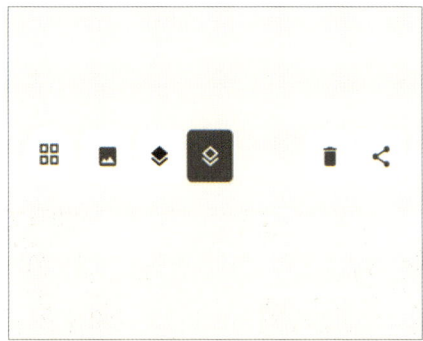

컬러링 메뉴

학생들은 작품의 원하는 영역에 원하는 색깔을 선택하여 색칠한다. 아주 작은 부분을 칠할 때는 화면을 확대할 수 있다. 컬러링이 완성된 작품은 이미지 파일로 저장하거나 공유가 가능하다. 작품 색칠하기는 단순한 활동이지만 이를 통해 작품의 작은 부분에도 관심을 가지고 살펴볼 수 있다. 더 나아가 자신의 느낌과 개성을 담아 학생들이 원하는 방식으로 작품을 재구성하며 나만의 작품을 만들어 보게 된다.

컬러링 샘플 1   컬러링 샘플 2

구글 아트앤컬처를 활용한 그림책 수업의 의의

구글 아트앤컬처를 활용한 그림책 수업은 예술과 기술 그리고 문화를 자연스럽게 배우는 재미있는 방법이다. 이 수업은 그림책과 예술 작품을 함께 활용해 학생들이 창의적으로 생각하고 문제를 해결하는 데 도움을 준다.

첫째, 학생들은 그림책의 이야기를 예술 작품과 연결하면서 다양한 관점에서 생각할 수 있다. 단순히 그림책 내용을 이해하는 것을 넘어, 예술 작품을 통해 그 속에 담긴 문화와 역사를 배울 수 있다. 이를 통해 학생들은 다양한 문화를 이해하고 존중하는 태도를 기르게 된다. 또한, 구글 아트앤컬처는 전 세계의 예술 작품을 쉽게 탐색할 수 있는 기회를 제공해 학생들이 글로벌한 시각을 갖는 데 도움을 준다.

둘째, 구글 아트앤컬처는 학습을 더욱 흥미롭고 생동감 있게 만들어 준다. 예를 들어,

아트 필터를 통해 명화 속 인물이 되어 보거나, 아트 컬러링북으로 색칠하며 창의력을 발휘할 수 있다. 이런 활동은 학습을 더 재미있게 만들어 주고, 예술적 감각을 키우는 데도 효과적이다.

셋째, 이 수업은 디지털 기술을 배우는 좋은 기회를 제공한다. 학생들은 구글 아트앤컬처의 다양한 도구를 사용하며 정보를 찾고, 분석하고, 표현하는 방법을 익힌다. 이러한 경험은 디지털 시대에 필요한 기술과 문제 해결 능력을 키우는 데 큰 도움이 된다.

결론적으로, 구글 아트앤컬처를 활용한 그림책 수업은 학생들이 예술을 즐기고, 디지털 기술을 배우며, 다른 문화를 이해할 수 있는 훌륭한 방법이다. 이 수업은 그림책을 읽는 활동을 더 재미있고 의미 있는 경험으로 만들어 준다.

6 | 퀴즈앤
- 환경운동에 대한 글쓰기

　퀴즈앤(Quizn)은 누구나 목적에 맞는 퀴즈 게임을 만들고, 검색을 통해 이미 만들어 놓은 다양한 주제의 퀴즈쇼를 찾아 사용할 수 있으며, 만든 퀴즈를 공유하여 게임을 진행할 수 있는 게임 기반 학습 플랫폼이다. 다양한 유형의 퀴즈, 진행하면서 나오는 음악, 스푸키즈 게임 캐릭터, 각종 미디어 자료를 활용하여 학습목표와 함께 재미까지 한번에 얻을 수 있다.

　퀴즈앤은 퀴즈를 제작하기 좋고, 학생들이 참여하기도 쉽다. 실시간으로 진행하는 Play 모드는 인터넷 접속이 가능한 환경에서 스마트폰이나 컴퓨터로 퀴즈앤 사이트를 검색하고 제작자가 알려 준 QR코드나 핀(PIN)번호 입력만으로 브라우저를 통해 바로 입장이 가능하다. 회원가입이나 앱 설치 없이 간단한 절차만으로 즐겁게 퀴즈를 즐길 수 있다. 또한 유튜브 영상, 이미지, 그림, 오디오, 그리기 기능 등 여러 매체 자료를 퀴즈 보조 자료로 사용할 수 있다. 이를 통해 다양한 퀴즈 구성이 가능해져서 시각적 정보 전달 효과가 크며, 퀴즈에 대한 학생들의 이해력과 사고력, 몰입도가 커진다. 학생들과 상호작용하며 실시간 활용이 가능하므로 학습 현장은 생동감이 넘치고 참여자는 학습 주제에 몰입하여 집중력이 향상된다. 정해진 기간 안에 편하게 접속하여 참여하는 방식이어서 과제나 미션으로 수행하는 mission 모드로 도전 과제, 이벤트로 활용할 수 있다.

　퀴즈앤은 협업 수업이 가능하여 서로 의견을 나누며 활동을 하면서 의사소통 능력과 공감력, 협동심을 키울 수 있다. 주제에 제한 없이 다양하게 활용할 수 있으며, 온·오프라인으로 즐겁게 활용할 수 있는 게임 기반 학습 플랫폼이다.

학습 동기 유발과 사고력, 학습 몰입도를 향상시키는 활동

퀴즈는 정해진 시간 안에 일정한 규칙 속에서 질문에 대한 정답을 맞히는 행위이다. 퀴즈앤의 다양한 퀴즈 타입을 활용하여 그림책이 전하는 메시지를 여러 각도에서 생각할 수 있다. 학생들의 지식 정도를 인식할 수 있게 하고, 퀴즈쇼와 보드의 여러 가지 타입을 사용하여 생각을 손쉽게 표현하고 공유할 수 있게 도와준다. 영상, 이미지, 오디오 등 시청각 자료와 학생 자신에게 묻는 질문은 학생들로 하여금 생각의 크기를 키우며 학습에 몰입하게 만든다. 퀴즈앤을 활용한 그림책 활용 수업은 학습 동기 유발과 사고력 향상, 학습 몰입도를 높이는 좋은 수업 방법이라고 할 수 있다.

『거인에 맞선 소녀, 그레타』 조위 터커 글, 조이 페르시코 그림, 토토북

2019년도 노벨평화상 후보, 《타임》지 '올해의 인물'에 선정된 스웨덴의 청소년 환경운동가 '그레타 툰베리'를 주인공으로 한 환경 그림책이다. 그레타는 거인들로부터 숲을 구해 달라는 동물들을 위해 고민한다. 혼자 팻말을 들고 서 있다가 여러 사람들과 함께 캠페인을 하게 된다. 그레타를 무시했던 거인들이 사과를 하고 자연을 회복하는 이야기다.

1단계 지구 환경에 관한 연상 단어 쓰기

수업의 첫 단계는 연상 단어 쓰기다. 퀴즈앤 보드-워드클라우드를 사용하여 지구 환경에 대해 떠오르는 단어 3개를 써 보게 했다. 학생들의 환경에 대한 기본적인 인식을 알 수 있도록 일부러 사전 과제를 내 주지 않았다. 뭔가 학습한다는 느낌을 주는 것보다 자연스럽게 학습에 들어가기 위해서이다. 문장 말고 단어로 쓰도록 하여 결과의 가시성을 높이도록 한다.

워드클라우드를 활용하기 위해서는 검색창에 '퀴즈앤'을 검색한 후 회원가입을 한다. [만들기]를 클릭한 후 화면 왼쪽 [My Board]를 클릭한다. 상단의 [Board]를 선택하면 [Board 기본 설정]이 나오는데 내용을 입력하고 [등록]을 누르면 다음과 같은 화면이 나온다.

① 푸른색 바퀴 모양 [설정] 탭을 클릭, 타입에서 [Word Cloud]를 선택한다.

② [게시글]을 작성한다. 게시글 첨부 형식으로 이미지, GIF, 파일 업로드, URL 입력, 영상 업로드, 공개된 비디오와 쇼 풀어보기, 그리기, 오디오 가져오기와 녹음 등을 지원한다. 댓글은 텍스트나 오디오를 등록할 수 있다.

③ [설정] 탭으로 가서 [보드 설정] 후 저장한다. 타이틀, 배경 이미지 첨부, 답변 횟수, 참여자 옵션-글쓰기, 닉네임 노출, 댓글 가능 여부 등을 표시한다.

④ 중앙 상단 [응답 가리기] 탭을 체크하여 다른 학생들이 쓴 답안이 화면에 보이지 않도록 한다.

⑤ [보드 상태 설정]을 위해 중앙 상단 방향 표시를 클릭 후 오른쪽 상단 [공개 여부], [상태 표시]를 한다. [진행 중]이라고 해야 학생들이 페이지에 접속할 수 있다. 핀번호나 QR코드를 학생들과 공유한다.

⑥ 학생들이 퀴즈 페이지에 입장해서 내용을 입력한다. [제출]이 끝나고 [응답 가리기] 버튼을 해제하면 학생들이 입력한 답변 내용이 보인다. 동일한 답변일수록 크고 굵은 글자로 화면에 나타난다.

⑦ 게시글 아래 [참여 목록]을 클릭하면 학생의 답변을 볼 수 있다.

2단계 환경 퀴즈 게임

동기 유발을 위해 책 읽기 전, 혹은 배운 내용을 정리하기 위해 책 읽기 후 퀴즈 게임을 활용한다. 본 활동은 책 읽기 전 학생들의 환경에 대한 지식을 알기 위해 진행하는 활동이다. 사전 과제를 내 주지 않고 퀴즈앤 My Show를 이용하여 퀴즈 게임 시간을 가진다.

퀴즈 만들기를 할 때 학생들의 생활과 관련한 퀴즈를 많이 넣도록 한다. 기관의 통계 수치나 그래프를 이용하여 문제를 내면 퀴즈에 대한 신뢰감을 줄 수 있다. 퀴즈 유형은 OX형, 4지선다 선택형, 초성 퀴즈, 단답형, 순서 완성형, 토론형, 설문형, 영상형, 워드클라우드 등 여러 유형으로 구성하도록 한다. 퀴즈 문항은 학생들이 혼동하기 쉬운 내용, 꼭 알았으면 하는 내용, 학습 전이가 일어날 수 있는 내용을 담으면 좋다. 퀴즈 수준이 너무 어렵거나 쉬우면 학생들의 학습 의욕이 떨어지기도 하므로 쉬운 것부터 시작해서 어려운 문항으로 난이도를 조절한다. 쉬운 문제에는 해결 시간을 조금 주고 어려운 문항일수록 많이 준다.

퀴즈쇼를 진행할 때는 개인전 또는 모둠원과 의견을 나누며 협력해서 풀 수 있도록 팀전으로 할 수도 있다. 팀전으로 할 경우 팀원의 숫자가 동일하면 좋고, 조금 다를 경우 학생들과 상의한다. 퀴즈를 모두 풀고 쇼 진행 결과를 보면 랭킹이 개인적으로도 나오고 팀별로도 나온다. 싱답 현황을 보며 학생들이 많이 틀렸거나 혼동하고 있는 내용은 가볍게 알려 준다. 이 활동을 통해 학생들은 새로운 지식을 알게 되고, 학습 주제에 흥미를 갖고 임하게 된다.

① 퀴즈앤 홈에서 [만들기] → [My Show]를 클릭한다.

② 상단의 [Show]] → [Show 기본 설정] → 내용 입력 → [등록]을 누른다.

③ 오른쪽 중앙 톱니바퀴 모양의 [쇼 설정]을 눌러 여러 가지 유형의 [퀴즈 제작]을 한다.

④ 새 퀴즈를 낼 때마다 페이지를 추가하고 타입을 선택한다.

⑤ [미리보기]를 한 후 [OK]를 클릭한다.

⑥ 개인전/팀전 [게임 방식]을 선택한다.

⑦ [쇼 진행 방식] 설정 후 play를 클릭한다.

⑧ [핀번호]를 학생들과 공유 → 학생 입장 → [시작]을 클릭한다.

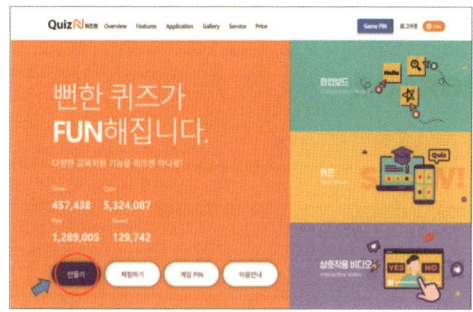

퀴즈앤 홈 화면에서 회원가입 → 만들기

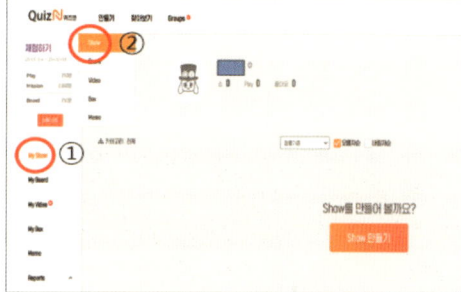

My Show → Show

Show 기본 설정

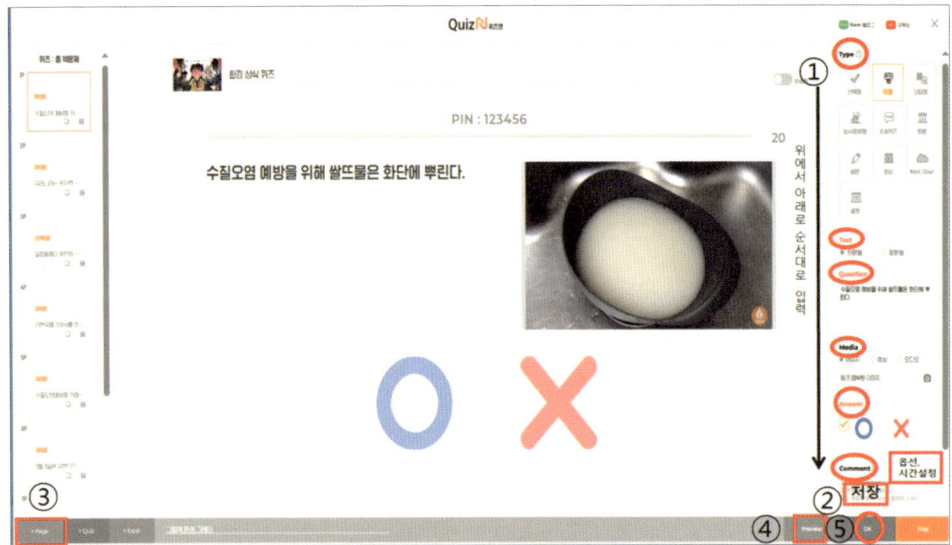

퀴즈 제작하기 : 퀴즈 유형, 텍스트 길이 표시, 질문 입력, 관련 미디어 등록, 선택 항목 입력, 정답 표시 설정, 코멘트, 옵션 → 저장 → 페이지 추가 → 이전 과정을 반복, 퀴즈 만들기 → 미리보기 → OK 버튼

게임 방식 선택(개인전 선택 경우)

개인전 진행 방식 설정, play 선택

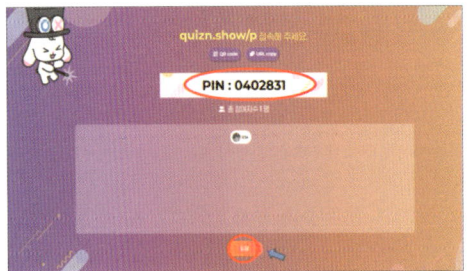

핀번호 공유 → 학생 입장 → 시작 선택

3단계 그림책 읽고 '내가 그레타라면' 팻말 문구 작성하고 공유하기

그림책 『거인에 맞선 소녀, 그레타』를 학생들과 읽는다. 표지를 보고 무엇이 보이는지 이야기를 나눈다. 제목과 그림을 보고 학생들은 주인공은 그레타이고, 환경에 관한 이야기라는 것을 알 수 있다. 그레타가 들고 있는 팻말의 '멈춰'라는 말은 누구에게 했으며, 왜 이런 단어를 썼는지에 대해서도 이야기를 나눈다. 교사는 학생들이 여러 각도에서 바라보며 이야기를 하도록 도움을 준다. 그레타가 혼자 팻말을 들기 시작한 뒤 여러 사람이 캠페인에 동참했다. 그레타처럼 학생들도 팻말 만들기 활동을 한다. 내가 그레타라면 어떤 팻말 문구를 작성할지 생각해서 보드에 올리고, 친구들의 팻말 문구에 응원의 글을 댓글로 달도록 한다. 이를 통해 학생들은 그레타의 입장이 되어 환경을 생각하는 기회를 갖고, 환경에 대한 마음을 친구들과 나누고 서로 격려하는 효과를 볼 수 있다.

학생들에게 팻말 문구 작성 요령을 알려 준다. 목적에 맞게 어떤 메시지를 전달할 것인지 생각하고 명확한 메시지로 쓰도록 한다. 대상을 고려하여 디자인 요소를 활용해서 간결한 문구로 내용을 작성하도록 안내하면 어렵지 않게 할 수 있다. 개성이 담긴 창의적

인 결과물을 통해 학생들은 성취감을 느끼는 효과를 볼 수 있다.

① 퀴즈앤 홈에서 [만들기] → [My Board]를 클릭한다.
② 상단 [Board] → [Board 기본 설정] → 내용 입력 → [등록]을 누른다.
③ 푸른색 바퀴 모양 [설정] → 타입에서 [그룹] → 보드 설정 후 저장한다.
④ 필요한 그룹의 수만큼 섹터를 만든다. 모둠 이름을 섹터에 쓴다. 학생들에게 안내할 섹터에는 '공지'라고 이름 붙인다.
⑤ [+] → [게시글]을 작성한다. 게시글에는 팻말 만들기에 관한 제목, 내용, 팻말 만드는 방법, 예시 자료 등을 올려서 학생들에게 도움이 되도록 한다.
⑥ [보드 상태 설정]을 위해 중앙 상단의 방향 표시를 클릭 → 오른쪽 상단 [공개 여부] → [상태 표시] → [진행 중]이라고 해야 학생들이 페이지에 접속할 수 있다.
⑦ 핀번호나 QR코드를 학생들과 공유한다.
⑧ 학생들은 보드에 입장 후 자신이 속해 있는 모둠 이름 아래 [+] → 팻말을 작성한다. 팻말을 서로 읽어보고 댓글로 느낌을 나누어 환경보호 실천에 대한 마음을 가지는 데 도움을 주도록 한다.

4단계 그레타 툰베리에게 편지 쓰기

그림책의 주인공인 스웨덴의 환경운동가 그레타 툰베리의 UN 연설 동영상을 보고 그레타가 왜 이런 행동을 하게 되었는지 학생들과 이야기를 나눈다. 자신도 그레타처럼 기후를 위한 금요 등교 거부 운동을 하고 싶고, 어린 나이에 국회의사당 앞에서 일인 시위를 하고 UN 기후정상회의에서 연설까지 한 그레타의 용기가 대단하며 그 용기를 본받고 싶다는 등 여러 의견이 나올 수 있다.

그레타에게 하고 싶은 말을 편지로 쓰는 활동을 한다. 그레타에게 궁금한 것, 그레타를 보고 느낀 것, 환경운동에 대한 응원과 격려의 말을 글로 표현해 보도록 한다. 편지를 쓰기 전, 학생들은 그레타에게 어떤 호칭을 사용해야 하나 난감해 할 수 있다. 그레타의 나이를 알려 주며 누나, 언니라고 해도 좋고, 외국에서처럼 편하게 이름을 불러도 좋다고 안내한다. 편지를 쓴 후 다른 친구들의 편지를 읽고 느낌과 생각을 댓글로 나타내도록 한다. 학생들이 서로 피드백을 하면 환경에 대한 관심을 높이는 데 효과적이다. 이때 여러 학생이 자신의 의견을 표현하고 댓글을 달며 활발하게 소통할 수 있도록 보드 담벼락 유형을 택한다. 담벼락 형식은 보드의 기본적인 방식이다. 메모지를 붙이듯 학생들의 글이 한 면에 게시된다.

① 퀴즈앤 홈에서 [만들기] → [My Board]을 클릭한다.

② 상단 [Board] → [Board 기본 설정] → 내용 입력 → [등록]을 누른다.

③ 푸른색 바퀴 모양 [설정] → 보드 타입에서 [담벼락]을 선택한다.

④ 제목, 내용, 게시물 첨부 등 [게시글]을 작성한다.

⑤ 타입을 선택했던 [설정] → [보드 설정] 후 저장한다.

⑤ 보드 상태 설정을 위해 중앙 상단의 방향 표시 클릭 후 오른쪽 상단 [공개 여부] → [상태 표시] → [진행 중]이라고 해야 학생들이 페이지에 접속할 수 있다.

⑥ 핀버호, QR코드를 학생들과 공유한다.

⑦ 학생들은 보드에 입장 → 하단 [글쓰기]를 클릭하여 글을 쓰고 게시한다.

⑧ 글을 수정할 때는 게시글 윗부분 [편집 도구]를 이용한다. 글을 게시한 후 위치가 움직이지 않도록 고정, 글 수정, 복사, 바탕색 변경, 삭제 등을 할 수 있다. 편집 도구에서 고정핀 모양을 클릭하면 오른쪽 상단에 노란색 고정핀 모양이 생기고 게시물이 고정된다.

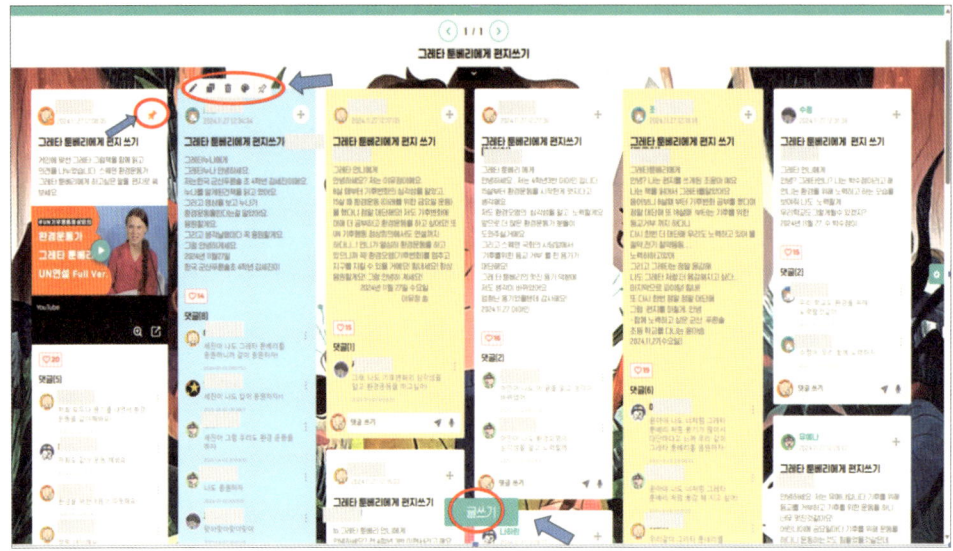

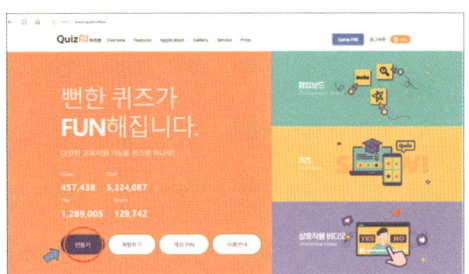

퀴즈앤 홈 만들기 선택

My Board-Board 클릭

Board 기본 설정, 등록하기

보드 타입 선택

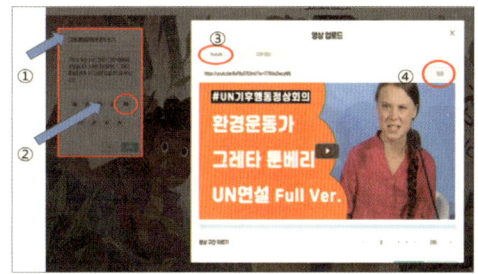
제목, 내용, 게시물 첨부(예시: 유튜브) 적용

보드 설정하기(글쓰기, 댓글 공개 여부 등)

공개 여부, 상태(진행 중) 표시. 핀번호, QR코드, URL 복사 등으로 페이지 공유

글쓰기

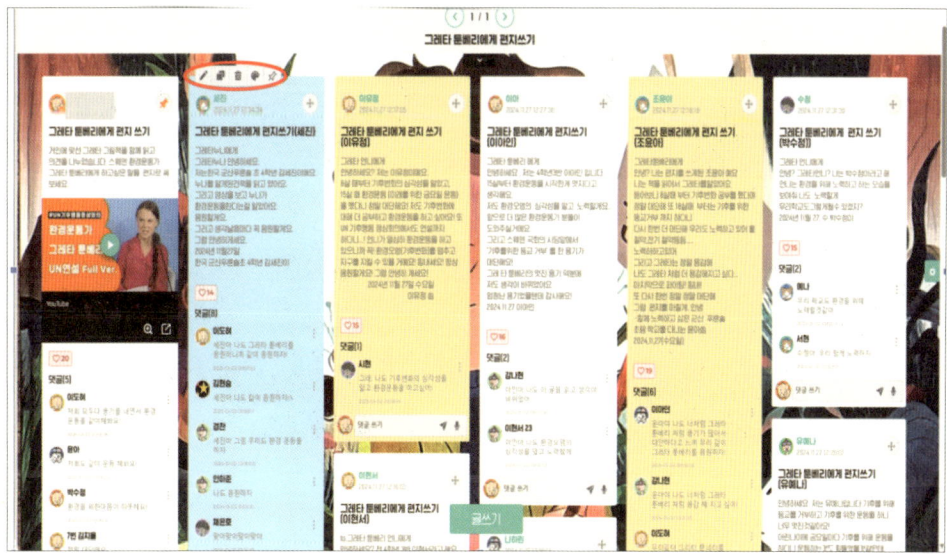
편집하기, 댓글 달기

5단계 기후, 환경, 생태를 위해 스스로 할 수 있는 일 쓰기

지구 환경을 지키자는 구호가 난무하고 있지만 학생들은 환경을 지키기 위해 해야 할 일을 실제로 모르거나 알고 있어도 실천하기 힘들어 한다. 자기 주변을 살펴보며 지속 가능한 지구 환경을 위해서 자신이 할 수 있는 일에는 무엇이 있을지 생각해 보고, 생각날 때마다 공책에 적어 보는 활동을 한다. 크고 거창한 것보다 작더라도 실천 가능한 것, 스스로 노력하며 지킬 수 있는 것들을 생각하도록 한다. 일주일 정도 정해진 시간이 지난 후 자신이 느낀 것을 발표하고 서로 이야기하는 시간을 갖는다. 학교 화장실에서 손을 씻을 때 물을 절약해서 사용하고, 사용 후에는 수도꼭지를 꼭 잠근다거나 일회용품 사용을 줄이겠다는 등 자신이 느낀 것을 솔직하게 나눌 수 있다.

퀴즈앤 보드의 워드클라우드를 활용하여 발표한 내용을 입력하도록 한다. 워드클라

(교사)
퀴즈앤 홈 → 만들기 → My Board → Board → Board 기본 설정 → ①탭 → 워드클라우드 ②게시글 작성 ③클릭 ④상태(진행 중)표시 ⑤핀번호 공유

(학생)
검색 사이트 퀴즈앤 검색 → 핀번호 입력 → 내용 입력 → 제출

우드는 자신과 친구들의 환경에 대한 실천 방법을 한눈에 볼 수 있게 한다. 이를 통해 학생들은 다양한 환경보호 방법을 알게 되고, 환경보호 실천 의지를 굳건하게 하는 효과를 가져올 수 있다.

퀴즈앤을 활용한 그림책 수업의 의의

퀴즈앤을 활용한 그림책 수업은 여러 가지 교육적 의의를 지닌다.

첫째, 학습에 대한 동기를 유발하는 데 효과적이다. 학생들은 다양한 유형의 퀴즈, 흥겨운 음악, 일정한 규칙이 있는 퀴즈 수업을 좋아한다. 생동감 있는 수업 분위기 속에서 학생들이 흥미를 가지고 수업에 참여하는 데 도움을 준다.

둘째, 퀴즈 활동을 통해 사고력이 향상된다. 학생들은 자신이 해결해야 할 퀴즈 질문을 받고 다양한 매체를 통해 각종 정보를 접하며 표현 활동을 하는 가운데 사고력 향상이 이루어진다.

셋째, 학습에 대한 몰입도가 높아진다. 퀴즈 활동을 하면서 여러 측면에서 학습 주제를 바라보며 다양한 방법으로 생각을 표현하고 토론으로 확장시킬 수 있어 집중해서 즐겁게 활동에 참여한다.

마지막으로, 의사소통 및 대인관계 역량 향상에 도움을 준다. 다양한 퀴즈를 만들거나 해결하면서 서로 의논하고, 질문 방법과 답변하는 표현 방식에 대해 숙고하는 기회를 가진다. 창의적인 결과물을 통해 성취감을 느끼고, 자신의 결과물을 타인과 공유하면서 나와 타인의 생각은 다를 수 있음을 이해하게 된다.

7 | 애니메이티드 드로잉
- 손 씻기 애니메이션 제작하기

애니메이티드 드로잉(Animated Drawing)은 손으로 그린 그림이나 디지털 드로잉에 움직임을 추가하여 생동감 있는 애니메이션 효과를 주는 기술이다. 이 기법은 단순한 이미지 전달에서 벗어나 시각적 흥미를 높이고, 학습자에게 몰입감 있는 경험을 제공한다. 초등학생에게는 학습 주제에 대한 이해를 돕고, 관심과 흥미를 유발하는 데 효과적이다.

교육 현장에서 애니메이티드 드로잉을 활용하는 것은 2022 개정 교육과정에서 강조하는 디지털 리터러시를 함양하는 동시에 창의적 사고와 표현력을 기르는 데 큰 도움이 된다. 학생들은 정적인 그림에 동작을 추가하며 상상력을 확장하고, 이야기를 구성하면서 논리적인 사고를 키울 수 있다. 또한 시각적 표현은 학습 주제에 대한 깊은 이해를 가능하게 하며, 학생 간의 협업과 의사소통 능력을 증진하는 도구로도 활용될 수 있다.

창의적 사고와 디지털 기술, 협력과 소통, 위생의 중요성을 한 번에 학습

애니메이티드 드로잉을 활용한 손 씻기 애니메이션 제작하기 활동은 단순한 위생 교육을 넘어 창의적이고 실질적인 학습 경험을 제공하는 효과적인 교육 방법이다. 애니메이티드 드로잉을 활용하여 각기 다른 손가락 요괴 캐릭터를 만들며 이야기의 주요 사건, 등장인물, 주제 등을 정리하고 시각적으로 표현하는 과정에서 학생들은 그림책의 내용을 깊이 이해하게 된다. 친근한 캐릭터와 흥미로운 이야기를 통해 학생들은 자연스럽게 위생 관념을 배울 수 있다. 또한, 애니메이티드 드로잉으로 이야기를 재구성하면 학생들이 더 적극적으로 참여할 수 있는 교육활동이 된다. 학생들은 주제에 대한 이해를 심화하며 창의적이고 협력적인 학습 경험을 쌓을 수 있다.

『손가락 요괴』 김지연 글, 김이조 그림, 보랏빛소어린이

생활 속에서 흔히 일어날 수 있는 위생 문제를 풀어낸 그림책으로, 손가락 요괴는 더러운 손에 숨어 살면서 다양한 장난을 치거나 문제를 일으킨다. 그러나 주인공이 손 씻기의 중요성을 깨닫고, 요괴를 물리치기 위해 비누와 물을 사용하면서 이야기는 깨끗한 손의 중요성을 강조한다. 손 씻기와 관련된 올바른 습관을 배우는 데 도움을 준다.

1단계 손 씻기 기사문 쓰기

그림책을 읽은 후, 손 씻기가 왜 중요한지 역사적 관점에서 논의하도록 한다. 예를 들어, 19세기 의학자 이그나즈 제멜바이스(Ignaz Semmelweis)가 손 씻기가 병원 내 감염을 예방하는 데 얼마나 중요한 역할을 했는지를 소개한다. 이를 통해 손 씻기의 역사적 배경과 현대적 필요성을 연결하는 대화를 이끌어 낸다. 학생들에게는 다음과 같은 질문을 던져 사고를 확장하도록 한다.

- 손 씻기는 언제부터 중요하게 여겨졌을까요?
- 손 씻기가 현대사회에서도 여전히 중요한 이유는 무엇일까요?

이후 학생들에게 기사문 작성 활동을 안내한다. 주제는 '손 씻기의 역사와 중요성'으로, 그림책의 이야기를 바탕으로 손 씻기의 역사적 배경과 현재 우리가 실천해야 할 이유를 서술하도록 지도한다.

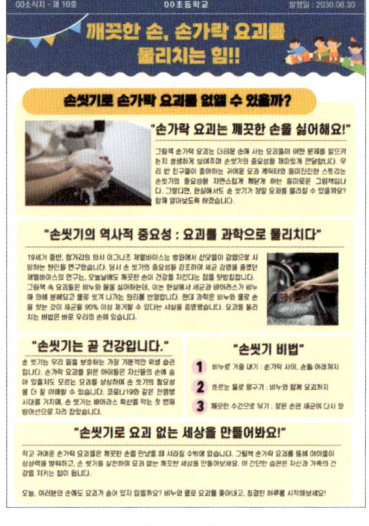

기사문 작성 방법　　　　　　기사문 예시

　손 씻기와 관련된 기사를 작성하기 위해서는 주제를 구체적으로 설정하는 것이 첫 번째 단계이다. 예를 들어, '손 씻기의 역사적 배경', '손 씻기의 과학적 중요성' 혹은 '손 씻기 캠페인의 효과' 같은 구체적인 초점을 정하면 필요한 자료를 효율적으로 찾을 수 있다. 정보를 수집할 때는 신뢰할 수 있는 출처를 활용하는 것이 중요하다. 세계보건기구(WHO)와 미국 질병통제예방센터(CDC)는 손 씻기의 중요성과 올바른 방법에 대한 체계적이고 과학적인 정보를 제공한다. WHO의 「Global Handwashing Day」 자료는 손 씻기의 글로벌 캠페인과 그 효과를 이해하는 데 유용하며, 손 씻기의 과학적 배경과 관련 통계도 함께 제공한다. 이와 같은 국제기관 외에도 보건복지부나 질병관리청 같은 국내 정부 기관의 자료를 활용하면 손 씻기가 국내 보건정책과 얼마나 밀접하게 연관되어 있는지를 파악할 수 있다.

　기사에 포함될 정보는 통계와 사례를 활용할 수도 있다. WHO의 통계 자료나 손 씻기 캠페인이 실제 학교에서 어떻게 효과를 발휘했는지에 대한 구체적인 사례는 기사의 설득력을 높이는 데 도움을 준다. 또한, 인터뷰 같은 직접 자료도 유용하다. 보건 전문가나 손 씻기 캠페인에 참여했던 사람들과의 인터뷰를 통해 손 씻기의 실제적인 중요성과 효과를 담아낼 수 있다. 여기에 시각 자료를 추가하면 기사의 전달력을 더욱 강화할 수 있다. 손 씻기 단계별 사진이나 감염병 예방 그래프 등을 포함하면 독자들이 시각적으로도 정보를 쉽게 받아들일 수 있다.

정보를 수집할 때는 출처의 신뢰성과 최신성을 확인하는 것이 필수적이다. 국제기관이나 정부 보고서, 학술 자료 같은 검증된 출처를 우선적으로 활용하고, 상업적 목적이 뚜렷하거나 과장된 주장을 담고 있는 자료는 신중하게 검토해야 한다.

마지막으로, 수집한 정보를 바탕으로 독자들에게 명확하고 유익한 메시지를 전달해야 한다. 기사에 포함된 정보의 출처를 명시하여 신뢰성을 강화하고, 독자들이 행동으로 실천할 수 있도록 명확한 결론과 제안을 포함하는 것이 중요하다. 예를 들어, 손 씻기의 필요성을 강조하며 비누와 물로 손을 씻는 간단한 행동이 건강을 지키는 강력한 방법이라는 메시지를 전달할 수 있다. 이와 같은 과정을 통해 손 씻기 기사를 작성하면, 독자들에게 신뢰할 수 있는 정보와 실천의 동기를 제공하는 의미 있는 기사를 완성할 수 있다.

2단계 손가락 요괴 그리기

손가락 요괴를 그리는 활동은 학생들이 창의력과 상상력을 발휘할 수 있는 시간이다. 도화지나 태블릿을 활용하여 자신만의 손가락 요괴를 디자인하고, 요괴의 특징과 이야기를 시각적으로 표현하는 것을 목표로 한다.

먼저, 학생들은 손가락 요괴의 외형과 성격을 상상해 보도록 한다. 요괴는 손가락에 사는 특별한 존재이므로 다음과 같은 질문을 통해 아이디어를 떠올릴 수 있다. "요괴는 손에서 어떤 행동을 할까요?" "요괴는 어떤 것을 좋아하고, 어떤 것을 싫어할까요?" "요괴의 크기, 색깔, 표정은 어떨까요?"란 질문을 받고 떠오른 아이디어를 간단히 메모하거나 스케치하며, 요괴의 이름과 특징을 구체적으로 설정한다. 예를 늘어, '비누를 보면 도망가는 파란 요괴'나 '손가락 사이를 기어다니는 긴 요괴'처럼 명확하게 설정할 수 있다.

다음 단계에서는 요괴의 기본 윤곽을 그린다. 도화지를 사용하는 경우, 자신의 손을 도화지 위에 올려놓고 손가락 윤곽을 따라 그린다. 태블릿을 사용하는 경우, 디지털 드로잉 앱을 실행해 손 모양이나 손가락 윤곽 이미지를 배경으로 삽입한 뒤 레이어를 추가하여 요괴를 디자인할 수 있다.

그다음에는 요괴의 디테일을 추가한다. 요괴의 몸, 얼굴, 팔다리 등 세부적인 모양을 그리며 요괴의 표정과 동작을 설정한다. 예를 들어, '비누를 보고 놀라 도망가는 요괴'나 '손톱 위에서 장난을 치는 작은 요괴'처럼 이야기의 요소를 반영해 디테일을 더한다.

마지막으로 크레파스, 색연필, 혹은 디지털 브러시 등을 사용하여 요괴에 색을 입힌다. 밝고 대비가 강한 색을 활용하면 요괴를 더욱 생동감 있게 표현할 수 있다.

요괴를 그리고 나면 추가 활동으로 요괴의 이야기를 짧게 만들 수 있다. "이 요괴는 비누 냄새를 맡으면 작아지고, 물소리를 들으면 사라진다."처럼 요괴의 성격과 행동을 설명하며 이야기에 생동감을 불어 넣어 줄 수 있다.

또한, 더 많은 아이디어를 얻기 위해 검색을 활용할 수 있다. 인터넷에서 '귀여운 몬스터'나 '창의적인 캐릭터 디자인' 같은 키워드를 검색해 참고 자료를 찾거나, 전통적인 한국 요괴 같은 테마를 조사하여 새로운 아이디어를 얻을 수 있다. 유튜브나 핀터레스트에서 '몬스터 드로잉 튜토리얼'을 검색해 요괴를 그리는 방법을 배우는 것도 좋은 방법이다.

마지막으로, 완성된 요괴 그림과 이야기를 친구들과 공유하며 발표하게 할 수 있다. 발표 시간에는 서로의 작품을 감상하며 독창적인 아이디어와 표현 방법에 대해 이야기를 나눌 수 있다.

3단계 애니메이티드 드로잉을 이용하여 손 씻기 애니메이션 제작하기

애니메이티드 드로잉은 정적인 그림에 움직임을 추가하여 스토리를 생동감 있게 전달하는 기법이다. 간단한 예시 애니메이션을 보여 주며 정적인 이미지가 동적인 표현으로 바뀌는 과정을 설명하며, 별도의 가입 없이 사용할 수 있다. 학생들이 사이트 접속을 어려워하면 QR코드를 활용해 쉽게 초대할 수 있다. 이 단계에서는 먼저 청결 요정을 디자인하고, 학생들이 손 씻기의 중요성을 강조하는 애니메이션을 디자인하여 긍정적인 메시지를 시각적으로 표현한다.

청결 요정 완성 작품

검색창에 animated drawings 검색 후 첫 사이트 클릭

Try it now 클릭

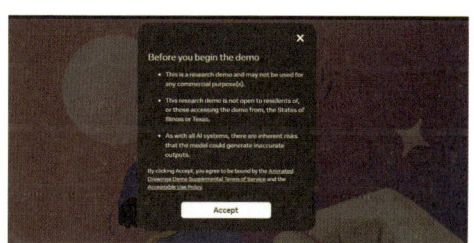

준비가 되었다면 Accept 클릭

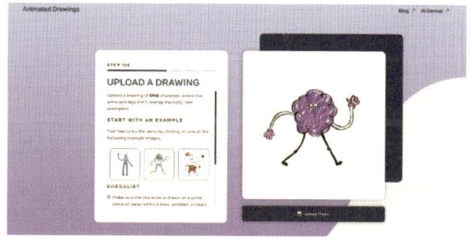

upload photo 클릭하고 그린 파일을 넣기

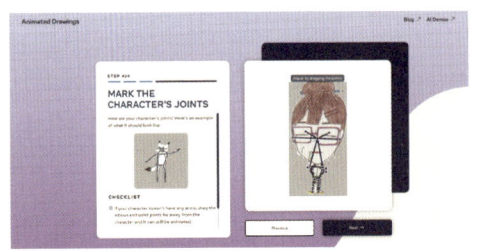
화살표를 보고 수정

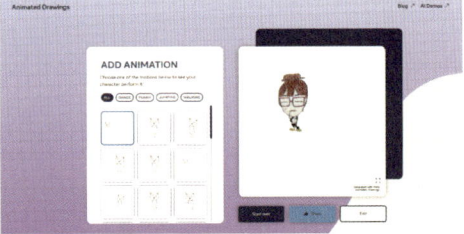
움직임 선택

(1) 검색창에서 애니메이트디 드로잉 도구 찾기

애니메이티드 드로잉 도구를 사용하기 위해 먼저 인터넷 검색창을 연다. 검색창에 '애니메이티드 드로잉 도구' 키워드를 입력한다. 검색 결과 중에서 가장 먼저 나오는 웹사이트를 선택하여 들어간다.

(2) 애니메이티드 드로잉 도구 사이트에 접속하기

검색을 통해 적합한 도구를 찾았다면 해당 웹사이트에 접속하여 작업을 시작한다. 애니메이티드 드로잉은 웹 기반으로 작동하므로 별도의 설치가 필요하지 않다. 새로운 프로젝트를 시작하기 위해 [Try it now]와 [Accept]를 클릭한다.

(3) 애니메이션에 사용할 파일 업로드

도구에 접속한 후 애니메이션에 사용할 이미지인 청결 요정이나 손가락 요괴를 업로드한다. 사이트 화면에서 [파일 업로드]를 클릭하면 컴퓨터나 디바이스에서 작업에 필요한 이미지를 선택할 수 있는 창이 열린다. 예를 들어, 학생들이 직접 그린 손가락 요괴 이미지를 스캔하거나 사진으로 저장해 업로드할 수 있다. 업로드된 이미지는 도구의 작업 공간으로 불러와져, 사용자가 자유롭게 편집하거나 애니메이션 효과를 추가할 수 있도록 준비한다. 업로드할 때는 파일 형식이 도구에서 지원하는 형식(JPG, PNG 등)인지 확인해야 하며, 파일 크기가 너무 크지 않도록 최적화하는 것도 중요하다.

(4) 애니메이티드 드로잉 작업 및 애니메이션 제작

파일이 업로드되었다면 이제 본격적으로 애니메이션 작업을 시작하면 된다. 작업 화면에서 이미지를 선택하고, 움직임 요소를 꾸밀 수 있다. 애니메이션 효과를 적용하기 위해 이동, 회전, 확대·축소 같은 동작을 이미지에 추가한다. 다만 굳이 필요 없다면 그대로 해도 상관없다. 예를 들어, 손가락 요괴가 비누를 보고 놀라 도망가는 장면을 만들거나, 거품이 생겨나면서 요괴가 사라지는 효과를 연출할 수 있다.

(5) 완성된 애니메이션 파일의 공유와 다운로드

작업을 마친 후에는 결과물을 저장하고 공유할 수 있다. 대부분의 애니메이티드 드로잉 도구는 결과물을 MP4, GIF 같은 형식으로 저장할 수 있도록 지원한다. 저장을 위해 [share]를 클릭하고 공유하거나 큰 화면으로 만든 후 저장할 수 있다. 또한, 파일을 다른 사람들과 공유하고 싶다면 도구에서 제공하는 링크 생성 기능을 사용할 수 있다. 생성된 링크를 복사하여 이메일, SNS 또는 클래스 플랫폼에 붙여 넣으면 다른 사람들이 쉽게 결과물을 볼 수 있다. 공유 링크를 사용하면 파일을 직접 전송하지 않아도 상대방이 작업물을 확인할 수 있어 편리하다.

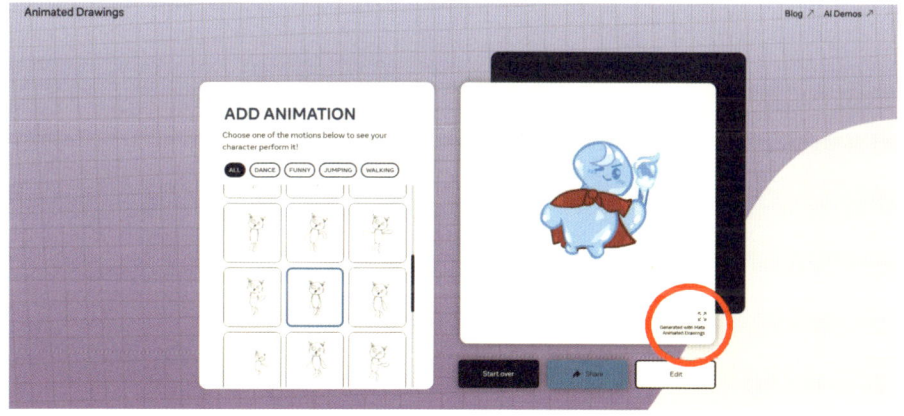

공유가 아닌 파일을 저장하고 싶을 때는 저장 장면 빨간 원 안의 화살표를 클릭

이후 큰 애니메이션이 나오면 빨간 원을 클릭하여 저장

(6) 애니메이션 제작 발표

이 단계에서는 학생들이 제작한 애니메이션과 디자인 결과물을 공유하고 피드백을 주고받을 수 있다. 온·오프라인 도구를 활용해 협업과 참여를 활성화하며, 학습목표를 되짚는 시간을 가진다. 오프라인 공유는 교실에서 학생들이 애니메이션과 청결 요정을 발표하도록 하거나 벽면 게시판이나 전자 화면에 결과물을 전시하여 함께 감상할 수 있도록 한다. 온라인으로는 패들렛이나 띵커벨을 활용하여 학습 내용을 공유할 수 있다.

4단계 애니메이션 기법을 활용한 추가 활동

(1) 환경보호 캠페인 애니메이션 제작

학생들은 환경보호를 주제로 애니메이션을 제작하며 플라스틱 쓰레기 문제, 물 절약, 에너지 절약 등과 같은 다양한 환경 이슈를 시각적으로 표현할 수 있다. 예를 들어, 바닷속 동물이 플라스틱 쓰레기로 고통받는 장면을 묘사하거나, 나무를 심는 요정 캐릭터를 등장시켜 자연보호 메시지를 전달할 수 있다. 이 활동은 학생들이 환경문제의 심각성을 배우고, 이를 창의적으로 표현하면서 환경보호에 대한 책임감을 기를 수 있도록 한다.

스톱모션 화면 캡처

(2) 직업 탐구 애니메이션 제작

학생들은 다양한 직업의 역할과 일과를 애니메이션으로 표현하며 직업 세계를 탐구할 수 있다. 예를 들어, 의사가 환자를 치료하거나 소방관이 화재를 진압하는 모습을 시각적으로 묘사할 수 있다. 이 활동은 학생들이 직업의 역할과 중요성을 이해하고, 미래의 꿈을 설계할 수 있는 계기를 제공한다.

애니메이티드 드로잉을 활용한 그림책 수업의 의의

애니메이티드 드로잉을 활용한 깨끗한 손 씻기 애니메이션 수업은 여러 가지 교육적 의의를 지닌다.

첫째, 창의적 사고와 상상력을 키울 수 있다. 애니메이티드 드로잉을 활용해 손가락 요괴와 청결 요정을 창작하는 과정은 학생들이 상상력을 발휘하여 독창적인 캐릭터를 만들어 내는 활동이다. 이 과정에서 학생들은 새로운 아이디어를 탐구하고, 자신의 생각을 시각적으로 표현함으로써 창의적 사고를 발전시킬 수 있다. 요괴와 요정의 특징과 이야기를 설정하는 활동은 학생들의 사고력과 상상력을 동시에 자극하여 창작의 즐거움을 느끼게 한다.

둘째, 디지털 리터러시를 함양할 수 있다. 애니메이티드 드로잉 도구를 활용해 캐릭터에 움직임을 추가하고 애니메이션을 제작하는 과정은 쉽고 직관적이기 때문에 디지털 기술을 익히는 데 효과적이다. 학생들은 디지털 드로잉 소프트웨어의 기본 사용법을 배우고, 타임라인 설정, 효과 적용 등의 기능을 활용하며 디지털 도구에 대한 이해를 넓힐 수 있다.

셋째, 협력과 소통 능력을 강화할 수 있다. 수업 중 학생들은 서로의 작품을 공유하고 발표하며 피드백을 주고받는다. 이 과정은 학생들이 자신의 아이디어를 명확히 표현하고, 다른 사람의 의견을 경청하며 상호작용하는 능력을 기르는 데 도움을 준다. 특히, 애니메이션 제작 과정에서 팀 활동이 포함될 경우, 협업을 통해 문제를 해결하고 공동의 목표를 달성하는 경험을 할 수 있다.

넷째, 위생과 청결의 중요성을 학습할 수 있다. 손가락 요괴와 청결 요정을 주제로 한 활동은 학생들이 손 씻기의 필요성과 중요성을 자연스럽게 이해하도록 도와준다. 애니메이션 속에서 요괴가 비눗방울과 물에 의해 사라지는 과정을 표현함으로써 손 씻기가 질병 예방과 건강 유지에 얼마나 중요한 역할을 하는지 체감할 수 있다.

마지막으로, 자기 표현과 성취감을 느낄 수 있다. 학생들은 자신만의 손가락 요괴와 청결 요정을 디자인하고, 이를 애니메이션으로 완성하면서 성취감을 느낄 수 있다. 자신의 작품이 애니메이션으로 살아 움직이는 것을 보며 창작의 기쁨과 자부심을 경험하게 된다. 이는 학생들의 자신감을 키우고, 학습에 대한 동기를 높이는 데 효과적이다.

애니메이티드 드로잉을 활용한 수업은 학생들에게 창의적 사고와 디지털 기술, 협력과 소통, 위생의 중요성을 한 번에 학습할 수 있는 교육적 기회를 제공한다. 이를 통해 학생들은 재미있고 의미 있는 방식으로 학습목표를 달성하는 데 도움을 받을 수 있다.

8 블루킷
- 그림책 관련 수학 퀴즈 풀기

블루킷(Blooket)은 온라인 퀴즈를 할 수 있는 에듀테크이다. 수업 상황에서 퀴즈를 푸는 형식으로 진행할 수 있기에 다양한 교과에서 활용하기 좋다. 무료 계정으로 최대 60명까지 동시에 접속할 수 있으므로 수업 시간에 어려움 없이 사용할 수 있다. 문제를 만드는 방법과 학생들이 퀴즈로 입장하는 방식이 카훗(Kahoot!)과 비슷하다. 학생들은 별도의 회원가입 없이 게임 ID로 입장하거나 게임 시작 화면에 제공되는 QR코드로 입장할 수 있다. 입장할 때도 학생들이 자신의 학번 이름을 직접 입력하여 입장할 수 있다는 것도 비슷하다. 이처럼 공통점이 많기에 수업 시간에 카훗을 진행해 본 적이 있는 교사라면 블루킷도 쉽게 적용할 수 있을 것이다.

카훗과 다른 블루킷만의 장점도 있다. 다양한 게임 중 내가 원하는 게임을 선택하여 진행할 수 있다는 점이다. 무료로 제공되는 게임만 해도 총 13종이나 된다. 동일한 문제도 다양한 게임으로 진행할 수 있기에 좀 더 재미있게 학습을 할 수 있다. 또한 카훗보다 게임적인 요소가 강하다는 점도 학생들이 큰 흥미를 느끼는 요소 중 하나이다. 다양한 아이템을 사용할 수 있고, 특정 상대를 지정하여 점수를 바꾸거나 가져올 수도 있다. 다만 아쉬운 점은 게임 언어가 영어로 되어 있어 영어가 서툰 학생은 어려움을 겪기도 한다. 하지만 게임 환경에 익숙한 아이들이 많기에 언어의 장벽을 뛰어넘어 자연스럽게 게임에 참여하는 모습을 볼 수 있다.

게임이 가진 긍정적 요소를 학습에 효과적으로 적용

다양한 정보를 가지고 있는 그림책을 함께 읽은 후 블루킷을 하면 좋다. 학생들은 블루킷에 참여하겠다는 동기 부여로 인해 집중에서 책을 읽을 수 있다. 교사가 그림책과 관련된 문제를 모두 만들 수도 있지만, 학생들에게 직접 그림책과 관련된 문제를 만들도록 하면 더 효과적이다. 그림책을 읽는 것으로 끝나는 것이 아니라 그림책의 내용을 문제로 만드는 과정을 통해서 학생들은 내용에 대해서 깊이 생각할 수 있고, 그림책의 내용을 다양한 상황에 적용하고 확장하기도 한다. 또한 학생들이 자신이 만든 문제를 직접 푸는 것에 좀 더 즐거워하는 모습도 볼 수 있다. 직접 퀴즈를 만들고 푸는 과정을 통해서 그림책의 내용을 즐겁고 효과적으로 익힐 수 있다.

『수학의 저주』 존 세스카 글, 레인 스미스 그림, 시공주니어

어느 날 주인공은 하루아침에 수학의 저주에 빠진다. 주변이 온통 수학으로 변해 버린 주인공은 자신을 둘러싼 모든 상황 속에서 만나는 수학 문제를 푼다. 아침에 일어난 시간, 아침 식사, 등교 장면, 학교 수업 시간 등 수학의 저주에 빠져 허우적대는 주인공을 볼 수 있다. 주인공의 일과를 통해 우리 삶에 맞닿은 장면 속 수학을 볼 수 있는 책이다.

1단계 그림책 관련 수학 문제 만들기

『수학의 저주』 그림책은 많은 내용을 담고 있는 그림책이기에 한 번 읽는 것으로는 학생들이 내용을 파악하기 어렵다. 그래서 학생들을 4인 1모둠으로 구성한 후 모둠별로 그림책을 한 권씩 제공한다. 10분 정도의 시간을 주고 모둠별로 책을 읽는다. 모둠에서 읽어 줄 학생을 한 명씩 자유롭게 정한 후 읽도록 해도 좋고, 돌아가면서 읽어도 좋다. 학생들이 그림책을 모두 읽으면 교실에 비치된 태블릿이나 개인 스마트폰을 사용하여 그림책과 관련된 수학 문제를 만들도록 한다. 패들렛을 사용하면 학생들이 문제를 만들고 올

리기 편하다. 교사는 미리 패들렛에서 셸프 템플릿을 만들고, 각 섹션을 학생들 번호로 지정해 둔다. QR코드로 패들렛을 공유하면 학생들이 쉽게 접근할 수 있다. 문제를 만들기 전 학생들에게 문제의 조건에 관해서 설명한다.

① 객관식이나 단답형 문제로 출제할 것.
② 객관식을 낼 경우 보기의 개수는 2개부터 4개까지 만들 수 있음. 보기도 모두 적을 것.
③ 문제의 검증을 위해 풀이 과정과 답도 함께 적을 것.
④ 문제에 따라 사진이 필요한 경우 사진은 1장까지 첨부할 수 있음. 이때 문제를 푸는 학생들이 잘 볼 수 있도록 사진을 흔들림 없이 선명하게 찍을 것.
⑤ 문제와 보기는 사진으로 찍지 않고 직접 입력할 것.

이렇게 5가지 정도의 조건을 설명한 후 학생들에게 자신의 번호 아래에 직접 만든 문제를 올리도록 한다. 좋은 문제를 만들수록 자신의 문제가 블루킷에 출제될 가능성이 높음을 안내하고, 가능하면 다양한 문제를 만들 수 있도록 독려한다. 문제를 만들 때 패들렛을 활용하면 학생들이 패들렛에 올린 게시물을 복사한 후 수정하여 블루킷에 입력할 수 있어 편리하다. 게시물에 학생들이 올린 사진도 다운로드하여 블루킷에 올릴 수 있다. 1차시의 수업 시간을 할애하여 그림책을 읽고 문제를 만들어 패들렛에 올리도록 하면 좋다.

『수학의 저주』 그림책에는 여러 수학 문제들이 나온다. 그림책 속의 상황을 그대로 수학 문제로 구성할 수도 있고, 상황의 조건들을 변형해 새로운 수학 문제로 구성하도록 안내해도 좋다. 수학 문제만 푸는 것이 부담스러운 학생들에게는 그림책 내용과 관련된 문제를 만들도록 안내해도 좋다. 학생들에게 그림책과 관련된 수학 문제, 그림책 내용과 관련된 문제, 재미를 위한 난센스 퀴즈 등을 올리도록 하면 좋다. 다음은 학생들이 만든 문제이다.

[문제] 어머니의 나이에서 딸의 나이를 빼면 16이고, 딸의 나이와 어머니의 나이를 더하면 44이다. 이때 딸의 나이는?

① 15살   ② 14살   ③ 13살   ④ 12살

풀이) 딸의 나이를 x, 어머니의 나이를 y라고 하면 $y-x=16, x+y=44$이므로 두 방정식을 모두 만족하는 $x=14$이다. 따라서 딸의 나이는 14살이다.

[문제] 우리 반에 24명의 아이들이 있다. 우리 반에는 귀가 몇 개 있을까요?

답) 48개

풀이) 24×2=48

[문제] 주인공을 가르치는 수학 선생님의 성함은 무엇인가요?

① 피타고라스   ② 아리스토텔레스   ③ 파스칼   ④ 피보나치

답) 피보나치

[문제] 주인공은 수학의 저주가 끝난 후 다시 어떤 저주에 걸렸나요?

답) 과학

2단계 블루킷 퀴즈 만들기

수업이 끝난 후 교사는 블루킷에 접속하여 학생들이 패들렛에 올린 문제를 바탕으로 블루킷 퀴즈를 제작한다. 블루킷(https://www.blooket.com/)에 접속하여 회원가입을 진행한다. 이메일이나 구글 계정으로 회원가입이 가능하다.

회원가입을 한 후 [Create]를 클릭하면 퀴즈를 만들 수 있다. [Cover Image]는 퀴즈의

썸네일 사진을 추가할 수 있는 부분이다. [Title] 아래쪽에 문제 세트의 이름을 적는다. 그림책 이름을 적거나 해당 반의 이름을 적는 등 교사가 잘 알아볼 수 있도록 입력한다. [Description]은 문제 세트에 대한 설명을 적는 칸이다. [Creation Method]에서는 문제를 제작하는 방법을 선택할 수 있다. 수업 구성상 학생들과 함께 만든 문제로 블루킷 문제 세트를 제작할 예정이므로 그림책 관련 문제를 만들기 위해서 [Maual]을 클릭한다. 마지막으로 우측 하단에 있는 [Create]를 클릭한다. 그러면 이제 문제를 만들 수 있는 페이지가 나온다. [Add Question]을 클릭하면 문제를 만드는 창이 뜬다.

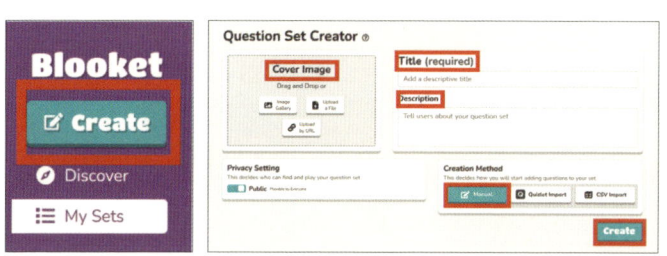

[Time Limit]를 통해서 학생들이 문제를 푸는 시간을 조절할 수 있다. 단위는 초이며 기본 20초로 설정되어 있다. [Random Order]를 체크하면 보기가 무작위로 배정된다. 랜덤 배정을 원하지 않을 경우 체크를 해제하면 된다. [Multiple Choice]는 객관식 사지선다형으로 기본 설정이 되어 있다. [Multiple Choice]는 객관식 문제를 제작할 때 사용한다. 기본적으로 노랑, 파랑, 초록, 빨강으로 최대 4개의 보기를 입력하도록 화면이 구성되어 있고, 각 칸을 클릭하면 내용을 입력할 수 있다. 4개를 모두 입력해도 되고, 2개만 입력하는 것도 가능하다. 주황 칸에 O, 파랑 칸에 X를 입력하여 OX 문제로도 만들 수 있다. 보기를 모두 입력한 후 답에 해당하는 보기의 왼쪽 박스를 클릭하면 V 체크가 생기고 색도 초록색으로 바뀐다. 답이 여러 개일 경우에는 중복하여 체크하면 된다.

[Multiple Choice] 옆 [드롭다운]을 클릭한 후 [Typing Answer]를 선택하면 학생들이 직접 답을 입력하여 푸는 문항으로 제작할 수 있도록 창이 바뀌게 된다. 마찬가지로 문

항을 입력하고, 문항의 답을 무엇으로 할지 [Possible Answers]의 아래 창에 입력한다. 이 때 왼쪽의 [is exactly]를 선택하면 교사가 정답으로 입력한 답만 인정하게 되고, [드롭다운]을 클릭하여 [contains]으로 설정하면 입력한 답을 포함한 답도 정답 처리된다. 아래에 [Add Alternative Answer]를 클릭하면 여러 개의 답을 입력할 수 있다.

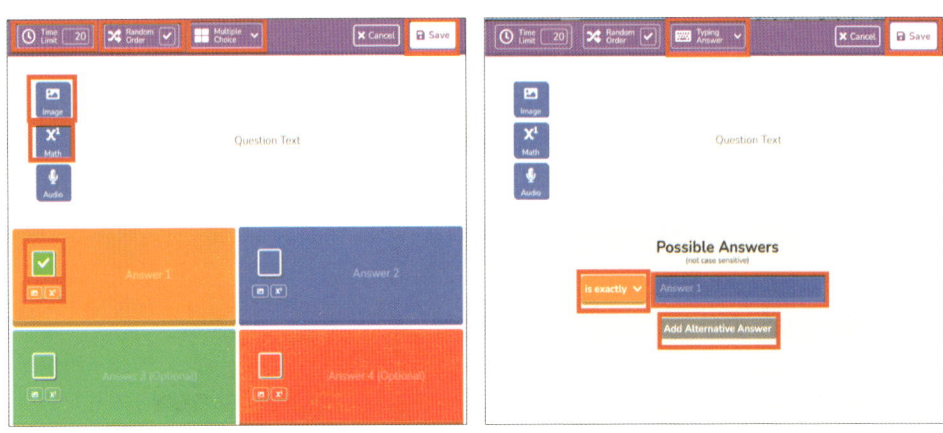

왼쪽의 [Image]를 클릭하여 문제에 사진을 넣을 수 있다. 특히 복잡한 그래프나 도형 관련한 문항을 만들 때 효과적이다. 학생들이 직접 기하 프로그램을 활용하여 그래프나 도형을 그리게 하거나, 기기의 카메라로 도형이나 그래프 부분의 사진을 찍은 후 문항과 함께 올리면 문제를 푸는 학생들이 내용을 정확하게 파악할 수 있다. 간혹 직접 손으로 그린 것을 사진으로 찍어서 올리는 학생들도 있는데, 정확하게 그리기 어렵고, 그림으로 인한 오류가 생기기도 하므로 가급적이면 기하 프로그램을 활용하여 그리거나 그림책에 있는 도형이나 그래프 사진을 찍도록 안내한다. 패들렛에 학생들이 올린 사진을 다운로드한 후 [Upload a File] 또는 [Drag and Drop]을 선택하여 사진을 넣는다.

왼쪽의 [Math]를 클릭하여 수식을 넣을 수도 있다. 카훗에는 없는 기능으로, 특히 수학 관련 문제를 만들 때 유용하다. 수식을 편하게 입력할 수 있도록 수식 입력기를 지원하기 때문에 다양한 수학기호를 넣어 수식이 들어간 문제도 편하게 작성할 수 있다. 문항 밑쪽 보기에도 동일한 방법으로 이미지와 수식을 넣을 수 있다. 문제와 보기를 모두 입력한 후 마지막으로 우측 상단의 [Save]를 클릭하여 문제를 저장한다. 이 과정을 반복하여 여러 개의 문제를 만든다.

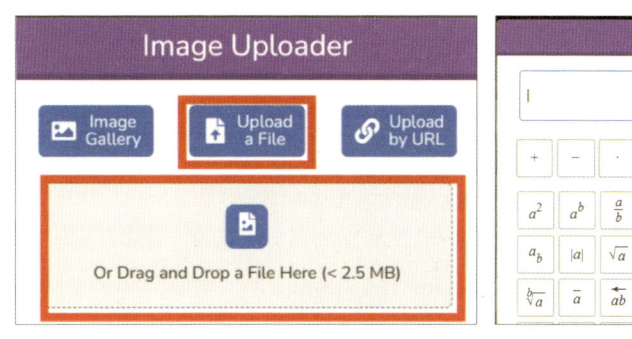

문항에 이미지 넣기

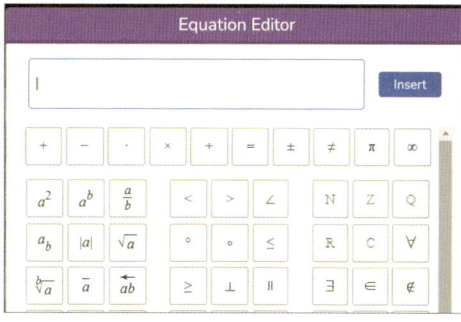

Math → 수식 넣기

문제를 모두 만든 후 [Save Set]을 누르면 문제 세트가 저장된다. 내가 만든 문제들은 블루킷 처음 화면 왼쪽 [My Sets]에서 확인할 수 있다.

3단계 블루킷 라이브 게임 진행하기

학생들과 게임을 진행하기 위해 [Host]를 클릭한다. 다양한 게임 모드를 선택할 수 있다. 게임을 선택하면 오른쪽에 게임에 대한 간단한 설명이 나온다. 모든 게임을 클릭해 보며 게임에 대한 설명을 확인한 후 수업과 가장 잘 어울리는 게임을 선택하는 것을 추천한다. 첫 번째로 보이는 [GOLD Quest] 게임은 빠르게 문제를 푸는 것도 중요하지만, 중간에 같은 반 학생들의 문제를 푸는 화면을 가리는 아이템을 사용할 수도 있다. 특정 학생을 지정해 그 학생이 모은 금을 뺏거나, 특정 학생을 지정하여 모은 금의 개수를 교환할 수도 있다. 이런 아이템을 한 번 쓰게 되면 순위가 금방 바뀌게 되어 극적인 분위기를 만들 수 있다.

내용을 잘 파악하지 못하여 퀴즈를 풀기 어려운 학생이라도 게임에서 운이 작용하는 부분이 있기에 중도에 포기하지 않고 끝까지 게임에 참여할 수 있다. 게임 방법도 단순하여 온라인 게임에 익숙하지 않은 학생들도 모두 참여할 수 있다. 특히 블루킷을 처음 진행하는 반이라면 이 게임을 추천한다. [GOLD Quest] 게임을 선택한 후 [Host]를 클릭한다.

[Host]를 클릭하면 다음 화면으로 바뀌게 된다. [Time]을 클릭하면 전체 게임 시간을 설정할 수 있다. 기본 7분의 시간으로 설정되어 있고, 교사가 원하는 시간으로 바꿀 수 있다. 교사가 설정한 시간이 지나면 게임이 종료된다. 이 게임에서 추천하는 시간은 7분이지만 교사가 제작한 문항 수를 고려하여 게임 시간을 정한다. 게임을 끝내는 기준을 시간이 아닌 금의 개수로 정할 수도 있다. [Time] 옆에 [Gold]를 클릭하면 목표 금의 개수를 설정할 수 있고, 그만큼 금이 모이면 게임이 끝나게 된다. 한 차시 수업 시간이 정해져 있으므로 원활한 진행을 위해 [Gold]보다는 [Time]을 선택하는 것을 추천한다.

아래 부분은 게임에 대한 기본적인 세팅 사항이다. 따로 수정하지 않고 처음 화면에 설정된 그대로 진행해도 무방하다. 상단에 있는 [Host Now]를 클릭하면 바로 온라인 게임이 시작된다. 교사는 교실에 임장할 때 노트북이나 태블릿을 들고 들어가고, 학생들도

1인 1기기를 사용할 수 있도록 교실에 비치된 태블릿을 사용하거나 학생의 스마트폰을 이용하여 게임에 참여하도록 한다.

학생들에게 TV로 보이는 화면

온라인 게임에 학생들을 초대하는 방법은 총 2가지이다. 먼저 QR코드를 스캔하여 들어올 수 있다. 교사의 노트북이나 태블릿을 연결하여 교실 TV에 보이도록 설정한 후 학생들에게 QR코드를 스캔하도록 한다. QR코드를 스캔하기 어려운 학생들에게는 'Game ID'를 통한 방법으로 입장하도록 한다. Game ID를 입력하기 위해 학생들이 가지고 있는 기기에서 블루킷을 검색하여 사이트로 들어오게 한 후 [Join a Game]을 클릭한다. 그러면 Game ID를 입력해야 하는데 화면 위쪽에 있는 번호 1440230을 입력한다. 그다음 닉네임을 입력하는 창이 뜨는데 학번 이름으로 입장하도록 안내한다.

학생들이 게임 중간에도 다시 입장할 수 있도록 칠판에 Game ID를 써 두면 좋다. 왼쪽에 사람 모양 아이콘 옆의 숫자는 입장한 학생의 수이고, 아래쪽에 입장한 학생들의 닉네임이 보이므로 몇 명이 들어왔고, 어떤 학생이 들어왔는지 파악할 수 있다. 학생들이

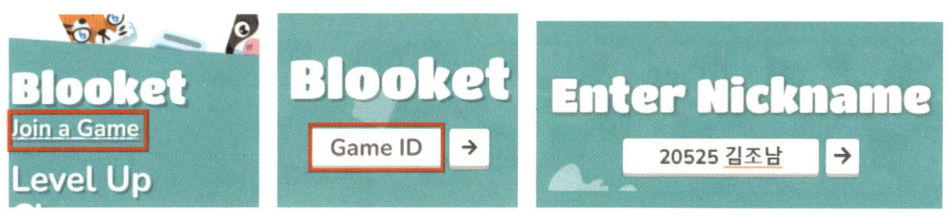

[Join a Game]을 클릭   Game ID 입력   학번 이름으로 입장

모두 입장했는지 확인한 후 [start]를 클릭한다.

학번 이름으로 무사히 입장한 학생들은 게임이 시작되기 전까지 로비에 대기하게 된다. 로비 공간에서 자신의 캐릭터를 설정하도록 안내하고, 주변에 아직 입장하지 못한 친구가 있다면 입장을 돕도록 독려한다. 게임이 시작되면 교사의 기기 화면에는 학생들의 순위, 학생들이 사용한 아이템에 대한 내용, 학생들이 캐낸 금의 합계가 나온다. 학생들은 자신의 기기에 뜨는 문제를 풀게 된다. 이따금 문제를 풀면 학생들에게 상자를 선택하는 창이 뜬다. 상자를 무작위로 하나 선택하게 하는데, 상자를 선택하면 금을 받기도 하고, 금을 잃게 되기도 한다. 또한 내가 선택한 친구와 점수가 바뀌기도 하고, 내가 선택한 학생의 금을 가져오기도 한다. 이런 게임적인 요소로 인해 학생들이 더욱 즐겁게 문제를 풀게 된다.

게임이 끝나는 기준을 시간으로 설정한 경우 주어진 시간이 끝나면 게임이 종료되고, 3위까지의 순위가 화면에 나온다. 순위가 나온 화면 우측 상단에 [View Report]를 클릭하면 전체 학생들의 순위와 정답률을 확인할 수 있다. 이때 전체 순위가 모두 공개되므로 교실 TV 화면으로 공유하지 않는 것을 추천한다. 학생들은 자신의 기기로 자신의 성적을 확인할 수 있다.

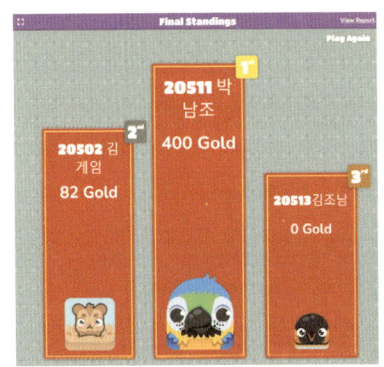
교실 TV 화면

학생 기기 화면

게임 후 제공되는 리포트

블루킷을 활용한 그림책 수업의 의의

그림책을 읽은 후 진행한 블루킷 수업은 다양한 교육적 의의를 지닌다.

첫째, 학생들에게 중요한 가치인 재미를 충족할 수 있기에 학습 동기를 높일 수 있다. 선택한 그림책 내용이 무엇이든지 학생들은 내용을 재미있게 익힐 수 있다. 문제를 정확하게 풀어야 다양한 게임적인 요소를 즐길 수 있기 때문에 학생들은 다양한 문제를 기꺼이 즐겁게 풀게 된다.

둘째, 문제를 만들고 푸는 과정에서 문제 해결력이 증대된다. 주어진 그림책의 내용을 단순히 이해하는 것에 그치지 않고, 이를 문제로 제작하고 푸는 활동을 통해서 문제를 해결하는 능력을 기를 수 있다.

마지막으로, 학습 결과를 바로 확인할 수 있기에 빠른 피드백을 할 수 있다. 학생들은 문제를 풀 때마다 바로 정답을 확인할 수 있으며, 게임이 끝난 후 바로 자신의 정답률과 순위를 확인할 수 있다. 교사 역시 리포트를 바로 확인할 수 있어 학생들의 학업성취도를 한눈에 볼 수 있으므로 이를 바탕으로 한 빠른 피드백이 가능하다.

이처럼 게임이 가진 긍정적인 요소들이 학습에 효과적으로 적용된다는 점과 빠른 정보처리로 인해 학생에게 피드백을 용이하게 해 줄 수 있는 등 교육의 본질적인 부분에 집중할 수 있도록 돕는다.

9 니어팟
- 그림책 토론 수업

　니어팟(Nearpod)은 PPT로 수업을 진행하면서 실시간 양방향 상호작용이 가능한 교육 플랫폼이다. 이 플랫폼은 실시간 퀴즈, 협업 활동, 멀티미디어 콘텐츠를 통해 학생들의 참여를 유도하며, 다양한 학습 스타일을 지원하여 개인 맞춤형 학습 경험을 제공한다. 교사는 자신의 화면을 학생들의 태블릿이나 노트북 등 개별 기기로 바로 전송할 수 있으며, 학생들의 화면을 제어하여 학습 몰입도를 높이고, 다양한 응용 메뉴를 통해 흥미와 호기심을 자극할 수 있다.

　니어팟을 활용한 학습은 자기주도학습 능력을 강화한다. 학생들은 니어팟의 다양한 기능을 통해 자신만의 학습 속도에 맞춰 자료를 탐구하고, 자신의 학습 결과를 공유하며 피드백을 주고받는다. 이러한 과정은 디지털 도구를 활용한 학습 역량을 강화할 뿐만 아니라, 협업과 소통 능력을 향상시키는 데도 기여한다.

디지털 시대의 학습 환경에 최적화된 교구

　니어팟을 활용한 그림책 수업은 학습의 재미와 몰입도를 높인다. 학생들은 단순히 책을 읽는 데서 그치지 않고 퀴즈, 토론, 드로잉 활동 등 다양한 형식으로 책의 내용을 재구성하며 학습에 능동적으로 참여한다. 이러한 과정은 학생들의 이해도를 높이고 창의적인 사고를 자극한다. 또한, 니어팟은 학생들이 그림책의 주요 주제와 교훈을 구조화하여 학습하도록 돕는다. 교사는 니어팟을 활용해 책 속 사건의 순서, 등장인물의 성격, 이야기의 주제 등을 분석하는 활동을 설계함으로써 학생들의 비판적 사고력과 문제 해결 능력을 향상시킬 수 있다.

니어팟을 활용한 그림책 수업의 또 다른 장점은 다양한 학습 스타일을 지원한다는 점이다. 시각적·청각적 자료와 함께 상호작용형 콘텐츠를 제공함으로써 각기 다른 학습 스타일을 가진 학생들이 효과적으로 학습에 참여할 수 있도록 한다. 특히, 영어 교육 같은 언어 수업에서 니어팟을 활용하면 그림책의 내용을 디지털 도구로 시각화하고, 학생들이 단어나 문장을 반복적으로 접하며 자연스럽게 언어 능력을 키울 수 있다.

이처럼 니어팟은 디지털 시대의 학습 환경에 최적화된 교구로, 그림책 수업을 풍부하고 흥미로운 경험으로 변화시킨다. 학생들의 참여를 촉진하고, 디지털 리터러시와 비판적 사고력을 강화하며, 이야기의 핵심을 깊이 이해하도록 돕는 데 있어 강력한 도구가 된다.

『행복한 청소부』 모니카 페트 글, 아토니 보라틴스키 그림, 풀빛

어느 날 청소부 아저씨가 우연히 한 아이와 엄마가 표지판에 관해 나누는 이야기를 듣고 음악가와 작가에 관한 공부를 시작한다. 이후 사람들이 청소부 아저씨의 예술 이야기를 듣기 위해 모여들고, 여러 대학에서 강연 요청까지 들어오지만, 그는 자기에게 즐거움을 주는 표지판 청소 일을 계속한다. 자신이 하는 일에 대한 만족감과 함께 자기계발을 통해 성장하고, 그 과정 속에서 행복한 삶을 나누는 주인공의 이야기를 통해 사람들이 미치는 선한 영향력 덕분에 세상이 아름다워질 수 있다는 인식을 심어 주는 그림책이다.

1단계 그림책 표지 보고 생각 나누기

학생들과 그림책 표지를 함께 본다. 제목에서 '행복한' 다음을 가린 상태로 보여 주고

제목 맞히기를 한다. 학생들에게 빈 칸에 들어갈 제목은 직업과 관련이 있다고 알려 준다. 힌트를 한 개씩 알려 준다. 첫 번째 힌트는 우리 주변을 깨끗하고 아름답게 하는 직업이다. 두 번째는 아침에 일찍 일어나서 활동한다. 마지막으로 초성 'ㅊ'으로 시작하는 직업이라고 알려 주면 학생들은 '행복한 청소부' 제목을 유추한다.

표지를 살펴보면서 "청소부는 왜 행복할까요?"라고 질문한다. 학생들은 '청소하는 것을 좋아한다.' '자신의 직업을 사랑한다.' '자기 삶에 만족하기 때문이다.'라고 답하였다. 이번에는 학생들의 삶과 관련하여 "여러분은 언제 행복한가요?"라고 묻는다. 학생들은 친구와 놀 때, 가족과 맛있는 것을 함께 먹을 때, 학원 빠지고 스마트폰 할 때 등을 말하였다.

오늘 그림책 수업은 '행복'에 대해 깊이 생각해 보는 시간을 갖는 것이라고 알려 준다. 학생들에게 그림책 속에서 발견한 행복의 의미와 우리 삶에서 그것을 어떻게 찾을 수 있는지 알려 줌으로써 학생들이 행복에 대해 스스로 고민하고 탐구할 수 있도록 동기를 부여하고, 자연스럽게 흥미와 호기심을 갖게 할 수 있다.

2단계 니어팟으로 그림책 함께 읽기

교사는 수업 전에 니어팟으로 미리 수업 활동을 준비한다. 수업의 처음부터 끝까지 완벽하게 구성할 수도 있지만, 수업 중 학생들의 상황을 판단하여 활동을 삭제하거나 추가할 수 있다. 니어팟을 검색한 후 구글 또는 마이크로소프트 계정을 사용하여 로그인한다.

로그인 후 [Create]를 클릭하여 새 수업을 생성한다. [업로드] 클릭 후 다양한 형식의 수업 자료를 등록할 수 있다.『행복한 청소부』그림책 스캔 파일을 업로드한다.

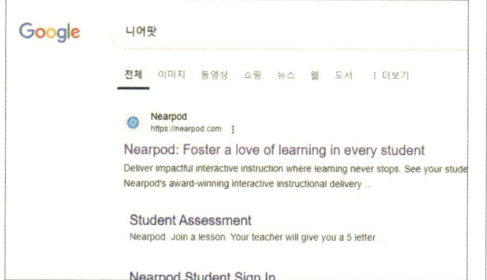
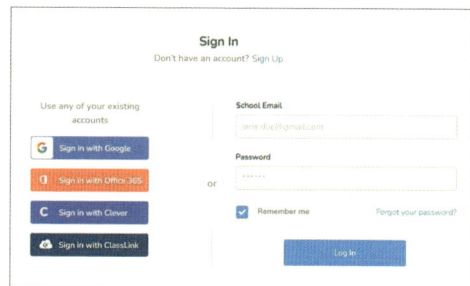
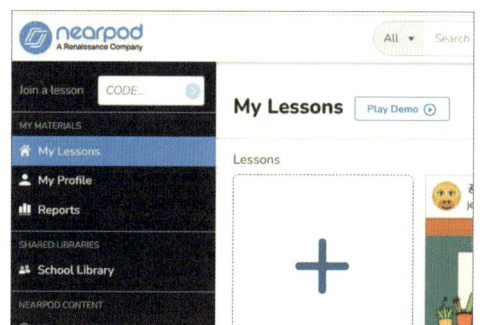
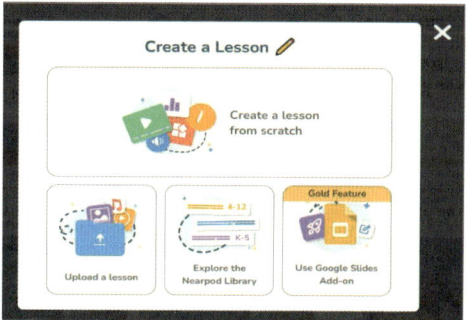

『행복한 청소부』 그림책의 이미지 스캔 파일을 올리면 자동으로 PPT가 만들어진다. 이때 스캔 파일은 jpg 형식으로 만든다. 왼쪽 상단의 [메뉴] → [+ Add Activity]를 누른다. [Slide]를 눌러 새 화면을 추가할 수 있다. [편집] 메뉴를 누르면 그림을 삽입하거나 텍스트를 입력할 수 있는 편집 창이 보인다.

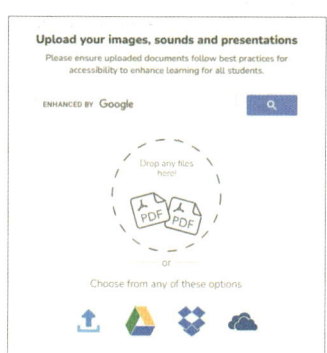

좌측 화살표 업로드를 클릭

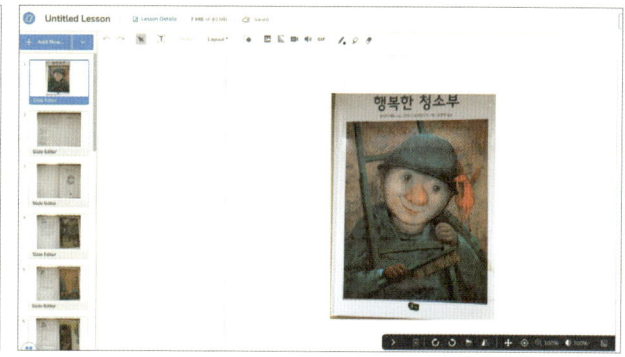

그림책 파일을 업로드

[+ Add New...]를 클릭

다양한 형식의 수업 자료를 등록할 수 있음.

수업이 생성되면 [Teach]를 누른다. 실시간 대면 수업에서는 [Live Participation]을 클릭한다. 학생들 역시 니어팟 사이트에 접속하게 하여 코드를 입력해 수업에 입장하게 한다. 또는 [Copy Link]를 클릭하여 학생들에게 링크를 주는 방법도 가능하다. 실시간 줌 수업을 할 경우에는 [줌 미팅]을 켤 수 있다.

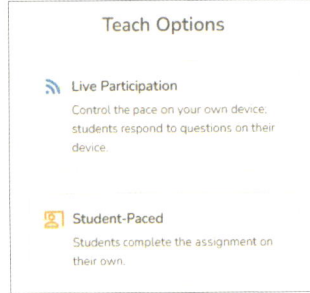
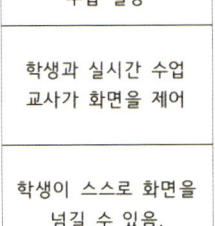
교사 주도와 학생 주도 수업 모두 선택

학생은 수업 코드로 입장

학생들이 수업에 접속하면 교사의 화면이 자동으로 학생들의 화면에 공유되며, 교사가 슬라이드를 넘기면 학생들의 화면도 동시에 전환된다. 이를 통해 교사와 학생들이 이야기책을 실시간으로 함께 볼 수 있어 학습 몰입도가 높아진다. 특히 그림책의 텍스트 양이 많거나 글자가 작아 함께 읽기 어려운 경우에도 컴퓨터 화면을 통해 그림책을 공유하면 모든 학생이 내용을 선명하게 볼 수 있어 수업의 질이 한층 향상된다.

학생들 컴퓨터에 교사 화면이 공유됨.

그림책을 자세히 볼 수 있음.

3단계 니어팟을 활용하여 그림책 토론 수업하기

니어팟을 활용한 그림책 토론 수업은 학생들이 그림책을 읽고 각자의 생각을 공유하며 깊이 있는 토론을 할 수 있도록 돕는 효과적인 방법이다. 이 플랫폼을 통해 다양한 멀티미디어 기능과 상호작용 요소를 결합하여 흥미로운 수업 환경을 만들 수 있다.

먼저, 퀴즈 기능을 활용하여 그림책의 내용을 확인하고 흥미를 유발한다. 그림책의 주요 장면이나 사건을 바탕으로 간단한 퀴즈를 만들어 학생들의 이해도를 점검한다. 니어팟이 퀴즈 기능은 설문 투표, 객관식 퀴즈, 주관식 퀴즈, 빈칸 채우기, 그림으로 표현하기 등이 있다.

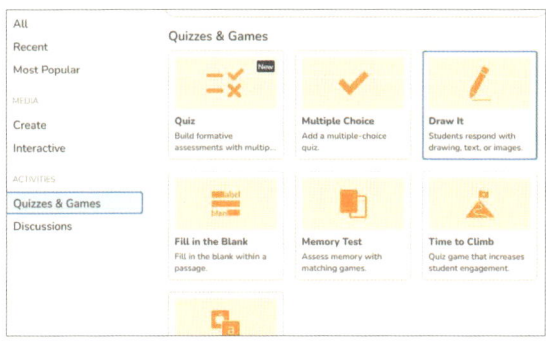
다양한 퀴즈와 게임을 선택할 수 있다.

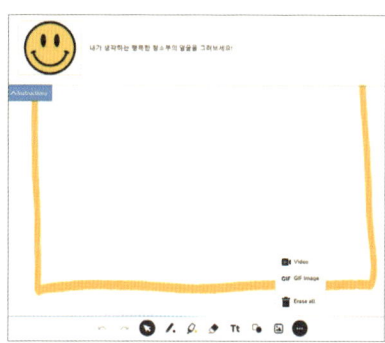
Draw It : 행복한 청소부의 얼굴 그리기

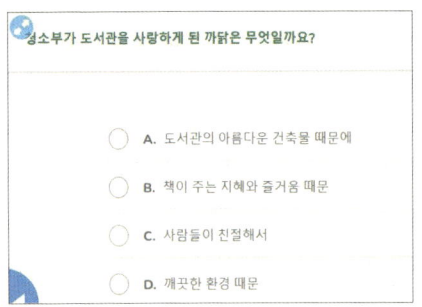
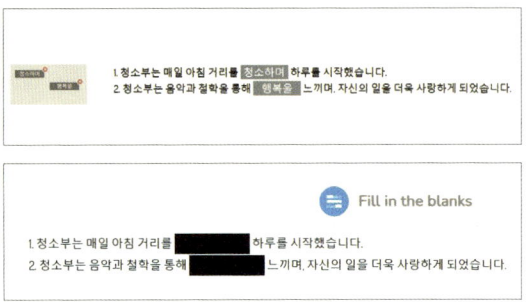

Quiz 메뉴로 객관식 퀴즈 만들기 Fill in the Blank : 교사 화면(위)/ 학생 화면(하)

[+ Add New...] → [Quizzes & Games]를 선택한다. [Draw It]을 클릭한 후 행복한 청소부의 얼굴을 그린다. 직접 펜으로 그리거나 인터넷을 검색하여 이미지, 동영상을 넣을 수 있다.

니어팟의 [Discussions] 설문 및 투표 기능은 학생들이 서로 협력하며 생각을 공유하는 토론 수업에 효과적으로 활용된다. [Discussions] 메뉴에서 [Poll]을 선택하면 학생들의 가치를 묻는 설문 및 투표 기능을 활용할 수 있다. 학생들은 실시간으로 결과를 확인하는 과정을 매우 흥미롭게 여기며, 이를 통해 학습에 대한 흥미와 참여도가 자연스럽게 높아진다. 예를 들어, 그림책을 읽은 후 학생들에게 주제와 관련된 가치를 묻는 활동에서 투표와 주관식 설문은 학생들의 다양한 의견을 효과적으로 수집하고 공유할 수 있어 유익하다.

『행복한 청소부』를 읽고, 이야기 속 등장인물이 되어 보는 활동을 진행한다. 행복한 청소부라면 어떤 선택을 할 것인지에 대해 고민하며 자신의 생각을 설문에 투표한다. 행복한 청소부가 대학으로부터 강연 요청을 받았을 때, 대학교수가 되어 강연을 하는 것과 청소부 직업을 계속하는 선택 중 무엇을 택할지 각자의 입장에서 깊이 생각해 본다.

투표를 마친 후, 학생들에게 자신의 선택 이유를 생각해 보고 친구들과 이야기를 나누도록 한다. 이를 니어팟에 작성하여 다른 학생들과 함께 공유하는 시간을 갖는다. 이때 니어팟에서 [Collaboratie Board]를 클릭해 니어팟 안에 패들렛을 넣을 수 있다. 협동 보드판을 통해 나의 의견을 적고, 친구들과 다양한 의견을 공유하면서 생각을 나눈다. 보드에 내가 만약 행복한 청소부라면 어떤 선택을 할 것인지에 대한 설문에 나의 생각과 이유를 적는다.

대학교수가 되어 강연을 하는 것을 선택한 학생은 '다른 사람들에게 나의 지식을 전달하고 재능을 펼칠 수 있다.' 라는 이유 등을 적었다. 반면 청소부로 계속 일하는 선택을 한 학생들은 '나의 직업을 사랑하고 자부심 있게 계속하고 싶다.' 는 의견이 많았다. 이 과정에서 학생들은 단순한 선택의 이면에 자리 잡은 인생의 가치관을 발견하고, 어떤 선택을 하든 다른 사람의 선택과 생각을 존중해야 한다는 점을 배우게 된다.

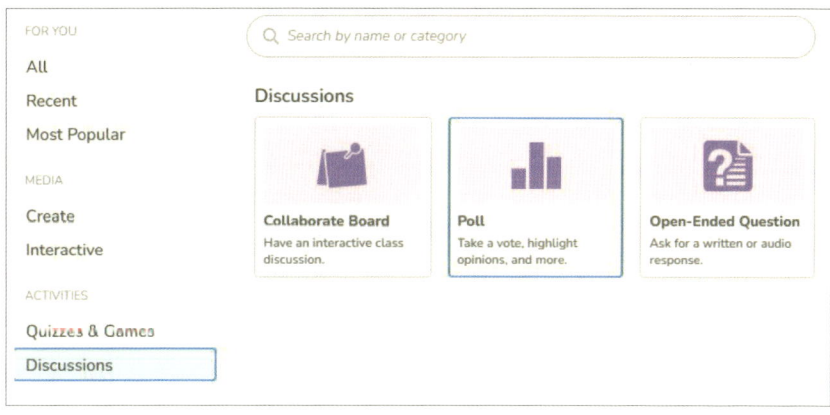

Discussions → Poll

학생들의 가치를 묻는 설문 및 투표 기능

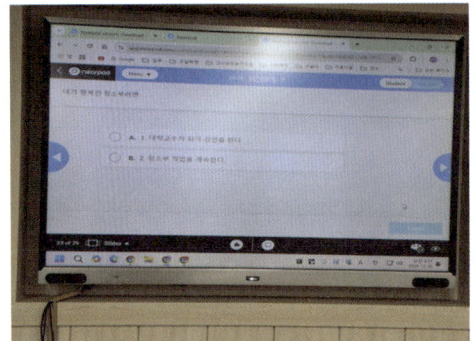
학생들의 화면에서 직접 투표를 진행

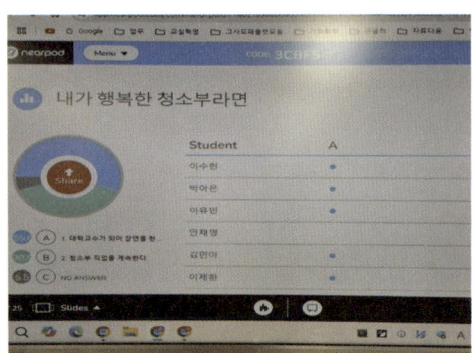
투표가 진행되면서 실시간 현황이 보여짐.

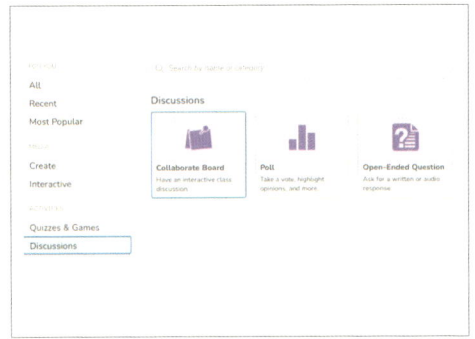
Discussions → Collaboratie Board

나의 선택에 대한 이유를 적고 생각 나누기

　추가 수업 활동으로 학급 패들렛을 활용하여 '대학의 강연 요청에 대한 답장'을 편지글 형식으로 작성하는 활동을 진행한다. 학생들은 행복한 청소부가 되어 요청을 수락하거나 거절하는 답장을 작성하며, 자신의 선택을 구체적으로 표현해 본다. 강연을 수락할 경우 자신이 잘하는 분야를 중심으로 강의 내용을 설계하고, 이를 적극적으로 홍보하는 표현을 담을 수 있다. 예를 들어, '제가 청소부로 일하며 배운 삶의 지혜와 성실함의 가치를 나누고 싶습니다.' 와 같은 문장을 활용해 자신만의 강점을 드러낼 수 있다. 반대로 요청을 거절될 경우 정중하고 배려심 있는 표현으로 이유를 설명하도록 한다. 예를 들어, '소중한 초대에 깊이 감사드리며, 저는 현재 제 일에 충실하고자 강연 요청을 수락하지 못하게 되었습니다.' 와 같은 문장을 포함할 수 있다.

니어팟을 활용한 그림책 토론 수업의 의의

니어팟을 활용한 그림책 토론 수업은 2022 개정 교육과정이 강조하는 창의융합형 인재 양성과 디지털 리터러시 함양, 미래 교육 실현에 부합하는 다양한 교육적 의의를 지닌다.

첫째, 니어팟의 가장 큰 특징은 교사 화면이 학생 화면으로 실시간 공유된다는 점이다. 이를 통해 학생들은 수업의 흐름을 놓치지 않고, 교사와 동기화된 학습 경험을 할 수 있다. 이러한 기능은 온라인과 오프라인을 넘나드는 학습 환경에서도 강력한 효과를 발휘하며 학습 효율성을 크게 높인다.

둘째, 니어팟은 학생 참여도를 높이는 데 탁월한 도구이다. 실시간으로 제공되는 퀴즈, 설문조사, 토론 등의 상호작용 활동은 학생들이 수업에 적극적으로 참여하도록 유도한다. 이러한 활동은 학습자 중심의 수업 환경을 조성하며, 학생들에게 능동적으로 사고하고 표현할 기회를 제공한다.

셋째, 니어팟은 개별화된 학습을 가능하게 한다. 학습 자료를 개인의 학습 속도와 수준에 맞춰 제공할 수 있어 학생들은 자신의 필요에 따라 학습 내용을 반복하거나 심화 학습을 진행할 수 있다. 이를 통해 학습자가 자신만의 속도로 성장할 수 있는 환경이 마련된다.

넷째, 협력 학습을 촉진하는 기능도 니어팟의 강점이다. 협력 보드나 그룹 활동을 통해 학생들은 아이디어를 공유하고, 함께 문제를 해결하는 경험을 쌓을 수 있다. 이를 통해 사회적 상호작용 능력과 타인의 관점을 이해하고 존중하는 태도를 기를 수 있다. 이는 2022 개정 교육과정에서 중요하게 여기는 의사소통 능력과 협력적 문제 해결 역량을 키우는 데 기여한다.

이러한 교육적 의의는 학생들이 다양한 교과 지식을 통합해 창의적 결과물을 도출할 수 있도록 돕고, 디지털 시대에 걸맞은 미래형 학습자로 성장하는 데 큰 도움이 된다. 니어팟은 교사와 학생 모두에게 최적화된 학습 환경을 제공하며, 창의적이고 능동적인 학습을 실현하는 데 중요한 도구로 자리 잡고 있다. 이를 통해 학생들은 미래 사회가 요구하는 핵심 역량을 효과적으로 키울 수 있다.

10 팅커캐드
- 상상 속 건축물 표현하기

팅커캐드(Thinkercad)는 3D 모델링을 할 수 있는 미국 오토데스크사의 디지털 도구이다. 컴퓨터에 프로그램을 설치하는 과정 없이 웹에서 작업할 수 있으며, 작업한 파일은 클라우드 기반 저장 공간에 저장된다. 웹 브라우저를 사용하거나 앱을 다운로드하여 태블릿에서도 사용이 가능하다. 교사와 학생 모두 접근성이 편리하다는 것이 가장 큰 장점이며 무료로 제공된다. 사이트 가입 또는 구글이나 기존 메일 계정으로 활용할 수 있으며, 교사 계정만으로도 학생 추가와 접속 링크, 코드 배포가 가능하다. 학생들은 계정을 생성하거나 구글 클래스룸의 학교 계정 사용 또는 교사에게 받은 링크, 수업 코드로 계정 생성 없이 바로 사용할 수 있다.

팅커캐드에는 3D 디자인(3D Design)과 회로(Circuits), 코드 블록(Codeblocks) 기능이 있다. '3D 디자인'은 팅커캐드에서 가장 중요한 기능으로, 도형이나 사물을 더하고 빼고 변형하며 원하는 모델을 만들 수 있다. 완성된 디지털 디자인은 다른 프로그램으로 옮겨 보다 심화된 작업을 하거나 3D 프린터로 출력도 가능하다. '회로'에서는 간단한 회로 구성, 코딩, 시뮬레이션으로 실제 부품 없이 웹상에서 회로 배선을 시험해 볼 수 있다. '코드 블록' 기능을 활용하면 블록 코딩으로 모델링을 할 수 있다.

팅커캐드는 직관적인 UI를 갖추어 초보자나 학생 모두 쉽게 활용할 수 있으며, 추가 프로그램이나 키트를 적용해 보다 다양한 방식으로 확장할 수 있는 잠재력을 지닌 도구이다. 국외에서도 3D 모델링이나 STEM 교육에 폭넓게 활용되며, 아이디어를 현실로 구현하는 데 도움을 받을 수 있다.

공학적·융합적 사고와 창의적 문제 해결력 신장에 도움

팅커캐드를 활용한 '상상 속 건축물 표현하기' 활동은 공학적·융합적 사고와 창의적 문제 해결력의 신장에 도움을 준다. 학생들이 생각한 것을 그림으로 나타낼 때 입체적 표현이나 위치, 또는 공간 감각을 발휘하기 어려워하는 경우가 있는데, 팅커캐드의 3D 디자인을 활용하면 보다 쉽게 구체물로 표현할 수 있다. 디자인을 완성해 나가는 과정에서 학생들은 건축물의 기본 구조와 원리를 자연스럽게 습득한다. 또 자신이 만든 작품을 공유하고 친구들의 의견을 반영해 개선해 나가며 협력적 소통을 경험한다.

그뿐 아니라 건축가의 어린 시절 이야기를 통하여 진로 탐색의 기회를 제공한다. 특히 그림책을 감상하고 에듀테크를 활용해 표현하는 과정으로 연결되어 있기 때문에, 작품 감상을 통한 인문학적 상상력과 공학적 문제 해결력을 함께 기를 수 있는 활동이다.

『건축가 이기 펙의 엉뚱한 상상』 안드레아 비티 글, 데이비드 로버츠 그림, 천개의바람

과일, 찰흙, 분필 등 주변의 여러 가지 사물로 건물 만들기를 좋아하는 이기 펙이 초등학교 2학년이 되어 건축을 싫어하는 라일라 선생님을 만나게 되며 펼쳐지는 이야기를 담았다. 이기 펙은 자신이 좋아하는 만들기에 몰두하고, 포기하지 않으며 어려움에 빠진 상황을 극복한다. 좋아하는 일에 흠뻑 빠지고, 위기에서 벗어나는 주인공의 모습을 통해 학생들은 자신이 좋아하는 것과 성장, 꿈에 대해 생각해 볼 수 있다.

1단계 그림책 읽고 상상하기

그림책을 읽으며 등장인물의 특징을 파악하고 공감해 보는 활동을 한다. 먼저 그림책 표지를 살펴보고 주요 등장인물인 이기 펙과 라일라 선생님에 대한 생각을 나눈다. "표지 속 두 인물은 어떤 표정인가요?" "왜 그런 표정을 하고 있을까요?" "이기 펙은/라일라 선생님은 어떤 기분일까요?"로 시작하여 그림책 제목으로 내용을 추측해 보고 사과, 자, 연필, 붓, 분필 등 익숙한 사물을 찾아본다. 읽기 전 활동으로 표지에 대한 탐색을 충분히 한 뒤 책 속 이야기로 들어간다.

책을 읽고 질문과 대답하기로 내용을 파악한다. "주인공 이기는 몇 학년인가요?" "이기가 잘하고 좋아하는 일은 무엇인가요?" "라일라 선생님이 건축 이야기를 금지한 이유는 무엇인가요?"와 같이 책 속에서 바로 답을 찾을 수 있는 질문과 함께 "건축 수업은 절대 하지 않을 거라는 선생님의 말씀에 이기는 어떤 마음이 들었을까요?" "시간이 많이 흐른 뒤 이기는 어떤 사람이 되었을까요?"와 같이 생각이 필요한 질문으로 확장해 나가고 충분히 고민하여 이야기 나누어 보도록 한다. 좀 더 풍성한 그림책 감상 활동을 위해 그림책의 장면들을 살펴보며 이기 펙의 작품 재료를 찾고 장소를 상상하거나 등장하는 실제 건축물을 알아보는 활동을 추가할 수 있다.

2단계 팅커캐드로 그림책 속 이기 펙 되어 보기

어린 이기가 되어 건축에 대한 열정을 표현해 보는 활동이다. 다음의 과정을 통해 팅커캐드의 3D 디자인 기능을 활용하여 구조물을 만든다.

① 어린 이기가 되어 주변 사물로 어떤 구조물을 만들 수 있을지 상상해 보기
② 상상한 아이디어 친구들과 공유하기
③ 팅커캐드의 기본 기능 익히기
④ 기본 기능을 활용하여 구조물 만들어 보기
⑤ 내 작품 발표하기

조작 활동에 앞서 주변 사물로 만들고 싶은 구조물을 상상하고, 이를 발표하며 이야기를 나누어 본다. 학생들 주변에서 찾아본다면 더욱 좋다. 탑이나 아파트, 빌딩처럼 건축물이어도 좋고, 의자나 책상 같은 사물도 가능하다.

다음으로는 팅커캐드 3D 디자인의 기본 기능을 익히고, 도형 또는 사물을 변형·이동하여 작품을 만들어 공유한다.

(1) 가입하기

팅커캐드(https://www.thinkercad.com)에 접속한다. 팅커캐드 사이트는 영어 기반이기 때문

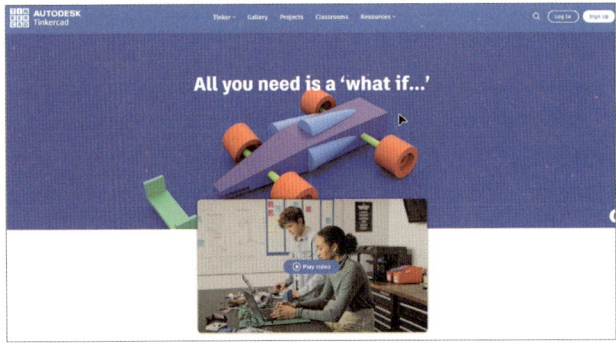
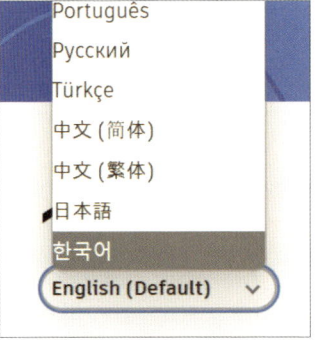

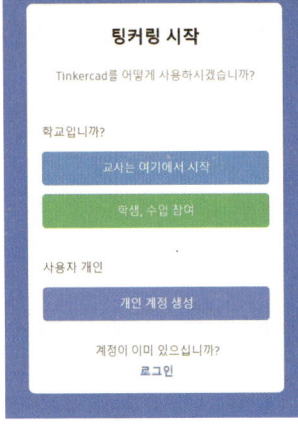
가입 화면

교사 계정 생성

학생으로 로그인

에 마우스 스크롤을 내려 우측 가장 아래에 있는 [언어 선택 목록] 상자에서 '한국어'로 변경한다. 이후 화면 오른쪽 위의 [등록]으로 가입을 시작한다. 새로 개인 계정을 생성하거나 구글, 애플 등 다른 계정을 사용해 로그인할 수 있다. 생성한 팅커캐드의 계정은 오토데스크사의 다른 프로그램에서도 사용이 가능하다.

만 14세 미만 학생의 경우 계정 생성 시 교사 또는 보호자의 승인이 필요하며, 구글 클래스룸으로 만들어진 학교 계정을 사용하거나 교사가 배부한 수업 코드를 입력하면 추가 승인 절차 없이 바로 입장할 수 있다.

(2) 3D 디자인 사용 환경 익히기

팅커캐드에 로그인하면 대시보드가 나타난다. 그중 우리가 사용할 기능은 3D 디자인이다. 화면 중앙의 3D 디자인 항목에서 [+]를 선택하거나 상단 메뉴에서 [팅커] → [3D 디자인] 또는 우측 상단의 [+만들기] → [3D 디자인]을 누른다.

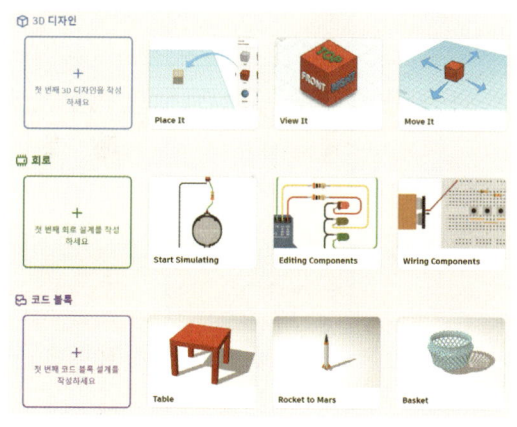

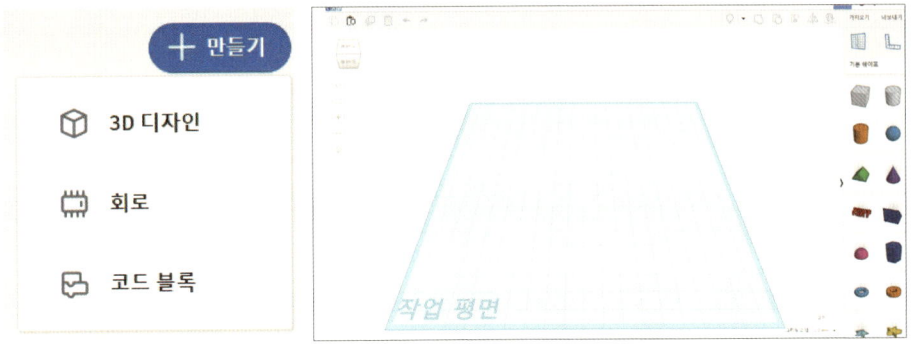

3D 디자인의 작업 공간 좌측에는 화면 조정 메뉴가 있는데 작업 화면의 크기나 방향, 시점을 변경할 수 있다. 우측에는 사용할 수 있는 도형과 사물들이 제공되고 기본 도형부터 기계와 구조물의 일부까지 폭넓게 준비되어 있으며 새로 생성해 내는 것도 가능하다.

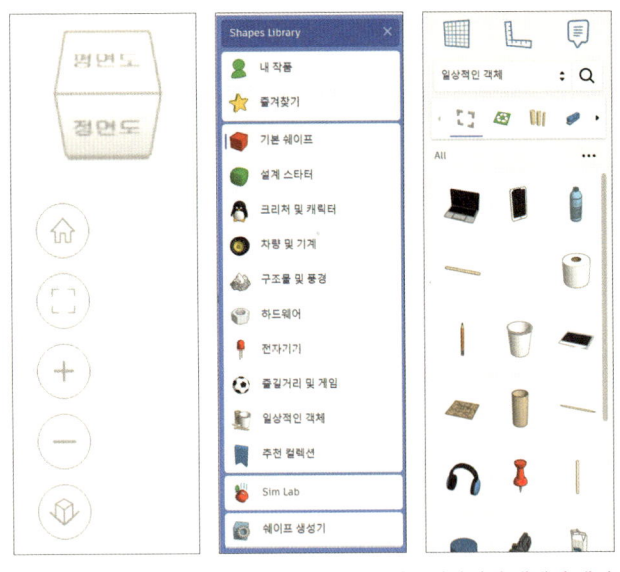

화면 조정 메뉴 | 사용할 수 있는 도형 및 사물(쉐이프)의 목록 | 일상적인 객체의 예시

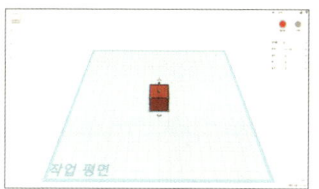 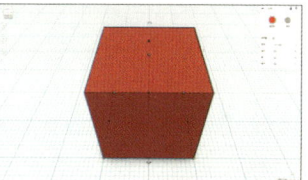 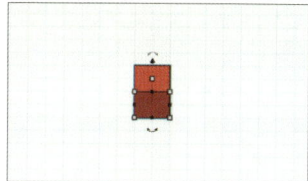

화면에 따라 홈뷰, 객체 맞춤, 평면(직교)뷰

(3) 기본 기능 익히기

기본 모델링 작업을 하기 위해 우측 도형 메뉴의 도형을 작업 평면 위로 가져온다. 원하는 도형을 클릭하고 기준 평면을 클릭하면 그 위치에 도형이 생성된다. 도형은 마우스로 클릭한 상태로 움직이거나 도형 선택 후 키보드의 방향키로 이동시킬 수 있다. 태블릿을 사용한다면 마찬가지로 도형을 누른 뒤 엄지와 검지를 벌리거나 좁히기, 끌기 등으로 조작할 수 있다.

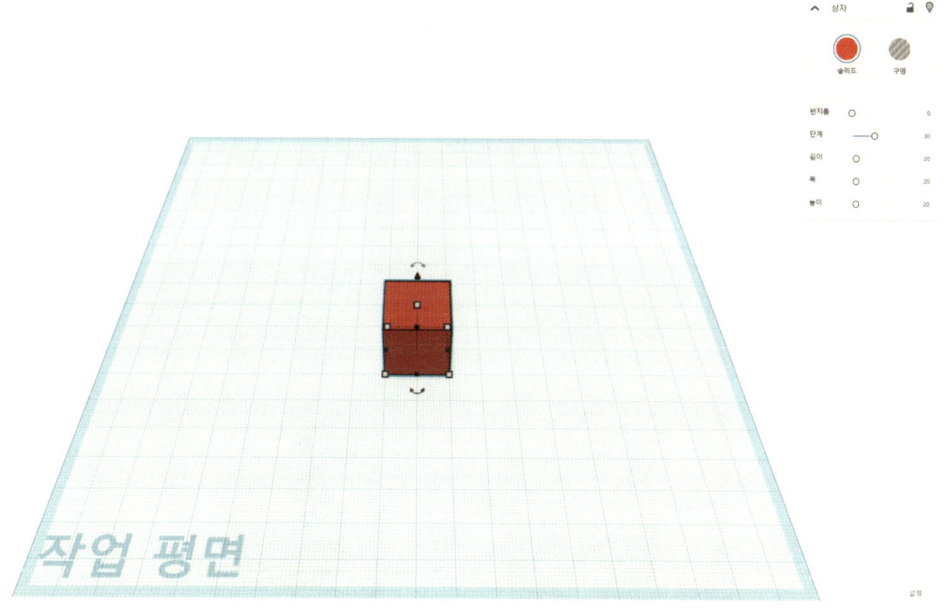

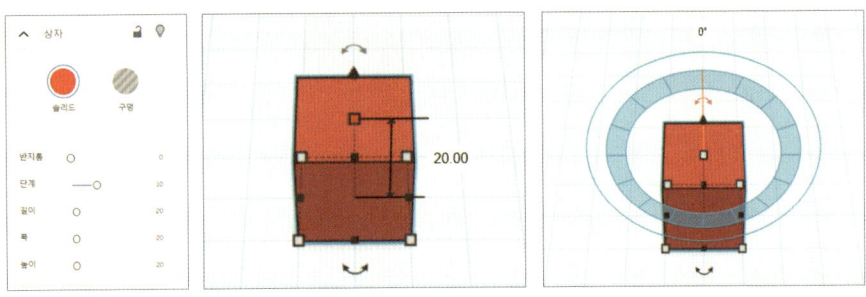

우측 상단의 메뉴에서 도형의 색, 형태를 변경할 수 있으며, 도형을 선택해 수치를 입력하는 방식으로도 크기 변경이 가능하다. 도형을 선택해 드래그하는 방식으로 이동시키거나, 선택 후 화살표를 이용해 회전시킬 수 있는데 직접 조절하거나 수치를 입력할 수 있다.

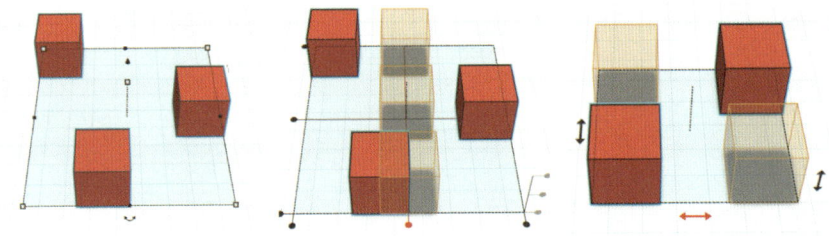

여러 도형을 선택해 그룹화( )하거나 해제( ), 기준대로 정렬( )하거나 대칭으로 이동( )시키는 것이 가능하다. 또한 크루즈(자석) 기능( )을 사용하면 도형이나 사

물을 쌓을 수 있다.

(4) 기본 기능을 활용하여 구조물 만들어 보기

앞서 익힌 기능을 활용, 기본 도형이나 사물을 변형하고 배치하여 구조물을 만들어 본다. 그림책에 등장하는 장면을 모방하여도 좋고, 구조물의 형태를 만들기 어려워하는 학생들은 사물을 여러 가지 방법으로 쌓아 보도록 한다. 필요하다면 작업 평면( )과 눈금자( ), 노트( ) 기능의 도움을 받을 수 있다. 작업 평면은 고정적으로 사용할 수 있는 임시 평면을 만드는 기능이다. 크루즈(자석) 기능으로 도형이나 사물을 배치할 때 순간적으로 나타나는 순간 평면에 비해 고정적으로 사용할 수 있어 도움이 된다. 눈금자 기능은 도형의 정확한 치수나 거리를 측정하여 변경하는 작업에 활용하고 노트는 원하는 내용을 메모해 둘 때 유용하다.

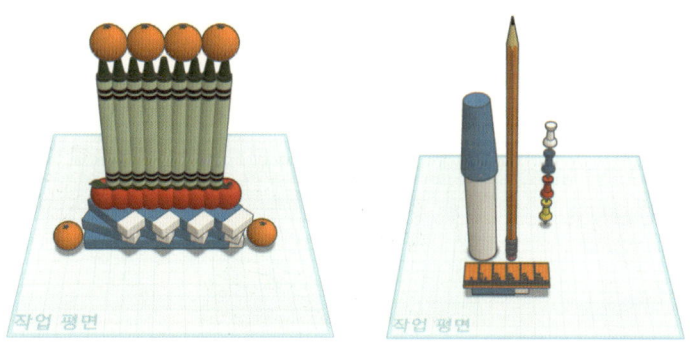

(5) 내 작품 발표하기

우측 상단의 가져오기(Import), 내보내기(Export), 다음에 전송(Send to) 메뉴 중 다음에 전송을 선택, 디자인 그림으로 다운로드하여 패들렛이나 학급 게시판에 게시할 수 있다. 친구들의 작품 중 마음에 드는 것을 고르거나 인상적인 부분을 찾아 칭찬해 주도록 한다.

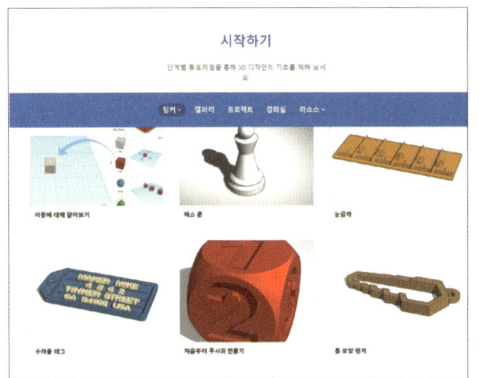
팅커캐드에서 제공되는 튜토리얼을 활용해 기본 기능을 익히거나 연습할 수 있음.

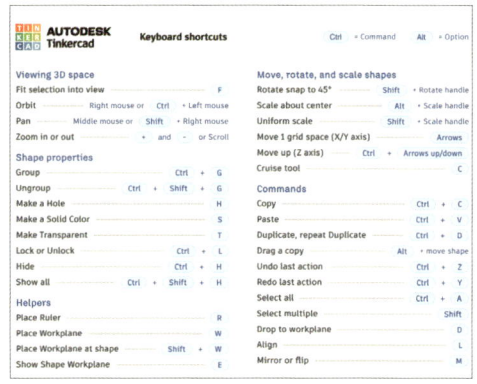
단축키를 활용하면 제작 시간을 단축할 수 있음.

학생들 각자의 작품을 완성한 뒤 우측 상단의 메뉴로 3D 디자인에서 제공하는 Sim Lab, 블록(Blocks), 벽돌(Bricks) 기능을 체험해 볼 수도 있다. 특히 Sim Lab으로 시뮬레이션을 해 보면 중력이 작용했을 때 구조물의 지지 가능 여부를 파악할 수 있고, 블록으로는 마인크래프트, 벽돌로는 레고의 모습으로 변경된다.

Sim Lab   블록(Blocks)   벽돌(Bricks)

3단계 건축가가 되어 건축물 디자인하기

책 제목처럼 건축가가 된 이기 펙의 모습을 상상해 보고 건축물을 디자인한다. 2단계 실습을 통해 기본 기능을 익힌 뒤 충분히 연습해 보고 상상한 것을 모델링한다. 2단계 활동이 주변 사물로 만든 간단한 구조물이라면 3단계에서는 다리, 건물 등 보다 확장된 형태의 건축물을 디자인해 본다. 이 과정을 통해서 학생들은 상상력과 공학적 사고, 문제 해결력을 기를 수 있다. 상상하여 만든 작품은 학급 게시판이나 패들렛을 사용해 공유하고 상호 피드백한다. 피드백 이후에 개선할 점이 있다면 반영하여 수정해 보도록 한다.

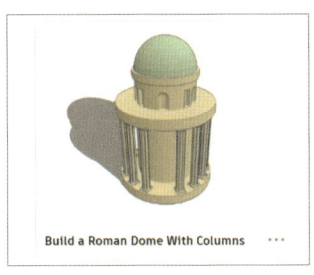  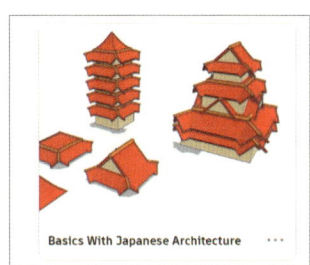

팅커캐드로 디자인한 건축물의 예시(출처 : 팅커캐드 학습센터)

4단계 내가 좋아하는 일 찾아보고 미래의 꿈 키우기

그림책 이야기 속에서 학생들 각자의 삶으로 돌아와 자신이 좋아하는 일에 대해 나누어 보는 활동이다. 그림책에서 주인공 이기가 원하는 것을 만들어 내는 일을 좋아하고 꾸준히 했던 것처럼 자신이 좋아하고 즐기는 일은 무엇이 있는지, 또는 나의 꿈을 이루기 위해 앞으로 노력해야 할 점은 무엇인지 생각하여 발표해 본다. 학생들과 학급 특성에 따라 글, 그림 등으로 표현하거나 자료 조사와 관련 사진 수집을 통해 발표 자료를 만들 수 있다.

팅커캐드를 활용한 그림책 수업의 의의

그림책을 읽고 팅커캐드로 구조물 또는 건축물을 제작해 보는 수업은 다양한 교육적 의의를 지닌다.

첫째, 창의적 문제 해결력을 기를 수 있다. 아이디어를 구체화하는 만들기 활동의 경우 공간과 재료 등 제약이 발생할 수 있는데 팅커캐드를 활용하여 학생들의 상상력과 창의력을 충분히 펼칠 기회를 제공하고 있다. 따라서 학생들은 주제에 대한 결과물을 완성하기 위해 심리적 부담이 낮은 상태에서 새롭고 유용한 여러 가지 방법으로 시도해 볼 수 있고, 발전시켜 나가며 문제 해결의 과정을 경험한다.

둘째, 인문학적 상상력과 공학적 사고, 디지털 리터러시를 함께 신장시키는 융합 수업을 실천할 수 있다. 본 활동은 그림책을 기반으로 하여 복합 양식 문식성과 인문학적 상상력을 기를 수 있고, 구조물이나 건축물을 디자인하는 과정에서 공학적 사고를 하도록 한다. 또한 웹 기반 프로그램을 활용해 디지털 기기 활용 능력을 기를 수 있는 융합 수업이라 할 수 있다.

셋째, 학생들은 수업을 통해 협력적 의사소통을 경험한다. 1단계 독서 활동에서 질문과 대답을 하며 자신의 생각을 표현하고 2, 3단계에서는 작품을 만들고 공유하며 작품에 대한 감상 또는 인상 깊은 점을 나눈다. 상호 피드백 후 반영하고 개선하는 과정을 거치며 학생들은 협력적 의사소통을 경험할 수 있다.

넷째, 좋아하는 일과 잘할 수 있는 일에 대해 생각해 보고 진로 탐색의 기회로 삼을 수 있다. 그림책 이야기를 통해 자신이 좋아하거나 잘하는 일, 미래의 꿈에 대해 고민해 보고 각자의 장래 희망을 발표하고 나누는 과정을 통해 다양한 직업군에 대해 파악할 수 있다. 또한 본 활동을 통하여 새롭게 접한 3D 디자인이나 건축물 만들기에 관심을 갖는 학생이 있다면 새로운 진로 탐색의 시작이 될 수 있다.

― 3장 ―

AI를 활용한 학생 맞춤형 수업 설계

1 | ChatGPT
- AI와 함께하는 스토리 탐험

여러 인공지능 도구 중에서도 ChatGPT는 '텍스트 기반 대화형 AI'로, 사용자가 입력한 질문이나 명령에 즉시 대답하거나 텍스트를 생성하는 능력이 뛰어난 모델로 평가받는다. ChatGPT는 자연어 이해(Natural Language Understanding)와 생성(Natural Language Generation)이 주요 특징으로 복수의 문장을 연계해 사용자의 의도를 파악하고 연관성 높은 답변을 제시한다. 일상 대화부터 전문 분야까지 폭넓은 지식 기반을 갖추고 있어 다양한 분야의 질문에 답변하거나 자료를 생성할 수 있다. 또한 대화형 인터페이스를 통해 별도의 명령어 없이도 자연어(한국어, 영어 등)만으로 실시간 소통할 수 있어 접근성이 높다. 이 기능을 활용하면 언어 간 장벽을 낮춰 주어 다국적 언어로 된 자료를 활용해 수업에서도 실시간 번역과 설명이 가능하다. 요약과 키워드 추출 기능을 활용하면 방대한 텍스트에서도 핵심 정보를 간단히 뽑아낼 수 있어 다양한 문체를 구사할 수 있고, 문학적 표현부터 논문 형식의 글쓰기까지 폭넓게 적용할 수 있다. 이러한 장점으로 인해 협업 도구로 교육 현장에서도 활용 폭이 넓다.

언어 기반 활동 전반에 걸쳐 실질적인 도움

그림책 수업에서도 ChatGPT는 주어진 맥락과 주제에 맞추어 텍스트를 생성하는 능력이 탁월해 이야기 확장, 캐릭터 창작, 배경지식 확대 등 다양한 면에서 활용 가치가 높다. ChatGPT를 적용하면 주제를 분석하고 학생 수준에 맞는 확장 활동을 구상하는 과정에서 핵심 문장과 장면을 간단히 요약하거나 연계 활동을 제안해 수업 준비 부담을 크게 덜어 줄 수 있다. 또한 배경지식 탐색, 교재·활동 자료 제작, 토론 주제 발굴 등 언어 기반 활동 전반에 걸쳐 실질적인 도움을 받을 수 있다. 학생들은 ChatGPT와 대화하며 즉각적으로 궁금증을 해결하고 추가 정보를 탐색할 수 있는데, 질문을 던지고 답변을 토대로 해결책을 찾아가면서 그림책 속 문제 상황을 분석하거나 주인공과 실제로 대화하는 등 '직접' 이야기 속으로 뛰어드는 경험을 할 수 있다. 역할을 부여해 ChatGPT와 대화하면 마치 책 속 세계에 들어가 자신이 작가이자 등장인물이 된 듯한 경험을 할 수 있다.

『대주자』 김준호 글, 용달 그림, 책고래

아무도 주목하지 않는 야구의 숨은 포지션인 대주자는 결정적 순간을 위해 전력 질주하는 '비밀 요원'이다. 감독의 호출을 조용히 기다리다 결정적인 한 점을 위해 모든 것을 내던지는 대주자는 팀의 승리를 위한 마지막 퍼즐이자 든든한 영웅이기도 하다. 평소에는 눈에 띄지 않지만 야구를 할 때 가장 행복하다고 말하는 대주자. 자신의 역할을 다하며 결정적인 순간에 빛을 발하는 집중력으로 묵묵히 경기를 준비하는 대주자는 자신의 자리에서 최선을 다하므로써 행복할 수 있음을 담담히 알려 준다.

1단계 프롬프트 입력으로 그림책의 핵심 개념 이해하기

ChatGPT는 대화형 인공지능으로 프롬프트(prompt)가 매우 중요하다. 여기서 프롬프트란 사용자가 정보를 제공하고 원하는 답변을 유도하기 위해 입력하는 명령이나 질문을 말한다. ChatGPT를 활용해 질문하는 과정에서 학습자는 스스로 내용을 정리하고 핵심 개념을 구체화해 보다 깊은 사고와 이해에 이를 수 있다. 특히 단순히 '정답'을 얻기 위해 기계적으로 질문을 던지는 데 그치지 않고, "왜 이런 답이 나왔을까?" "이 개념은 어떤 맥락에서 쓰일까?" 등 궁금증을 확장하며 프롬프트를 구성한다면 지식 구조를 주도적으로 형성하고 실제 문제 해결 과정에 적극적으로 적용하는 경험을 할 수 있다. 또한 '내가 무엇을 모르는지, 더 알고 싶은 것은 무엇인지'에 집중하면 프롬프트를 작성하는 과정 자체가 호기심을 자극하고 학습 동기를 높이는 데 도움이 될 수 있다.

ChatGPT와 유사한 대화형 인공지능 모델은 여럿 있다. ChatGPT도 유료 버전에서는 더 다양한 모델을 선택할 수 있지만 무료 모델만으로도 그림책 수업 등 교실 현장에서 충분히 활용할 수 있다. 실제 사용 방법은 간단하다.

먼저 ChatGPT 사이트(https://chatgpt.com)에 접속한다. 다음으로 새 대화 창을 열거나 기존 대화 목록을 불러와 프롬프트 입력창에 질문을 작성한다. 유료 버전이라면 답변 수준이나 목적에 맞춰 GPT 모델을 선택할 수도 있다.

① 새 대화 입력창 또는 기존 대화 목록 불러오기
② GPT 모델 선택(유료의 경우 더 다양한 모델을 활용할 수 있다.)
③ 프롬프트 입력하기 : 대주자는 누구인가?

야구의 규칙과 대주자의 역할이 그림책 이해에 매우 중요한 개념이 된다. 일반적인 야구 경기에서 크게 주목받지 못하는 숨은 포지션이 대주자이다. 야구 규칙이나 대주자의 역할에 대해 모르는 독자는 "왜 굳이 달리기만 하는 선수가 필요하지?"라는 의문이 들수 있다. 이처럼 주요 개념이 중요한 그림책은 즉각적인 답을 주는 인공지능을 활용해 원하는 정보를 빠르게 얻고, 나아가 배경지식을 확장할 수 있다. 이 수업에서는 ChatGPT와 질문하며 '대주자'가 어떤 포지션이며 왜 중요한지 알고, 또 그림책을 읽으며 궁금증을 해소하면서 대주자의 특수한 상황과 역할이 주는 긴장감과 의미를 더욱 깊이 이해할수 있도록 했다. 흥미 유발을 위해 가장 먼저 책 표지를 보고 '대주자'의 의미와 야구 규칙에 대해 알아보며 그림책 이해를 위한 배경지식을 확장해 보았다.

『대주자』 개념 이해 ChatGPT 프롬프트(예시)

책의 핵심 개념(대주자의 정의, 역할, 의미) 정리 프롬프트
- 용어 정리 : 대주자가 무엇인지 설명해 줘.
- 야구 규칙 이해 : 야구 규칙을 설명하고 대주자의 역할 알려 줘.
- 대주자가 등장하는 맥락 이해 : 야구 경기에서 어떤 순간에, 왜 대주자가 투입되는지 알려 줘.
- 대주자의 역할과 책이 전하는 핵심 메시지 이해 : 대주자의 특별한 점, 대주자가 팀에 기여하는 방식에 대해 알려 줘.

2단계 감정 일기 쓰며 주인공의 감정 탐색하기

그림책 『대주자』는 경기에 직접 나서지 못하지만 팀의 중요한 일원으로서 자신만의 방식으로 팀에 기여하는 대주자의 이야기다. 이 책의 깊은 이해를 위해 두 번째 활동 목표로 대주자의 감정과 심리를 공감적으로 탐구하는 과정을 설정했다. 대주자가 느꼈을 기쁨, 책임감, 아쉬움 등 다양한 감정을 구체적으로 이해하려면 학생들이 직접 대주자와 대화하며 인물의 심리를 체감하는 경험이 중요하다고 보았다. ChatGPT에게 대주자 역할을 부여해 학생들이 가상의 대주자와 상호작용하도록 구성했다. 이때 ChatGPT는 단순한 정보 제공자가 아니라, 학생들과의 인터랙션을 통해 대주자의 심리와 역할을 생생

하게 전달하는 '가상의 인물'이 된다.

 대주자(ChatGPT)에게 질문을 던지기 전 교사가 그림책의 내용을 ChatGPT에게 간단히 설명하는 프롬프트를 먼저 입력한다. 책 내용을 직접 입력하기 어렵다면 책 소개 사이트나 도서 리뷰 등을 인용해 간단히 배경을 전달해 주면 된다. 그런 다음 대주자 역할을 부여 프롬프트를 입력한다.

ChatGPT에게 대주자 역할 부여하기 프롬프트

🙂 ChatGPT, 지금부터 너는 그림책 『대주자』의 주인공 대주자야. 학생들이 너에게 질문할 테니 대주자로서 답해 줘.

 이후 학생들은 대주자(ChatGPT)에게 마음껏 질문을 던져 볼 수 있다. 경기 중이나 경기 후 대주자가 어떤 생각과 감정을 느꼈는지, 어떤 순간에 기뻤고 어떤 순간에 책임감과 아쉬움을 느꼈는지 등을 탐색하고, 그 답변을 바탕으로 상호작용한다. 질문이 어느 정도 충분히 이루어져 더 이상의 호기심이 소진되었을 때, 학생들은 각자 '감정 일기'를 직접 작성한다. 이 단계에서는 대주자의 시각을 바탕으로 하되, 학생 자신의 생각이나 경험을 투영해 '대주자의 마음을 빌려 쓴 편지', '경기 후 하루를 돌아보는 일기' 등으로 자유롭게 표현하도록 안내한다.

 감정 일기 작성 후에는 필요에 따라 ChatGPT를 다시 활용해 글을 점검하거나 풍부하게 만드는 방안을 시도해 볼 수 있다. 예컨대 학생들이 쓴 감정 일기를 ChatGPT에게 제시하고 "이 글에서 대주자의 감정이나 심리를 좀 더 구체적으로 보완해 주겠니?" 혹은 "글이 너무 짧은데, 여기에 대주자의 심리 변화를 더 세밀하게 표현하려면 어떻게 하면 좋을까?"라는 질문을 던져 보도록 한다. ChatGPT가 제안하는 표현을 그대로 수용하기보다는 수정·조정 과정을 통해 학생 자신만의 글을 발전시키도록 지도하는 점이 중요하다. 다음 상황은 학생들이 실제로 던진 질문과 감정 일기의 일부이다.

ChatGPT와 대주자에게 질문하며 감정 탐구하기

🙂 대주자, 왜 경기가 끝난 다음에도 연습을 했어?

💬 나는 야구를 정말 사랑해. 경기장에서 뛰는 순간뿐만 아니라 연습하는 순간도 매우 소중해. 팀에 도움이 되기 위해 늘 준비하고 싶었어.

🙂 경기에 나가지 못하고 벤치에 앉아 있을 때 어떤 기분이었어?

💬 벤치에 앉아 있다고 해서 내가 중요하지 않거나 역할이 없다고 생각하지 않아. 벤치에 앉아 있는 동안에도 팀을 응원하고, 필요한 순간에 바로 나갈 수 있도록 준비하고 있어. 경기에 나서지 않더라도 팀의 일원으로서 팀의 승리를 위해 내가 할 수 있는 최선을 다하는 것이 중요하다고 생각해. 그리고 벤치에서 경기를 지켜보는 동안 많은 것을 배울 수 있어. 다른 선수들의 플레이를 관찰하고, 코치의 지시를 듣고, 경기의 흐름을 파악하면서 나의 플레이를 향상시키기 위한 많은 영감을 얻고 있어. 이런 경험들은 나를 더 나은 선수로 성장하게 만들어 줘.

🙂 대주자인 너의 감정과 심리를 구체적으로 보완해서 내 감정 일기를 수정해 줘.

💬 20○○년 ○월 ○일, 맑음

오늘은 정말 중요한 경기가 있었다. 많은 팬들이 경기장을 찾아와 우리 팀을 응원해 주었고, 경기장은 뜨거운 열기로 가득 찼다. 나는 벤치에서 팀원들과 함께 경기를 지켜보았다.

경기 중반, 우리는 동점을 이루고 있었고, 경기는 긴장감 넘치게 진행되었다. 나는 언제든지 필요한 순간에 나갈 준비를 하며 마음을 가다듬고 있었다. 하지만 오늘은 내가 경기에 나갈 기회가 오지 않았다. 팀원들이 각자의 자리에서 최선을 다했고, 나는 벤치에서 그들을 응원하며 내 역할을 다했다. 경기가 끝난 후 팀은 승리를 거두었고, 모두가 환호했다. 나는 벤치에서 경기를 지켜보며 팀의 승리에 기뻤지만, 한편으로는 나도 그라운드에서 뛸 수 있었으면 좋겠다는 생각이 들었다. 하지만 나는 야구를 할 때 가장 행복한 야구 선수다. 경기에 나서지 못했더라도 나는 팀의 일원으로서 팀을 위해 할 수 있는 최선을 다했다는 것에 큰 자부심을 느낀다. 경기 후에도 나는 연습을 계속했다. 공을 치고, 주루 연습을 하며 더 나은 선수가 되기 위해 노력했다. 오늘 하루를 돌아보며 비록 경기에 나서지 못했지만, 나는 팀을 응원하고 준비하는 과정에서 많은 것을 배웠다. 내일도 나는 연습을 게을리하지 않고, 언제든지 팀에 도움이 될 수 있도록 최선을 다할 것이다. 야구를 할 수 있다는 그 사체만으로 나는 정말 행복하나.

🙂 대주자인 너의 감정 순서를 정리해서 알려 줘.

💬 기대와 긴장 – 응원과 팀의 일원으로서의 자부심 – 기쁨과 약간의 아쉬움 – 자부심과 만족 – 의욕과 열정 – 행복과 배움 – 미래에 대한 다짐

3단계 GPT 탐색 기능 활용해 협업하며 이야기 확장하기

감정 일기를 작성하는 과정은 단순히 주어진 이야기를 따라가는 것이 아니라 "만약 이런 인물이 등장한다면?" "이 문제를 이렇게 풀면 어떨까?" 같은 상상 속 가능성을 열어 두고 자유롭게 탐구하는 과정이다. ChatGPT와 협업하면 상상의 폭을 넓고 깊게 확장할 수도 있다. 무엇보다 ChatGPT가 주는 힌트와 자료를 비판적으로 검토하고, 필요하다면 반문도 하면서 자기만의 결론을 도출해 내는 과정만으로도 특별한 수업을 할 수 있다. 먼저 그림책의 내용을 이해하고, 감정을 탐색한 이후 주인공이 다음 경기에서 어떤 역할을 맡게 될지 상상해 보며 이어질 이야기를 확장해 보는 글쓰기 활동으로 연결할 수 있다. 감정 일기를 작성한 이후에는 글을 다듬고 자신의 언어로 구성해 영상, 이미지 등으로 제작할 수도 있다. 'GPT 탐색' 기능을 활용하면 그림책의 언어적 상상을 기반으로 그림을 그려 보고, 영상으로 제작해 보는 등 다양한 활동으로 확장하고 새로운 방식으로 생각을 시각적으로 표현하는 기회를 얻을 수 있다.

① 생성형 인공지능과 협업해 이야기 상상하기
② 이미지 생성하기
③ 영상 제작하기

뒷이야기 상상해 시각화하기(학생 작품 예시)

그림책 이야기 확장에 활용할 수 있는 ChatGPT 사용 방식은 무궁무진하다. 그중에서도 GPT 탐색 기능을 활용해 상황에 맞는 모델을 선택하면 더욱 쉽게 이야기를 상상하고 그림으로 그릴 수 있게 된다. ChatGPT는 여러 버전의 GPT 모델을 제공하는데 각 모델마다 초기 설정값(예 : 특정 장르나 문체, 언어 사용 방식 등)이 조금씩 다르다. 이러한 설정값은 모델이 텍스트를 생성할 때 취할 '태도'나 '관점'을 좌우하므로, 원하는 결과물을 얻기 위해서는 가장 적합한 모델을 찾고 적절하게 초기 조건을 제시해야 한다.

ChatGPT의 GPT 탐색 기능은 대화창 왼쪽 상단에 위치하며, 사용자가 원하는 키워드나 검색어를 입력해 적합한 모델을 찾을 수 있도록 돕는다. 모델 이름이나 정확한 키워드가 떠오르지 않을 때는 비슷한 단어나 연관된 표현을 입력해 다양한 모델을 추천받은 뒤 적합한 모델을 골라 활용할 수 있다. 수업에서는 '그림책'이라는 키워드를 입력해 관련 모델을 검색한 뒤, '그림책 만들기' 모델에 프롬프트를 입력하며 다음 이야기 상상하기 활동을 진행해 보았다.

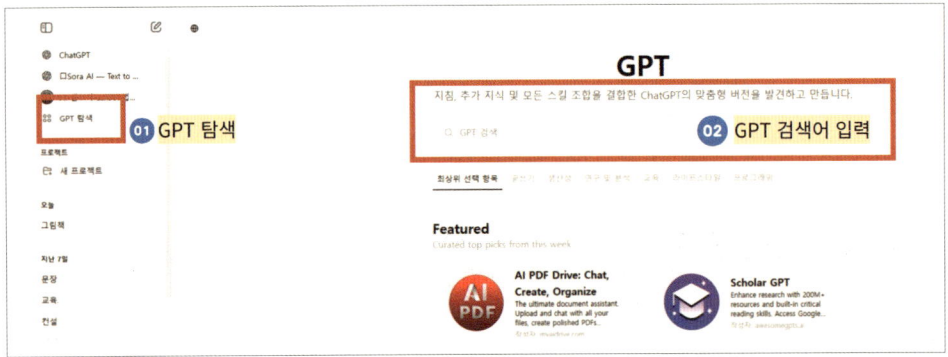

① ChatGPT 좌측 상단의 GPT 탐색을 연다.
② GPT 검색어를 입력한다. 그림책 관련 활동이므로 '그림책'을 검색한다.

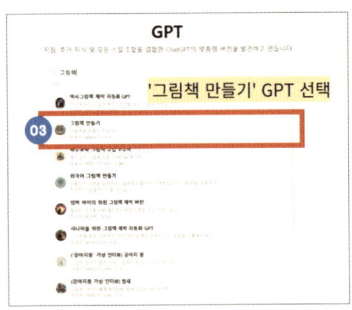
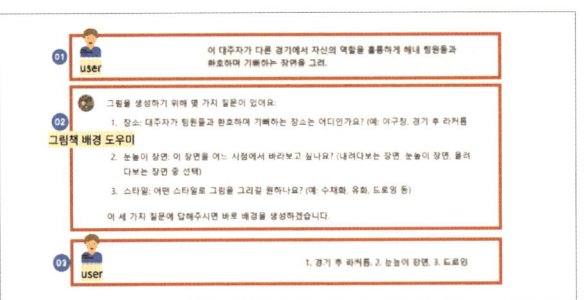

③ 검색된 다양한 GPT에서 원하는 모델을 선택한다. 수업에서는 그림책 만들기, 그림책 배경 도우미 등을 활용했다.
④ 프롬프트를 입력해 대화하며 그림책을 완성한다.

GPT 탐색 기능을 활용하면 수업 환경이나 프로젝트에 부합하는 모델을 빠르게 탐색하고 활용할 수 있다. GPT 모델마다 예시 프롬프트나 초기 설정값(시대적 배경, 감정적 톤, 서사 구조 등 이미 세팅된 요소들)이 반영되어 있어 처음부터 다시 모든 조건을 설정하지 않아도 된다. 다만, AI 모델이 제안하는 아이디어 중 원하는 방향과 그렇지 않은 부분을 신중히 선별·조정하는 과정이 반드시 필요하다. 예를 들어, 교실에서 직접 그림책을 만드는 활동을 한다면 배경·캐릭터·줄거리를 협력해 구상할 수 있는 모델을 먼저 살펴보고, 필요에 따라 다른 모델로 전환해 다양한 관점과 요소를 결합할 수 있다. 이처럼 '사용자 주도적 편집 과정'이 잘 이뤄졌을 때 AI와 인간의 협업으로 탄생한 이야기는 한층 더 완성도 높은 그림책 수업 자료가 된다.

예시로 제시된 '그림책 배경 도우미' GPT는 그림책에 등장하는 장소나 분위기를 묘사하는 데 특화된 모델이다. 초기 설정값이 제시되어 섬세한 묘사와 스토리 전개를 도와주며 상상 속 세계를 보다 구체적으로 떠올릴 수 있도록 안내한다. 반면 '그림책 작가 Storybook Artist' 모델은 스토리 구성에 좀 더 집중해 캐릭터의 개성을 살린 그림을 그릴 때 유용하다. 각 모델은 기본적으로 '이야기를 더 풍부하게 만드는 그림을 생성하는 것'이라는 공통된 목표를 지니지만, 초점을 두는 부분이 서로 달라 모델에 따라 결과물이 달라지므로 각 특징을 파악해 모델을 활용하는 것이 중요하다.

GPT 모델	그림책 배경 도우미	그림책 작가 Storybook Artist
특징	DALL·E를 기반으로 스토리를 작성하면 그림을 그려 준다. 배경 이미지를 효과적으로 설계하고 창작할 수 있도록 장소, 구성 요소, 시점, 스타일에 대한 질문을 구체적으로 제시하여 창작 과정을 간단하고 직관적으로 지원한다.	DALL·E를 기반으로 스토리를 작성하면 그림을 그려 준다. 사용자의 피드백을 받아 이미지를 조정하며, 이야기와의 일관성을 유지할 수 있다. 간단한 프롬프트만으로도 완성도 높은 이미지를 얻을 수 있다.
프롬프트	🙂 야구에서 대주자가 경기가 끝난 후에도 열심히 연습하는 장면 그려. 💬 그림을 생성하기 위해 몇 가지 질문이 있어요. 장소 : 대주자가 연습을 하고 있는 장소는 어디인가요? (예: 야구장, 연습장, 공원 등) 눈높이 장면 : 대주자를 어느 시점에서 바라보고 싶나요? (내려다보는 장면, 눈높이 장면, 올려다보는 장면 중 선택) 스타일 : 어떤 스타일로 그림을 그리길 원하나요? (예: 수채화, 유화, 드로잉 등) 이 세 가지 질문에 답해 주시면 바로 배경을 생성하겠습니다. 🙂 **1. 경기 후 라커룸. 2. 눈높이 장면, 3. 드로잉** 💬 여기 대주자가 다른 경기에서 자신의 역할을 훌륭하게 해내어 팀원들과 환호하며 기뻐하는 라커룸 장면이 완성되었습니다. 추가로 수정하거나 다른 배경을 원하시면 말씀해 주세요!	🙂 **대주자가 다른 경기에서 자신의 역할을 훌륭하게 해내 팀원들과 환호하며 기뻐하는 장면을 그려.** 💬 여기 대주자가 경기에서 훌륭히 역할을 해내고 팀원들과 함께 환호하며 기뻐하는 장면을 그린 이미지입니다. 팀원들과 관중들이 모두 즐거워하며 축하하는 모습이 잘 담겨 있습니다.
결과물		

ChatGPT 더 현명하게 사용하기

ChatGPT를 활용한 그림책 수업은 교사와 학생 모두에게 새로운 학습 환경으로 다양한 가능성을 열어 주고 있다. 단순한 텍스트 분석을 넘어 이야기의 다채로운 시각과 확장된 해석을 실시간으로 제공하는 점은 상당히 매력적이다. 특히 교사가 수업의 주도권을 유지하면서도 ChatGPT가 학생들의 사고와 상상력을 자극하도록 안내하는 방식은 앞서 『대주자』를 활용한 수업처럼 그림책 수업을 더욱 풍부하고 의미 있는 경험으로 만들고 있다.

그러나 ChatGPT를 수업에 활용할 때는 인공지능의 윤리성을 고려한 지혜로운 사용이 요구된다. 특히 AI가 생성하는 콘텐츠의 정확성과 공정성을 검토하고 편향된 정보가 학생들에게 전달되지 않도록 주의해야 한다. AI가 수집한 데이터의 프라이버시를 보호하고 학생들의 개인정보를 안전하게 관리하는 것도 중요한 윤리적 과제이다. 또한 AI는 학습 지원 도구로 활용되지만 학생들이 기술에 과도하게 의존하지 않도록 하고, 비판적 사고와 창의성을 잃지 않도록 교육적 균형을 유지해야 한다. AI가 제시하는 자료를 학생들과 함께 분석하고 토론하며 AI의 한계를 인식하고 올바르게 활용하는 방법을 가르쳐야 할 것이다.

특히 청소년의 ChatGPT 사용은 보호자의 동의를 받고 교사의 안내에 따라 올바른 방법으로 사용할 수 있도록 계획되어야 한다. 오픈 AI가 제시한 내용에 따르면 18세 이상이거나 부모의 승인이 있는 13세 이상의 청소년 사용을 권장한다. 따라서 수업에 활용할 때는 ChatGPT 사용과 관련한 안내가 필수이다. 이렇게 지혜로운 사용을 위한 가이드라인이 준수될 때 AI가 교육의 다양성을 존중하고 모든 학생들에게 공평한 학습 기회를 제공하는 데 기여할 수 있게 될 것이다.

2. 뤼튼
– 함께 살아가는 사회

2022년 ChatGPT의 출시로부터 시작된 교육 현장에서의 AI 도입은 특히 학습의 여러 분야에 빠르게 스며들고 있다. 그중에서도 뤼튼은 국내에서 개발된 콘텐츠 생성 및 작문 도구로, 사용자가 효율적으로 글을 작성하고 아이디어를 발전시킬 수 있도록 돕는 것을 목표로 한다. 뤼튼은 검색 시 출처와 함께 답변을 제공하고, 다양한 문서 작성을 돕는 것은 물론, 유튜브, 웹사이트, 긴 문서 등을 요약·정리하며 이미지를 생성하는 기능도 제공한다.

2022 개정 교육과정과 관련한 뤼튼의 유용한 주요 기능을 살펴보면 다음과 같다.

첫째, AI 검색 기능은 학생들이 다양한 주제에 대한 정보를 신속하게 탐색할 수 있도록 돕는다. 이는 자기주도학습 기회를 제공하며, 탐구 기반 학습을 실현하는 데 중요한 역할을 한다.

둘째, 완벽 요약 기능은 복잡한 자료를 간결하게 정리해 학생들이 핵심 내용을 쉽게 이해할 수 있게 하여 비판적 사고와 읽기 이해력을 향상시킨다.

셋째, 과제와 업무 기능을 활용하면 학생들은 자신의 글을 효과적으로 수정하고 개선할 수 있으며, 피드백을 받을 수 있다.

마지막으로, AI 이미지 기능은 시각적 요소를 추가하여 학생들의 창의적 표현 능력을 기르고, 통합적 학습을 촉진한다.

뤼튼의 AI 기능은 2022 개정 교육과정의 핵심 요소와 어우러져 학생들이 보다 효과적이고 창의적인 학습을 경험할 수 있도록 지원한다. 이러한 도구는 학생들이 생각을 명확히 표현하고, 협력하며, 비판적으로 사고하는 능력을 기르는 데 큰 도움이 된다.

그림책 수업을 다채로운 형태로 확장

뤼튼을 활용하면 단순히 그림책을 읽고 감상하는 것에서 벗어나 그림책에 담긴 문화적·시대적 배경부터 작가의 의도까지 폭넓게 살펴보고, 이를 토대로 학생들이 자신의 생각을 심도 있게 표현할 수 있는 수업을 전개할 수 있다. 예를 들어, 외국 그림책의 경우 번역본만으로는 충분히 이해하기 어려운 부분이 있을 수 있는데, 이때 뤼튼의 AI 검색 기능과 완벽 요약 기능을 활용하면 해외 자료까지 빠르게 찾고 우리말로 정리하여 책을 더욱 깊이 이해할 수 있다. 또한, 독후 활동으로 그림책에 관한 글을 쓸 때는 과제와 업무 기능을 사용해 학생들이 작성한 초고나 토의 내용을 정교하게 다듬는 데 도움을 줄 수 있다. 마지막으로, 학생들이 직접 그리기 어려운 이미지를 AI 이미지 생성 기능을 통해 만들어, 그림책 주제에 맞는 시각 자료를 손쉽게 제작할 수도 있다.

이렇게 뤼튼을 이용하면 그림책 수업은 작가 연구, 문화적 배경 분석, 창의적 표현 활동이 어우러진 다채로운 형태로 확장되어 한층 풍부해진다.

『우리는 서로가 필요해』 벤저민 제퍼나이어 글, 닐라 아예 그림, 교육과실천

이 그림책은 여러 상황에서의 사람 간의 연결과 유대의 필요성을 다루고 있다. 다양한 국적과 인종을 가진 사람들의 일상적인 순간을 통해 인간관계의 소중함과 상호 의존성을 강조하고, 우리는 혼자가 아니라 함께 살아가는 사회 속에 있다는 것을 보여 주어 학생들에게 따뜻한 감정과 함께 공동체의 중요성을 일깨워 주는 그림책이다.

1단계 작가와 작품 관련 자료 검색하기

『우리는 서로가 필요해』는 영국 시인 벤저민 제퍼나이어의 시에 닐라 아예가 그림을 그린 작품이다. 원작자와 배경에 대한 배경지식을 갖추고 있다면 그림책을 더 깊이 있게 이해할 수 있을 것이다. 원작자가 영국인이므로 관련된 정보는 주로 영어로 되어 있다. 이 경우 뤼튼의 AI 검색 기능과 완벽 요약 기능을 통해 쉽게 우리말로 정리된 요약 자료를 얻을 수 있다.

(1) 회원가입하기

뤼튼을 활용하기 위해서는 학생들이 회원가입을 해야 한다. 만 14세 이상이면 보호자의 동의 없이 가입이 가능하며, 만 14세 미만은 보호자의 동의를 받아야 한다. 학생들이 가입하기 전에 회원가입 페이지 하단에 있는 청소년 보호정책을 충분히 숙지할 수 있도록 교사의 지도가 필요하다.

(2) AI 완벽 요약 기능 활용하기

회원가입을 완료한 후 뤼튼 홈 화면의 검색창에 원하는 내용을 입력하여 검색을 실행한다. 검색 결과에서 밑줄 친 부분을 클릭하면 해당 홈페이지로 이동할 수 있다. 웹사이트 주소를 복사한 후 다시 홈 화면으로 돌아와 좌측에 있는 [완벽 요약] 아이콘을 클릭한다. 웹사이트 요약을 위해 복사한 주소를 입력하고 [완벽 요약]을 누르면 오른쪽 빈 창에 개조식으로 정리된 우리말 요약본이 나타난다. 이 요약본을 저장, 복사 또는 내보내기 기능을 통해 다른 문서에 붙여 넣고, 원하는 방법(캔바, 미리캔버스, 파워포인트 등)으로 자료를 만들어 발표할 수 있다.

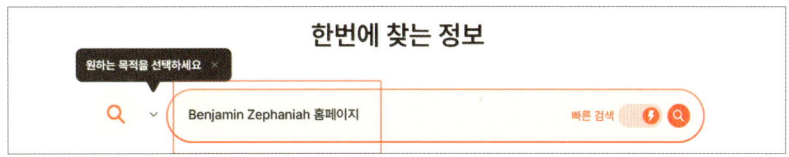

뤼튼 홈에서 검색창에 원하는 내용을 입력하고 돋보기 누르기

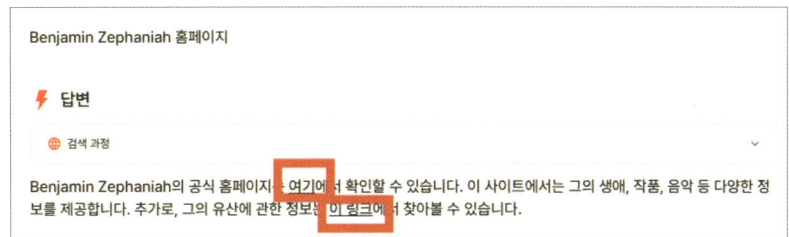

검색하여 나온 답변에서 밑줄 친 부분을 누르기

눌러서 나온 화면에서 링크 주소 복사하기

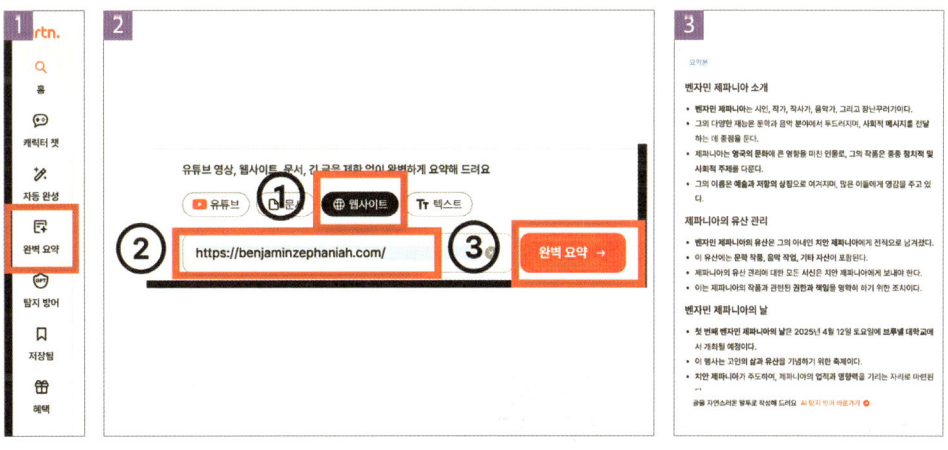

1 홈 화면으로 돌아가서 왼편의 완벽 요약 누르기
2 완벽 요약 화면에서 웹사이트를 누르고 창에다 복사한 링크를 붙이고 완벽 요약 누르기
3 결과물을 저장, 복사 또는 내보내기

3장. AI를 활용한 학생 맞춤형 수업 설계

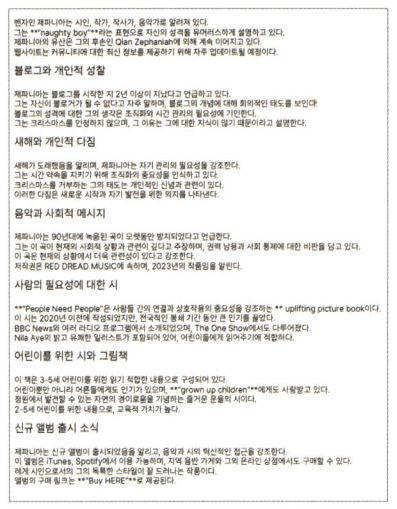

Benjamin Zephaniah.com 요약 내용

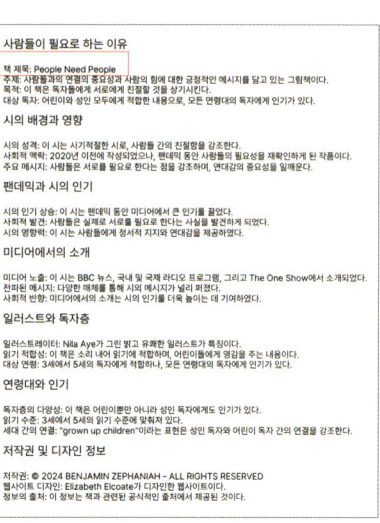

https://benjaminzephaniah.com/books/people-need-people 요약 내용

예시에서는 저자의 공식 홈페이지를 요약하는 활동을 했지만, 위키피디아나 저자와 책에 대한 다른 자료, 유튜브 자료 등도 뤼튼의 완벽 요약 기능을 통해서 링크만 붙여 넣으면, 쉽게 우리말로 정리된 자료를 받아서 공유함으로써 그림책과 저자에 대한 이해를 높일 수 있다.

(3) 저작 도구 활용 발표 자료 만들기

뤼튼으로 요약한 내용이 있으면 손쉽게 캔바, 미리캔버스, 파워포인트 등 저작 도구를 활용하여 프레젠테이션을 위한 발표 자료를 만들 수 있다.

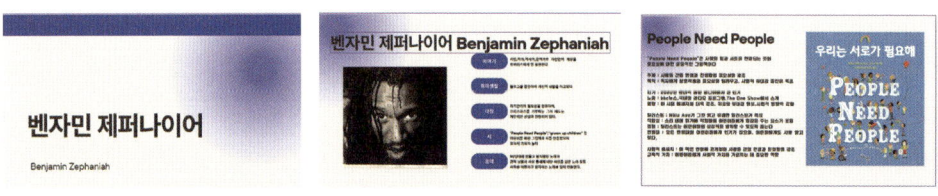

벤저민 제퍼나이어와 『우리는 서로가 필요해』 그림책 발표 자료 예시(학생 작품)

(4) 요약된 내용을 활용하여 발표 대본 만들기

완벽 요약을 통해 생성된 PDF 파일이나 저작 도구로 만든 프레젠테이션 자료를 바탕으로 뤼튼의 자동 대상 기능 중 '발표 대본 만들기' 기능을 이용하여 발표 자료를 간편하게 생성할 수 있다. 발표하고 싶은 내용이 담긴 PDF 파일이나 PPT 파일을 업로드하고 주제, 시간, 목적 등을 입력하고 자동 완성을 누르면 오른편 창에 발표 대본이 생성된다.

뤼튼 홈 화면에서 발표 대본 아이콘 누르기

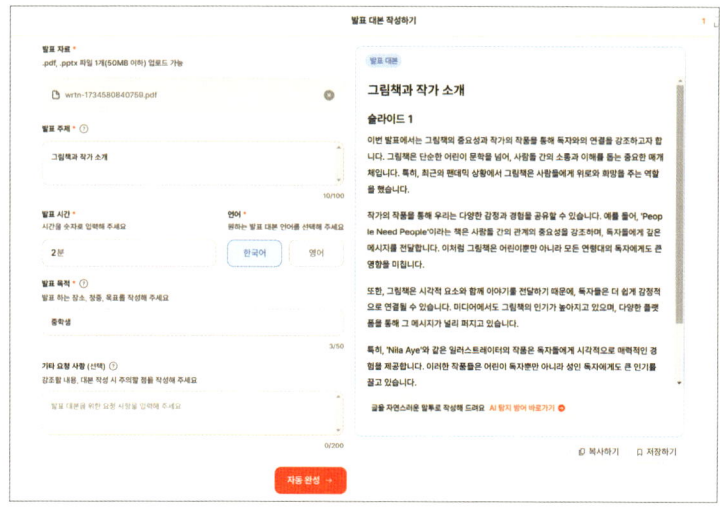

파일 업로드 및 필요한 내용 입력하기

2단계 모둠 시 완성하기

『우리는 서로가 필요해』는 앞 단계에서 조사한 벤저민 제퍼나이어의 시에 그림을 덧붙인 시 그림책이다. 독후 활동으로 책에서 전달하고자 하는 메시지인 '함께 사는 사회'라는 주제로 학생들이 시를 써 보게 하는 것은 매우 의미 있는 활동일 것이다.

(1) 모둠별 시 쓰기

즉석에서 혼자 시를 쓰는 것은 어린 학생들에게 어려울 수 있으므로, 모둠을 구성하여 '우리가 서로를 필요로 하는 순간들'에 대한 브레인스토밍을 하도록 하고, 그 결과를 바탕으로 각자의 생각을 한두 문장으로 표현하게 한다. 이 문장을 모둠별로 모아 정리하여 시의 초안을 완성하게 한다.

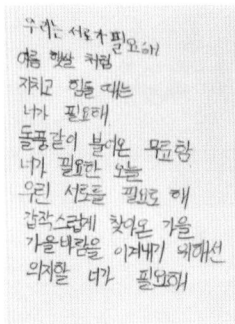
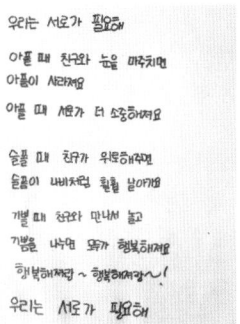

학생 작품 예시 1   학생 작품 예시 2

(2) AI 과제와 업무 기능으로 시 다듬기

뤼튼 홈 화면에서 검색창 옆에 있는 [V] 아이콘을 클릭하면 여러 기능이 표시된다. 여기서 'AI 과제와 업무' 기능을 선택하면 새로운 입력 창이 열리는데, 해결해야 할 과제를 이 창에 입력하면 즉시 답변을 받을 수 있다. 여기서는 모둠별로 작성한 시를 입력한 후 시를 다듬어 달라고 요청하면 된다. 수정된 시를 답변으로 받은 후, AI가 제안한 시와 자신들이 작성한 원시를 비교하며 이야기를 나눌 수 있다.

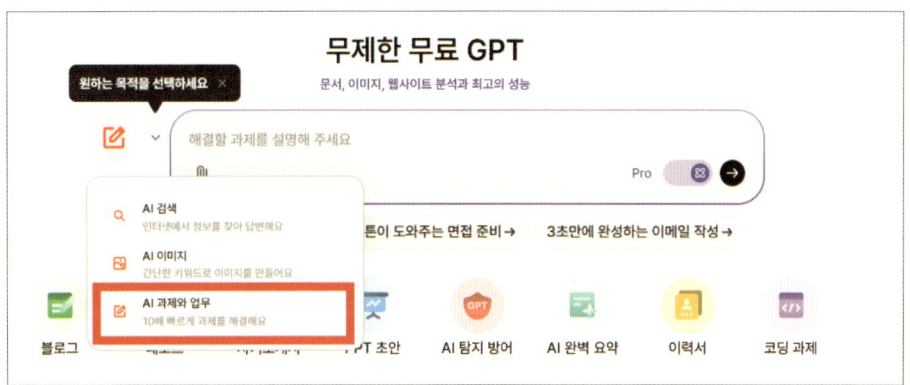

뤼튼 홈 화면의 검색창 옆에 있는 [V] → AI 과제와 업무를 선택 → 해결할 과제 입력하기

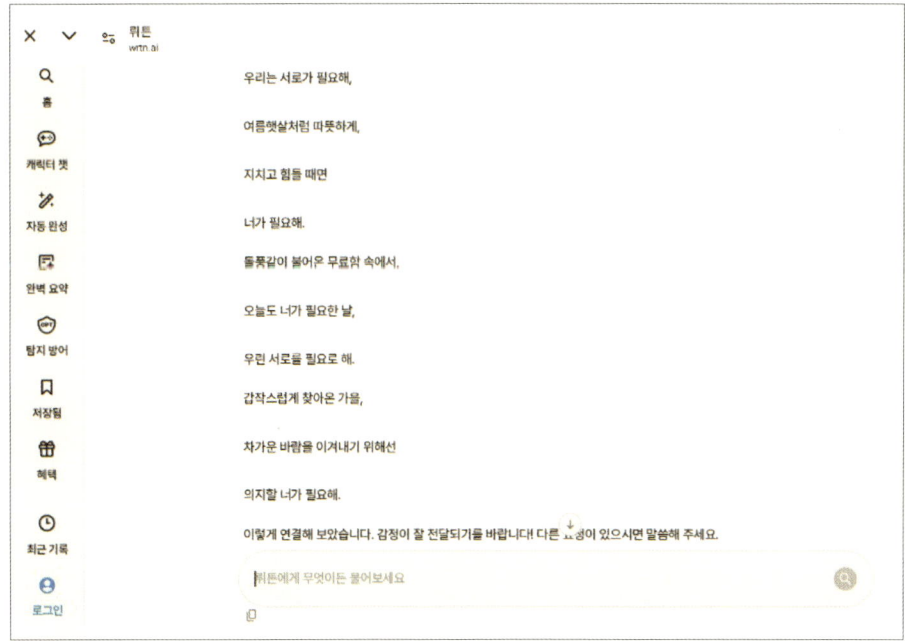

뤼튼을 통해서 수정된 예시 1

3장. AI를 활용한 학생 맞춤형 수업 설계

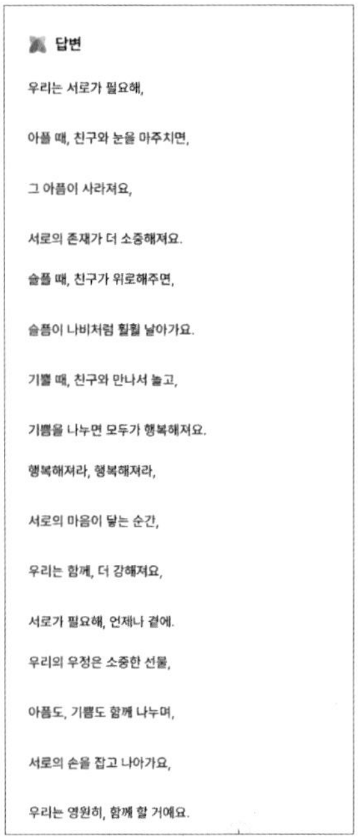

답변

우리는 서로가 필요해,

아플 때, 친구와 눈을 마주치면,

그 아픔이 사라져요,

서로의 존재가 더 소중해져요.

슬플 때, 친구가 위로해주면,

슬픔이 나비처럼 훨훨 날아가요.

기쁠 때, 친구와 만나서 놀고,

기쁨을 나누면 모두가 행복해져요.

행복해져라, 행복해져라,

서로의 마음이 닿는 순간,

우리는 함께, 더 강해져요,

서로가 필요해, 언제나 곁에.

우리의 우정은 소중한 선물,

아픔도, 기쁨도 함께 나누며,

서로의 손을 잡고 나아가요,

우리는 영원히, 함께 할 거예요.

뤼튼을 통해서 수정된 예시 2

3단계 시화 완성하기

모둠별로 『우리는 서로가 필요해』 그림책과 관련된 시를 완성한 후, 뤼튼의 'AI 이미지' 기능을 활용해 시에 어울리는 이미지를 만들어 시화를 완성할 수 있다. 보통 시화를 만들려면 시뿐만 아니라 그림도 들어가야 해서 그림 그리기에 자신이 없는 학생들에게 부담이 많이 되는데 뤼튼을 활용하면 보다 쉽게 시화를 완성할 수 있다.

(1) AI 이미지 기능으로 이미지 만들기

홈 화면에서 검색창 옆에 [V]를 누르면 3가지 기능이 나오는데, 그중 [AI 이미지]를 선택하고 창에다 학생들이 모둠별로 작성한 시를 입력하여 그에 맞는 이미지를 검색하거나 그려 주도록 요청한다.

뤼튼 홈 검색창 옆에 있는 [V] → [AI 이미지] 선택

입력창에 학생들이 작성한 시를 입력하고
그와 관련하여 원하는 이미지에 대한 설명을 입력

(2) 시화 만들기 및 공유하기

요청 결과로 나온 이미지 중 적합한 것을 선택한 후, 앞서 작성한 시와 이미지를 활용해 시화를 만든다. 시화는 시를 직접 쓰고 이미지를 출력하여 붙이거나, 캔바, 미리캔버스 등의 저작 도구를 이용해 만들 수 있다. 완성된 시화는 갤러리 워킹이나 SNS 등을 통해 공유하여 그림책을 통해 작가가 전달하려는 함께 살아가는 사회의 중요성을 널리 알린다.

1 답변으로 제시된 이미지 중에서 마음에 드는 것을 골라서 시와 함께 시화 만들기(예시 1 시화)
2 답변으로 제시된 이미지 중에서 마음에 드는 것을 골라서 시와 함께 시화 만들기(예시 2 시화)
3 SNS를 통해서 시화 작품을 공유하고 해시태그를 활용해서 그림책과 함께 사는 사회의 중요성에 대해 전파하기

뤼튼 AI를 활용한 그림책 수업의 의의

뤼튼 AI를 활용한 그림책 수업은 여러 가지 교육적 의의를 지닌다.

AI 검색 기능과 완벽 요약 기능을 통해 그림책의 작가와 배경에 대한 이해를 높일 수 있으며, 과제와 업무 기능을 통해 학생들의 글을 다듬고 완성된 글을 만들 수 있다. 이러한 기능은 학생들이 다양한 자료를 신속하게 탐색하고, 복잡한 내용을 간결하게 정리하여 핵심을 파악하는 데 도움을 준다.

또한, AI 이미지 생성 기능을 통해 독후 활동에 어울리는 이미지를 만들어 그림책 내용을 시각적으로 표현할 수 있다. 이는 학생들의 창의적 표현력과 비판적 사고력을 향상시키고, 통합적 학습을 촉진하며, 교육적 의의를 극대화한다. 특히 여러 애플리케이션이나 사이트를 이용할 필요 없이 한 사이트에서 검색, 요약, 이미지 생성, 번역 등을 모두 할 수 있어 편리하게 활동을 할 수 있다. 뤼튼 AI는 교육적 도구로서 학생들이 효과적이고 창의적인 학습 경험을 할 수 있도록 지원한다.

3. 미리캔버스
- 디지털 휴식이 가능한 도시 이야기 만들기

미리캔버스는 직관적이고 간편한 온라인 디자인 도구로, 다양한 템플릿과 AI 기반 기능을 통해 누구나 쉽게 창의적인 콘텐츠를 제작할 수 있는 플랫폼이다. 사용자는 드래그 앤 드롭 방식으로 이미지를 삽입하거나 텍스트를 추가할 수 있으며, AI 기술을 활용해 빠르고 완성도 높은 디자인을 구현할 수 있다. 미리캔버스를 활용한 교육은 창의적 사고 역량, 정보 활용 역량, 의사소통 역량을 기르는 데 기여할 수 있다. 학생들은 이 도구를 통해 창의적으로 사고하고, 정보를 시각적으로 표현하며, 효과적으로 메시지를 전달하는 방법을 배울 수 있다. 또한, 디지털 기기 활용과 비판적 미디어 이해를 통해 미디어 메시지를 해석하고 재구성하는 능력을 기르게 된다.

디지털 도구를 통해 문제를 시각화함으로써 창의적 사고 역량을 향상

그림책 읽기와 미리캔버스를 활용한 디지털 휴식이 가능한 도시 이야기 만들기 활동은 학생들에게 창의적인 사고와 문제 해결 능력을 길러 줄 수 있다. 특히 디지털 환경에서 시각적 콘텐츠의 중요성이 점점 커지고 있는 시점에서 학생들도 유튜브와 SNS 등 다양한 미디어에 노출되고 직접 콘텐츠를 제작하는 경우가 많아졌기 때문에 미리캔버스를 활용하여 수업을 진행하면 창의적인 사고와 미디어 활용 능력을 기를 수 있다. 이때 그림책과 함께하면 창의력을 향상시키고, 디지털 리터러시를 강화하며, 자신을 효과적으로 표현하는 능력을 배양하는 데 도움을 준다.

미리캔버스를 활용한 수업은 학생들이 보다 구체적으로 체험하고 적용할 수 있는 방식을 제시한다. 예를 들어, 학생들은 그림책 『도시 해킹』에 등장한 아이디어를 참고하여 자신만의 도시 문제를 발견하고, 이를 미리캔버스를 활용해 시각적으로 해결 방안을 표현할 수 있다. 디지털 도구를 통해 문제를 시각화함으로써 학생들은 디지털 리터러시와 창의적 사고력을 동시에 향상시킬 수 있다.

『도시 해킹』 한수연 글·그림, 책빛

디지털 시대의 편리함 속에서 잊힌 소중한 일상을 돌아보게 하는 이야기를 담고 있다. 이 책은 갑작스러운 인터넷 신호 장애로 인해 디지털 연결이 끊긴 도시를 배경으로, 사람들이 아날로그적인 방식으로 다시 소통하며 행복을 되찾는 과정을 그렸다.

1단계 디지털 기기 사용 시간 분석하기

그림책의 내용을 토대로 하루 일과에서 자신의 디지털 기기 사용 시간을 분석하기 위해서는 그림책에서 왜 갑작스럽게 인터넷이 끊기게 되었는지를 정확히 알고 있어야 가능하다. 학생들이 분석을 위한 자료를 찾기 전에 어떠한 자료를 찾으면 좋을지 함께 이야기를 나누고 정리한 후 필요한 자료를 검색하여 완성하도록 한다.

1단계에서는 학생들이 디지털 의존의 문제를 인식하고, 주제에 공감할 수 있는 기초를 형성하는 활동을 진행한다. 이때 교사는 디지털 기기의 종류를 직접 제작하여 자료로 보여 준다. 이 과정은 학생들이 수업 주제에 자연스럽게 몰입할 수 있도록 돕는 데 중점을 둔다. 학생들은 책 속 이야기와 그림을 통해 디지털 연결 없이 살아가는 사람들의 모습을 관찰하고, 이러한 변화가 그들의 삶에 어떤 영향을 미쳤는지 탐구한다. 학생들에게 기억에 남는 장면이나 인상 깊었던 내용을 이야기하도록 독려하며, 이를 통해 디지털 기술의 편리함과 부작용에 대해 스스로 생각할 수 있는 기회를 제공한다.

다음으로, 학생들은 자신의 하루 일과를 돌아보며 디지털 기기를 얼마나 자주 사용하는지 기록한다. 디지털 사용 시간과 활동을 분석하면서 디지털 기기의 긍정적 측면(예 : 학습, 소통)과 부정적 측면(예 : 집중력 저하, 시간 낭비)을 비교해 본다. "디지털 없는 하루를 상상해 본다면 어떤 모습일까?"라는 질문을 던지고, 이에 대한 자신의 생각을 간단한 글이나 그림으로 표현하도록 한다.

이 단계의 목표는 학생들이 디지털 의존 문제를 스스로 깨닫고, 이를 바탕으로 이후 활동에 적극적으로 참여할 수 있도록 공감과 흥미를 형성하는 것이다.

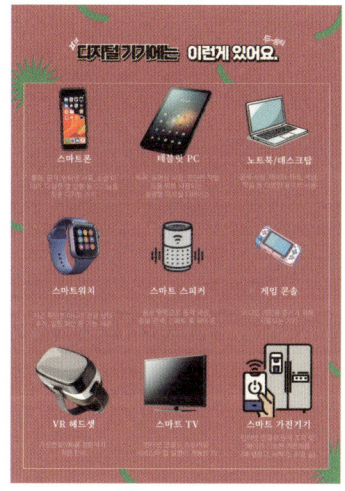
디지털 기기의 종류

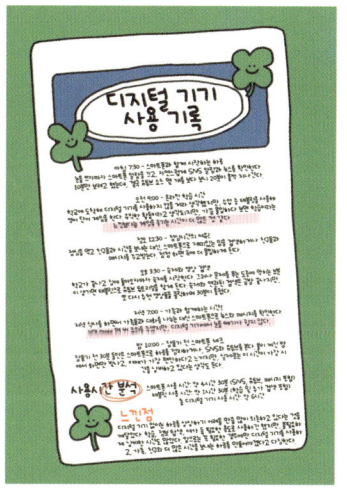
디지털 기기 사용 기록 분석

2단계 도시에서 일어나는 디지털 의존 문제 해결 방안 구상

학생들이 살고 있는 도시에서 일어나는 디지털 의존 문제를 관찰하고 탐구하는 활동을 진행한다. 학생들은 먼저 자신의 도시나 지역사회에서 관찰한 문제를 기록한다. 이어서 디지털 의존과 관련된 구체적인 사례를 조사한다. 예를 들어, 디지털 기기로 인해 사람들이 대화나 놀이를 소홀히 하는 사례를 찾거나, 인터넷과 스마트폰이 우리의 행동에 미치는 영향을 분석한다. 이러한 탐구 결과는 그림, 짧은 글 또는 간단한 차트로 정리하도록 하여 시각적으로 표현할 수 있게 한다.

다음으로 학생들이 탐구한 문제를 해결하기 위한 창의적인 아이디어를 구상한다. 학생들은 먼저 브레인스토밍을 통해 자유롭게 아이디어를 제안한다. 각자 자신이 탐구한 문제를 모둠원과 공유하고, 다양한 해결 방안을 떠올릴 수 있도록 유도한다. 예를 들어, 방치된 공간을 공동체가 활용할 수 있는 공원으로 재구성하거나, 디지털 기기 사용을 줄이는 가족 활동 계획을 제안할 수 있다.

모둠별로 아이디어를 발전시키는 과정을 통해 선택된 아이디어를 구체화한다. 이 과정에서는 미리캔버스를 활용하여 아이디어를 시각적으로 표현하는 활동을 진행한다. 예를 들어, 포스터, 인포그래픽, 도시 설계도 등의 형태로 문제와 해결책을 한눈에 볼 수 있게 제작한다.

학생들과 미리캔버스에서 프로젝트 또는 수업 과제를 진행하기 위해서 교사는 미리캔버스 사이트(https://www.miricanvas.com/templates)를 알려 주어야 한다. 구글로 학생 계정을 생성한 후에 학생들이 미리캔버스로 접속하면 가입하지 않아도 사용할 수 있다. 미리캔버스의 홈 화면에서 가장 오른쪽에 있는 [디자인 만들기]를 클릭하고 가운데 있는 [크기 조정]에서 문서의 크기를 조정한다. 맨 왼쪽에 있는 메뉴 중에 [배경]을 클릭하여 배경색을 정한 후 [요소], [텍스트]에서 일러스트, 선, 글자를 선택하여 꾸미면 된다. 완성된 후에는 [다운로드]를 클릭하여 다운로드 후 제출하면 된다.

미리캔버스 홈에서 [디자인 만들기] 선택

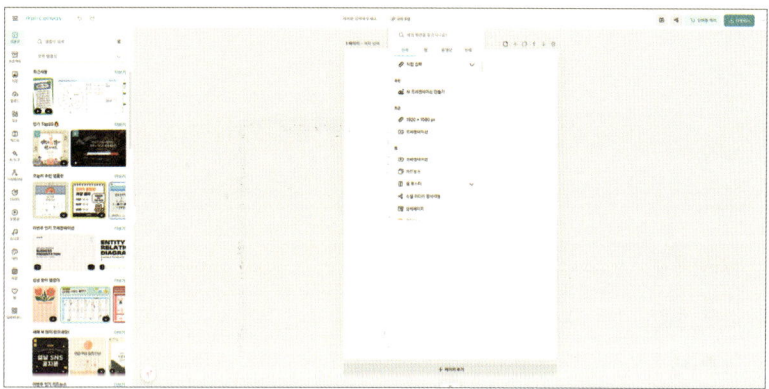

크기 조정

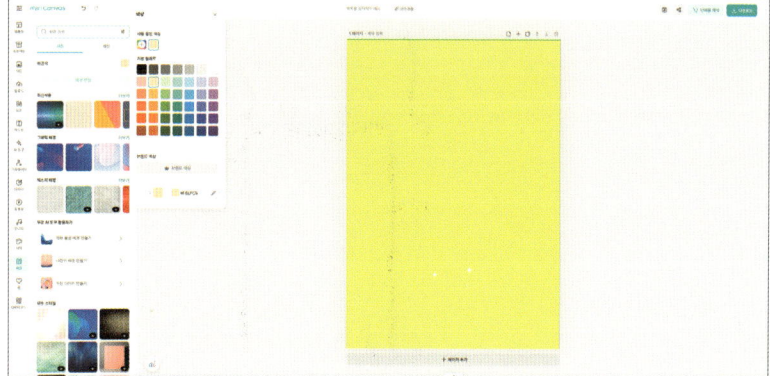

배경색 설정

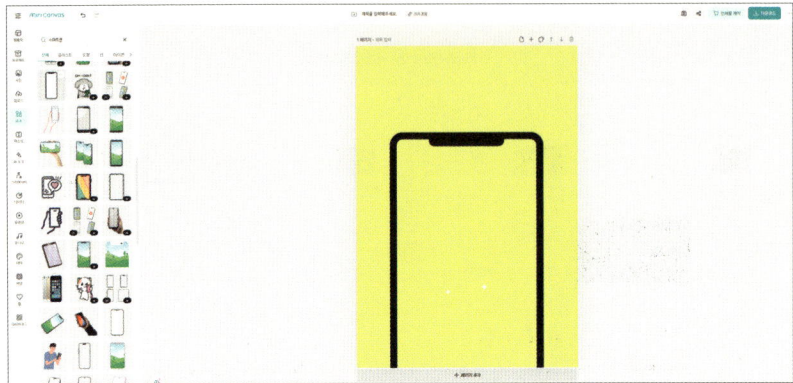
[요소]에서 필요한 일러스트나 아이콘 선택

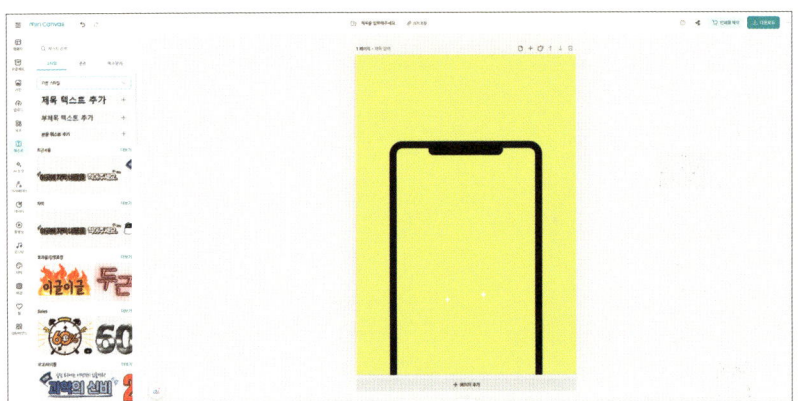
[텍스트]에서 필요한 글자 선택

[요소]에서 선 선택

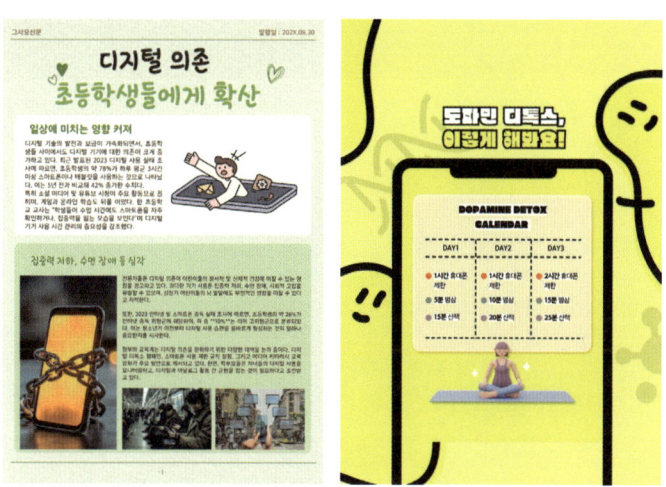

완성 작품

3단계 미리캔버스의 AI를 이용하여 디지털 휴식이 가능한 도시 이야기 제작하기

미리캔버스의 [요소], [텍스트] 도구를 활용하여 디지털 의존 문제 해결 자료를 제작한다. 미리캔버스의 AI 기능을 이용하여 디지털 휴식이 가능한 도시 이야기를 제작하는 과정은 여러 단계로 나뉘어 있다.

첫 단계인 프로젝트 계획은 디지털 휴식이 가능한 도시의 모습을 통해 디지털 의존을 줄이고 아날로그적 활동의 가치를 강조하는 단계이다. 두 번째로 콘셉트를 정하는데 휴식과 창의적 활동이 가능한 공간, 디지털 기기 사용을 최소화할 수 있는 환경을 디자인한다. 마지막 단계로 도시의 주요 구성 요소를 생각하고, 이들이 디지털 휴식에 기여하는 방식으로 만들어야 한다. 각 단계는 디지털 휴식이 가능한 도시를 꾸미는 스토리가 만들어지는 데 있어 중요하다.

(1) 디지털 휴식이 가능한 도시 이야기 장면 글로 작성해 보기

학생들이 미리캔버스 AI로 바로 제작하기 전에 AI로 그리고 싶은 그림책 장면을 글로 작성해 보도록 한다.

장면	내용
1	스마트폰이 계속 울리는 모습
2	인터넷이 갑자기 모두 끊긴 도시에서 놀란 사람들의 모습
3	인터넷이 끊긴 스마트폰 모습
4	스마트폰이 안 되어 무엇을 해야 할지 모르는 사람의 모습
5	도시 해킹이 이루어진 후 디지털 휴식이 된 도시에서 행복한 사람들의 모습

학생들이 크롬 브라우저를 실행하고 로그인한 후 미리캔버스 홈페이지에 접속한다. [디자인 만들기] → [카드뉴스]를 클릭하여 종이 규격을 선택한다. 이때 미리캔버스는 여러 가지 스타일과 레이아웃을 제공하므로 원하는 디자인을 선택하는 것이 중요하다. AI 드로잉은 전통적인 형태부터 현대적인 느낌의 레이아웃까지 다양하다. 이후 어떤 스

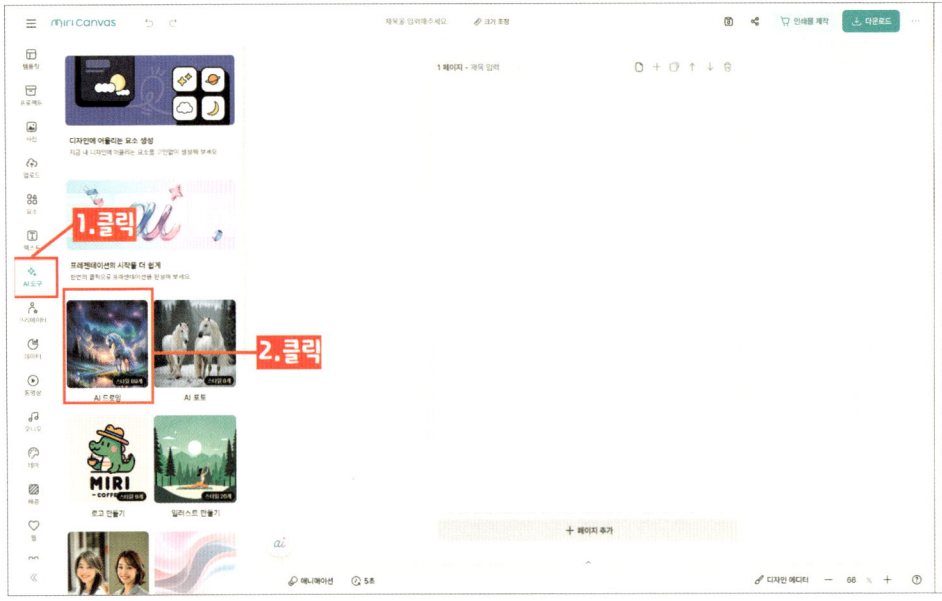

타일로 할 것인지 정한다.

(2) 스타일 선택

AI 스타일을 선택한 후에는 일러스트, 로고, 캐릭터, 캐리커처, 배경, 화법, 클래식 중 마음에 드는 스타일을 선택한다. 이때 이야기와 관련된 가장 적합한 방법을 찾도록 한다.

(3) 이미지 및 그래픽 추가하기

디지털 기기가 사라진 곳에서의 모습을 그리고 싶다면 이미지 묘사에 내용을 써야 한다. 예를 들어, '디지털 휴식이 가능한 도시에서 사람들이 여가를 즐기는 모습'이라고 적은 후 이미지를 첨부하려면 업로드의 경우 제작한 파일을 올리면 되고, 사진 검색의 경우 관련 내용을 넣은 후 이미지 변형 강도를 맞추면 알아서 미리캔버스에서 이미지를 만들어 준다. 총 4장을 만들어 주므로 가장 맞는 이미지를 선택하면 되고, 필요한 이미지가 없는 경우 다시 제작하면 된다.

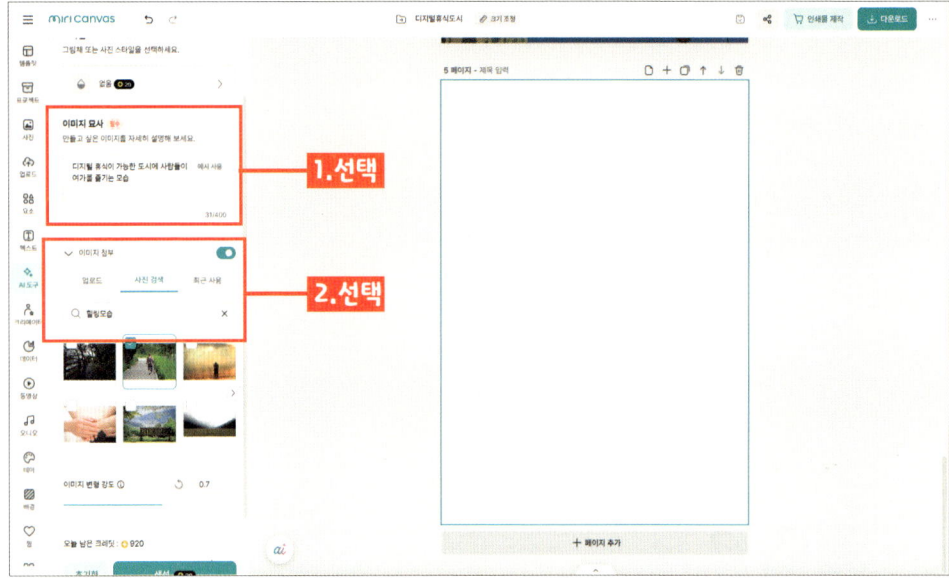

(4) 디자인 스타일 조정하기

이미지가 생성되면 마음에 드는 이미지를 선택한 후 추가된 이미지를 마우스 오른쪽

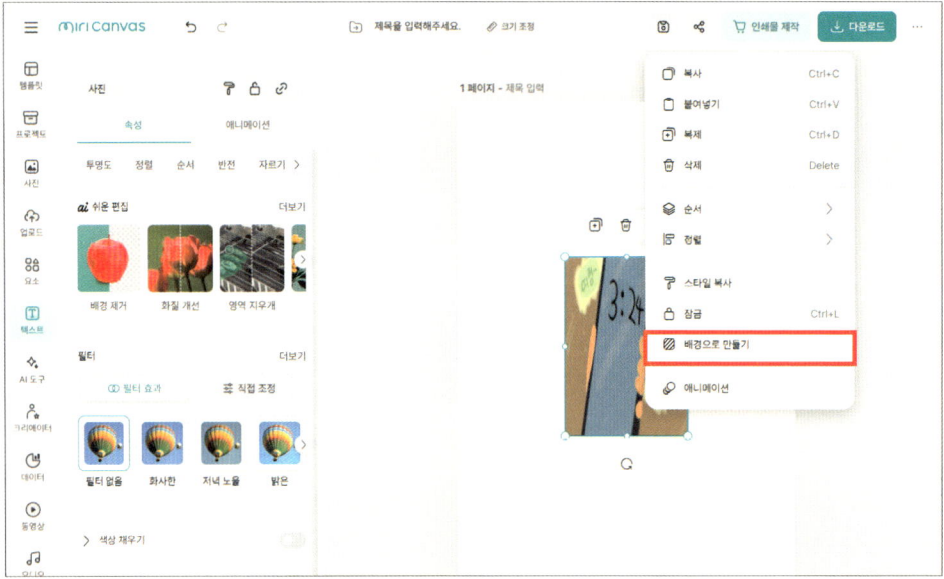

버튼으로 클릭하고 [배경으로 만들기]를 클릭한다. 이미지를 추가한 후 같은 방법으로 AI로 만들고 싶은 장면 4~5가지를 완성한다.

(5) 최종 검토

이때 [텍스트] → [부제목 텍스트 추가]를 클릭하여 각 그림에 생각했던 스토리를 입력한다. 모든 내용을 입력하고 디자인을 조정한 후, 내용을 최종 검토하는 단계로 넘어간다. 과정에서는 오타가 없는지, 인용한 이미지에 손상이 없는지 확인한 후 오류를 수정한다. 검토 과정에서 동료나 다른 사람에게 피드백을 받는 것도 최종 결과물의 품질을 높이는 데 도움이 된다.

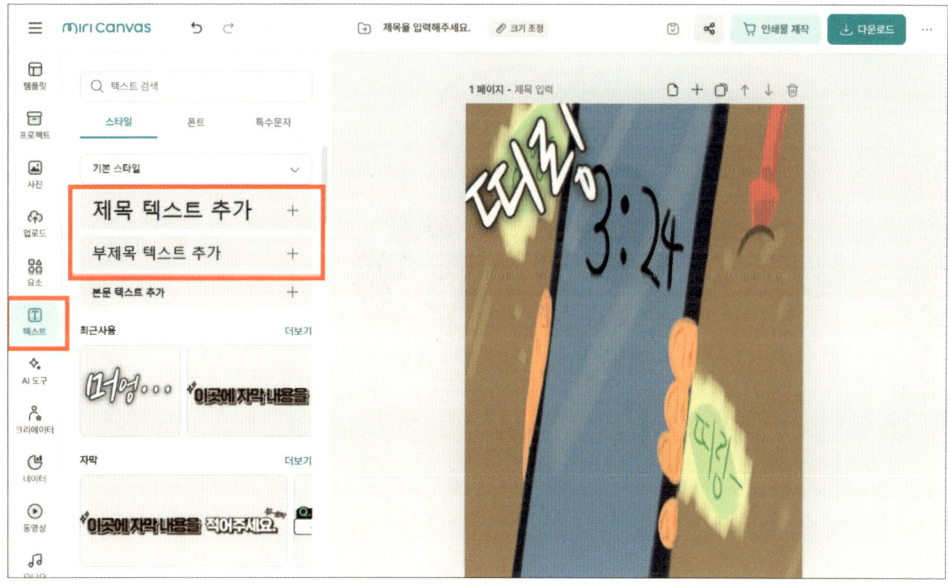

(6) 다운로드 및 배포

최종적으로 완성되면 미리캔버스의 오른쪽 상단에 있는 [다운로드]를 클릭하여 PDF, PNG 또는 JPG 형식으로 저장한다. 인쇄할 경우 PDF 형식을 추천하며, 디지털 형식으로 배포할 경우 PNG나 JPG 형식이 적합하다.

학생 완성 작품

4단계 미리캔버스를 활용한 추가 활동

미리캔버스를 활용한 추가 활동으로는 디지털 휴식 챌린지 포스터 제작, 도시 문제 해결 아이디어 인포그래픽 제작, 공동체 캠페인 브랜딩, 미디어 윤리 교육 자료 제작, 그리고 수업 성과물 온라인 갤러리 전시가 있다. 이러한 활동을 통해 학생들은 미리캔버스의 다양한 기능을 활용하여 창의적 사고와 디지털 리터러시를 함께 기를 수 있다. 각각의 활동은 학생들이 실질적인 프로젝트를 시각화하고 공유하며 학습의 효과를 극대화하는 데 중점을 둔다.

(1) 디지털 휴식 챌린지 포스터 제작

학생들은 디지털 사용을 줄이고 실천할 수 있는 다양한 활동 아이디어를 담은 포스터를 제작한다. 이를 통해 디지털 사용의 균형과 실천 가능한 활동을 시각적으로 표현할 수 있다. 미리캔버스의 템플릿 기능을 활용하여 창의적이고 시각적으로 매력적인 포스터를 제작한다. 예를 들어, '1시간 동안 디지털 없이 산책하기'와 같은 활동을 구체화한다.

(2) 도시 문제 해결 아이디어 인포그래픽 제작

학생들은 자신이 관찰한 도시 문제와 이에 대한 해결 방안을 인포그래픽으로 제작한다. 이를 통해 문제의 원인, 해결책, 기대 효과를 한눈에 정리할 수 있다. 미리캔버스의 차트 및 도형 도구를 활용하여 데이터를 시각적으로 표현하며, 학생들이 설득력 있는 자료를 만들도록 돕는다.

미리캔버스를 활용한 그림책 수업의 의의

미리캔버스를 활용한 디지털 휴식이 가능한 도시 만들기 활동은 다음과 같은 의의를 가진다.

첫째, 학생들이 디지털 의존에서 벗어나 실제로 주변 환경과 인간적인 연결을 탐구하는 기회를 제공한다.

둘째, 미리캔버스의 직관적인 도구를 통해 자신의 생각을 시각적으로 표현함으로써 창의적 문제 해결 능력을 기를 수 있다.

셋째, 그림책 『도시 해킹』이 전달하는 환경과 공동체의 가치를 학습하며, 자신이 속한 사회를 비판적으로 바라보고 긍정적으로 변화시키는 힘을 키울 수 있다.

미리캔버스를 활용한 그림책 수업은 단순히 읽고 쓰는 활동을 넘어, 학생들이 문제 해결 능력과 비판적 사고를 기를 수 있도록 돕는다. 특히, 디지털과 아날로그 세계를 연결하며 인간적 가치를 발견하도록 유도하는 이 접근은 학생들에게 매우 의미 있는 학습 경험을 제공하며 큰 도움이 된다.

4 투닝
- 네 컷 그림책 만들기

 투닝(Tooning)은 사용자가 코딩 없이도 직관적인 인터페이스를 통해 자신만의 웹툰을 제작할 수 있도록 설계된 디지털 스토리텔링 도구이다. 다양한 캐릭터, 배경, 말풍선, 효과 등을 제공하여 학생들도 쉽게 웹툰을 제작할 수 있도록 돕는다. 드래그 앤 드롭 방식으로 작업할 수 있어 사용이 간편하며, 자신만의 이야기를 시각적으로 구성할 수 있다. 이를 통해 학생들은 창의성을 발휘하며 디지털 환경에서 표현력을 키울 수 있다.

 투닝은 복잡한 프로그래밍 지식 없이도 스토리 제작이 가능하기 때문에 디지털 리터러시 향상에 효과적이다. 2022 개정 교육과정은 학생들의 창의적 문제 해결 능력과 디지털 활용 능력을 강조하고 있으며, 투닝은 이러한 교육 목표를 충족시키는 학습 도구로 활용된다. 학생들은 투닝을 통해 스토리를 구상하고 표현하는 과정에서 논리적 사고력을 기르고, 시각적으로 정보를 구성하는 능력을 발전시킨다. 또한, 다중 매체를 사용하여 효과적으로 소통하는 능력을 익히며, 미래 사회가 요구하는 디지털 역량을 자연스럽게 함양할 수 있다.

그림책이 제공하는 시각적 상상력과 투닝의 디지털 상호작용 요소를 결합

 그림책과 투닝은 상호 보완적인 학습 도구로 잘 어울린다. 그림책이 제공하는 시각적 상상력과 투닝의 디지털 상호작용 요소를 결합하면 학생들은 이야기를 더욱 생생하게 체험한다. 예를 들어, 그림책을 읽은 후 투닝을 활용하여 장면을 재구성하거나 새로운 결말을 만들어 보는 활동은 학생들의 창의적 사고와 상상력을 자극한다. 또한, 그림책 속 캐릭터를 애니메이션으로 표현하며 이야기의 전개를 직접 설계함으로써 학습 몰입도를 높인다.

투닝을 활용한 수업은 다중 감각 학습 경험을 제공하여 학생들이 학습 내용을 보다 쉽게 이해하고 기억할 수 있게 한다. 시각적 요소와 청각적 요소를 결합하여 이야기의 주제를 효과적으로 전달하고, 자신만의 캐릭터와 배경을 만들어 이야기를 완성하는 과정은 자기 표현력을 높이는 데 기여한다. 이와 함께 공동 프로젝트를 통해 협업과 소통 능력을 기르고, 창의적인 글쓰기와 이야기 구성 능력을 연습한다.

결론적으로, 투닝은 학생들이 자신을 표현하고 디지털 도구를 활용해 소통 능력을 기르는 데 효과적인 학습 도구이다. 그림책 수업과 투닝의 결합은 학생들에게 풍부한 창작 경험을 제공하며, 디지털 시대에 필요한 다양한 역량을 습득하는 데 큰 도움을 준다.

『네 칸 명작 동화집』 로익 곰 글·그림, 책빛

안데르센의 『성냥팔이 소녀』, 그림 형제의 『백설 공주』 등 37가지의 명작 동화를 모아 놓은 동화집으로, 한 편의 명작을 한 페이지의 단 네 장면으로 보여 주는 새롭고 참신한 구성의 그림책이다. 한 페이지 안에서 스토리의 핵심 장면만을 담아 독자에게 간결하면서도 깊은 인상을 남긴다. 이를 통해 독자들은 이야기의 주요 흐름을 직관적으로 이해할 수 있다.

1단계 그림책 읽고 줄거리를 네 컷으로 요약하기

'네 컷 그림책 만들기' 활동에 들어가기 전에, 이러한 형식을 참고해 우리에게 친숙한 이야기들을 네 장면으로 요약하는 연습을 한다. 예를 들어, "우리가 잘 아는 『토끼와 거북이』이야기를 단 네 장면으로 표현한다면 어떤 장면이 가장 중요할까요?"라는 질문을 던지며 핵심 장면을 선정하는 과정을 진행한다. 『네 칸 명작 동화집』처럼 중요한 순간을 선별해 네 컷으로 담아내는 연습은 학생들에게 이야기의 흐름을 파악하고 요약하는 능력을 기르게 한다. 학생들은 서로 생각을 공유하며 『토끼와 거북이』의 줄거리를 요약한다. 그 과정을 통해 그림책의 줄거리는 기승전결의 구성이 있으며, 네 칸 명작 동화의 각 장면에는 도입, 전개, 위기/절정, 결말이 포함되어 있다는 것을 깨닫게 된다.

『토끼와 거북이』 줄거리 네 컷으로 요약하기	
도입	하루는 거북이가 토끼의 놀림을 참지 못하고 달리기 시합을 제안했다. 토끼는 거북이를 비웃으면서 당연히 이길 것이라며 시합을 수락했다.
전개	달리기 시합이 시작되자마자 토끼는 빠르게 앞으로 치고 나갔다. 한참을 달린 후, 토끼는 거북이가 너무 뒤처졌다고 생각해 나무 아래서 잠시 쉬기로 했다.
절정	토끼는 깊은 잠에 빠져 버렸다. 거북이는 느리지만 포기하지 않고 한 걸음씩 앞으로 나아갔다.
결말	토끼가 잠에서 깨어나 급히 결승선으로 달렸지만, 이미 거북이가 결승선을 통과한 뒤였다. 결국 거북이가 승리했고, 토끼는 거북이를 비웃고 자만했던 자신의 태도를 반성했다.

2단계 네 컷 그림책 스토리보드 작성하기

동화 속 장면을 그림이나 이미지로 상상해 보는 활동을 한다. "토끼와 거북이가 시합을 시작하는 장면에서 어떤 모습이 떠오르나요?"라는 질문을 통해 장면을 시각적으로 떠올리게 한다. 예를 들어, 시합 출발선에서 거북이는 진지한 표정으로 준비하고, 토끼는 여유롭게 웃으며 뛰어나가는 장면을 상상하게 한다. 그림책의 한 장면이 이야기의 중요한 순간을 함축할 수 있다는 점을 설명하며, 한 장면으로도 이야기를 표현할 수 있음을 깨닫게 한다.

학생들이 네 컷 그림책을 만들기 위해 먼저 그림책을 정한다. 학급에서 기본적으로 『토끼와 거북이』를 주제로 할 수도 있으며, 학생들이 자유롭게 원하는 책을 선택할 수 있다. 그림책을 정한 후에는 각자 스토리보드를 작성하고, 교사가 개별적으로 피드백을 제공한다. 스토리보드를 작성할 때는 공책이나 디지털 노트 또는 패들렛 등을 사용하여 각 컷에 들어갈 장면과 대사를 간략히 메모한다.

『토끼와 거북이』 네 컷 스토리보드	
도입	거북이와 토끼가 숲속 출발선에 서 있다. 토끼는 자신만만한 표정으로 웃고 있으며, 거북이는 진지하고 결의에 찬 얼굴을 하고 있다. 동물 친구들이 경기를 구경하며 응원하고 있다.
전개	토끼는 숲길을 빠르게 달려가면서 거북이를 보며 큰 하품을 하고 있다. 거북이는 흔들리지 않고 차분하게 길을 걸어가고 있다. 숲길 양옆에는 작은 꽃들이 피어 있으며 평화로운 풍경이 이어져 있다.
절정	토끼는 한 나무 아래에 누워 잠이 들어 있다. 눈을 감고 코를 골며 행복한 표정을 짓고 있다. 한편, 거북이는 조용히 그 옆을 지나치며 결승선을 향해 걷고 있다.
결말	거북이는 결승선에서 두 발을 내밀며 온 힘을 다해 테이프를 끊는다. 동물 친구들은 열광하며 함성을 지른다. 거북이는 승리의 미소를 지으며 토끼에게 손을 내밀어 일으켜 세운다.

3단계 투닝을 이용하여 네 컷 그림책 만들기

투닝으로 웹툰을 만들기 위해서는 웹사이트에 접속하여 회원가입 또는 로그인 과정을 진행해야 한다. 학교에서 학생 구글 계정을 일괄 생성하는 방법이 가장 편리하며, 학생들은 별다른 절차 없이 바로 로그인할 수 있다.

검색

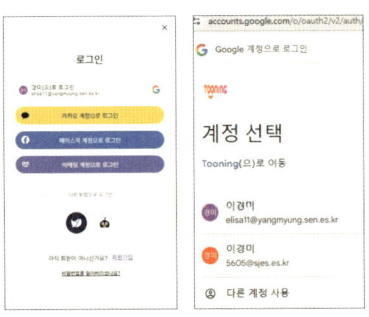

로그인

왼쪽 상단에서 [투닝 에디터] → [제작하기]를 클릭하여 편집 화면으로 들어간다.

투닝 작업 단계에서는 본격적으로 장면을 구성한다. 우선, 좌측의 [배경] 또는 [사진]에서 원하는 배경을 선택하여 캔버스에 적용한다. 이때 기본적으로 제공되는 배경 외에도 [배경 설정]을 통해 색상 변경 및 투명도 조절을 할 수 있다. 학생들이 그림책에 맞는 배경을 선택하거나 내가 원하는 사진이나 이미지 배경을 추가함으로써 이야기에 맞는 분위기를 연출할 수 있다.

배경에서 학교를 검색한 경우   사진에서 학교를 검색한 경우

『토끼와 거북이』의 경우 숲, 산, 운동장 등의 배경을 생각할 수 있다. 화면 오른쪽 하단

의 [페이지 추가]를 눌러 4개의 페이지를 추가하고 배경을 넣는다. 이때 각 페이지를 클릭한 상태에서 배경을 넣어야 한다. 한 페이지에 여러 배경이 들어가지 않도록 주의한다.

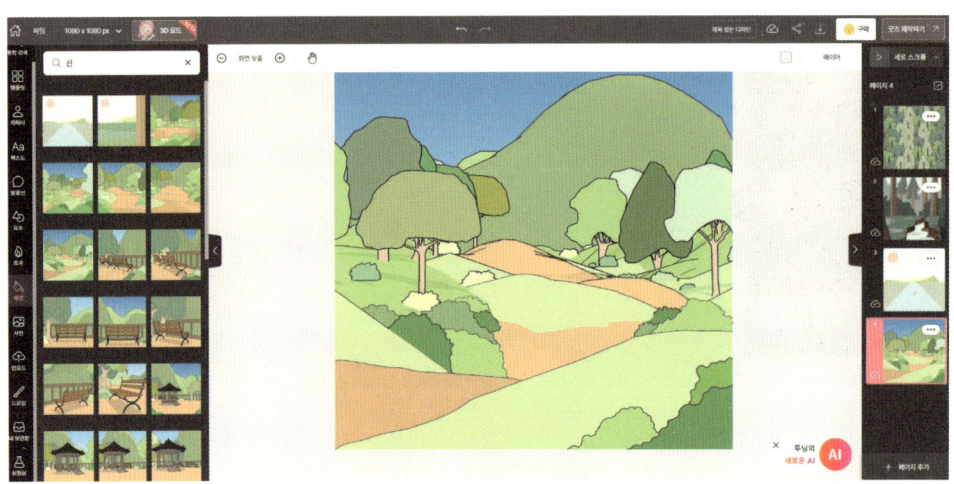

4개의 페이지를 추가하여 배경을 넣은 경우

배경을 적용한 후에는 [캐릭터 추가]를 사용하여 주인공이나 조연 캐릭터를 캔버스에 추가한다. 각 장면에 캐릭터와 그에 맞는 소품 등을 선택하여 배치하며, 필요에 따라 캐릭터의 크기, 위치, 방향을 조정한다. 컷마다 연출을 조정하기 위해 '움직임 효과', '확대 및 축소' 기능을 사용하여 보다 역동적인 장면을 연출할 수 있다.

투닝은 다양한 캐릭터 라이브러리를 제공하므로 캐릭터의 외형을 고를 수 있으며, 선택한 캐릭터를 클릭하면 캐릭터 편집 창이 나타난다. 이 창에서는 캐릭터의 표정, 자세 그리고 동작을 수정할 수 있다. 예를 들어, [표정 변경] 옵션을 통해 기쁨, 슬픔, 놀람 등의 감정을 구현하고, [동작 변경] 메뉴를 통해 걷기, 달리기, 손짓 등 특정 포즈를 추가할 수 있다. 각 캐릭터는 '크기 조절 슬라이더'를 사용하여 확대하거나 축소할 수 있으며, 회전도 가능하다.

원하는 캐릭터를 가져올 수 있음.

캐릭터를 클릭하여 회전하거나 방향을 바꿀 수 있음.

캐릭터를 클릭하여 표정을 바꿈.

표정 옆 탭을 클릭하여 동작을 편집

또한, 학생들은 [텍스트 추가]를 사용하여 컷에 설명이나 대사를 삽입할 수 있다. 텍스트 상자를 드래그하여 원하는 위치에 배치한 후 텍스트 크기, 글꼴, 색상을 조정할 수 있으며, 투명도 설정을 통해 강조를 줄 수도 있다. 각 컷에 적절한 텍스트를 추가함으로써 이야기의 흐름을 더욱 명확히 전달할 수 있게 한다. 텍스트의 'AI' 기능을 클릭하면 캐릭

텍스트의 AI 기능으로 표정 바꾸기

말풍선체는 텍스트 효과를 강조할 수 있음.

터의 표정과 동작이 바뀌는 것을 볼 수 있다. 웹툰의 성격을 고려하여 말풍선 등을 다양하게 활용하면 좋다.

[요소] 메뉴를 활용하여 이야기에 맞는 물건을 배치할 수도 있다. 예를 들어, 책, 의자, 음식 등 다양한 요소를 선택할 수 있다. 원하는 요소를 선택한 후 드래그하여 원하는 위치에 배치하고, 크기 조절이나 방향 변경을 통해 이야기의 배경과 조화를 이루도록 한다.

[요소]에서 검색

토끼의 간을 표현한 예시

투닝 웹툰 프로그램의 [효과] 탭을 사용하여 그림책의 효과를 높일 수 있다. 특정 장면에 집중선을 추가하거나, 공포스러운 분위기를 연출하기 위해 어두운 빛 번짐 효과를 적용한다. 또한, 캐릭터의 감정을 강조할 때는 주변에 섬광 효과나 부서지는 조각 표현을

[효과]를 클릭

배경과 효과를 활용하여 꾸밈.

넣어 강렬함을 더할 수 있다. 이러한 다양한 효과들은 독자의 몰입감을 높이고, 장면에 감정을 입체적으로 전달하는 데 도움을 준다.

완성된 그림책을 처음부터 끝까지 검토하여 흐름이 자연스러운지 확인한다. 이때는 투닝 보드를 활용하여 서로의 작품을 공유하면 효과적이다. 투닝은 클라우드에 자동 저장되는 장점이 있고, 다운로드할 때 PDF, JPG 등 파일 형식을 바꿀 수 있다. 교사는 홈 화면에서 투닝 보드로 접속하여 새 보드를 만든다. 투닝 보드는 패들렛과 매우 유사하며 사용법이 쉽고 직관적이다. 제목을 적고 레이아웃을 설정한다.

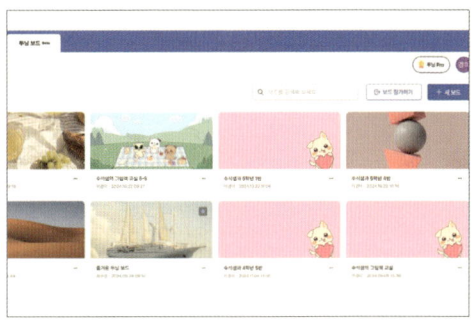
투닝 보드에서 새 보드를 만듦.

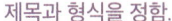
제목과 형식을 정함.

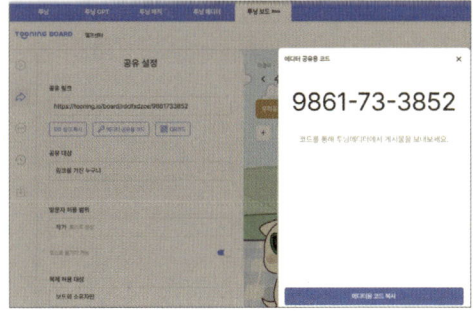
에디터 공유용 코드로 초대하는 방법

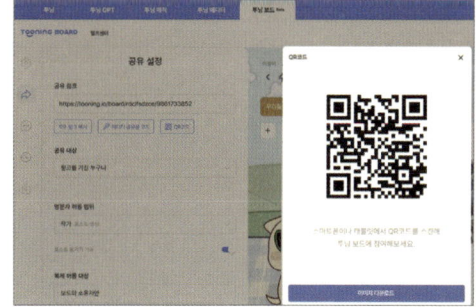
QR코드로 초대하는 방법

학생들이 투닝 보드에 작품을 공유할 때는 투닝 에디터의 작품 편집 상태에서 오른쪽 상단의 [공유] → [투닝 보드에 공유하기]를 클릭한다.

3장. AI를 활용한 학생 맞춤형 수업 설계

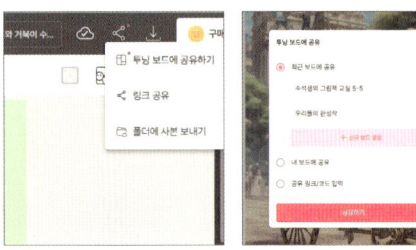

투닝 보드에 공유하기　　　　　　　　상호 소통하며 피드백하기

장면 전환이 부드럽게 이루어지는지, 대사와 장면이 조화를 이루는지 점검한다. 검토 과정에서 학생들끼리 서로의 그림책을 감상하며 피드백을 주고받도록 한다. 친구의 작품에서 배우고, 자신만의 창의적인 표현을 더 발전시키는 기회가 된다. 필요할 경우 부족한 부분을 수정하여 완성도를 높인다. 투닝에서는 PDF로 저장하거나 출력할 수 있어 실물 그림책으로 제작할 수 있다. 디지털 파일 형태로 투닝 보드 또는 학급 플랫폼에 업로드하여 발표 자료로 활용하거나, 학급 전시회를 열어 감상 활동을 진행할 수도 있다.

발표와 감상 활동을 통해 학생들은 자신의 그림책을 다른 친구들 앞에서 발표하고, 각

학생 작품 예시 『신데렐라』

학생 작품 예시 『알라딘』

자의 창작 과정과 이야기를 설명한다. 발표가 끝난 후 친구들의 작품을 감상하며 소감을 나눈다. 각 그림책에서 인상 깊었던 부분을 공유하며 서로의 창의성을 칭찬한다. 이 과정은 학생들에게 성취감을 주며, 창의적인 표현력을 자신 있게 보여 줄 수 있는 기회를 제공한다.

투닝을 활용한 그림책 수업의 의의

투닝을 활용한 네 칸 그림책 만들기 수업은 2022 개정 교육과정에서 강조하는 창의융합형 인재 양성과 디지털 리터러시 함양, 미래 교육 실현에 부합하는 교육적 의의를 지닌다.

첫째, 학생들은 투닝을 활용해 시각적으로 매력적인 그림책을 제작하면서 창의적 문제 해결 능력과 융합적 사고를 기른다. 다양한 교과 내용을 결합해 스토리를 구성하는 과정은 새로운 콘텐츠를 창출하며 창의융합형 사고를 촉진한다.

둘째, 주제를 선정하고 내용을 구성하는 과정에서 학생들은 정보를 선별하고 이를 효과적으로 요약하며, 비판적 사고와 정보처리 능력을 기른다. 이러한 활동은 미래 사회에서 요구되는 핵심 역량을 함양한다.

셋째, 그림책 제작을 통해 학생들은 환경보호 등 사회적 이슈를 탐구하며 문제 해결 능력과 시민의식을 함양한다. 이는 사회적 책임감과 공감을 높이는 데 기여한다.

넷째, 투닝과 같은 디지털 도구를 사용함으로써 학생들은 정보를 생산·활용하는 디지털 리터러시를 키운다. 스토리보드 작성과 이미지 편집 등은 미래 교육 환경에서 필수적인 디지털 역량을 강화한다.

마지막으로, 제작 과정에서 자신의 생각을 시각적으로 표현하고 발표하는 경험은 의사소통 및 협업 능력을 높인다. 이러한 경험은 학생들이 다양한 교과 지식을 통합해 창의적 결과물을 도출하고, 미래 사회의 핵심 역량을 기르는 데 도움이 된다.

5 | SUNO
- 자기소개 노래 만들기

    SUNO는 코딩 없이도 직관적인 인터페이스에서 자신만의 음악을 만들고 탐구하며, 음악적 창의성을 키울 수 있도록 설계된 혁신적인 AI 기반 음악교육 도구이다. 다양한 악기 소리와 음악 블록을 제공하며, AI 지원을 통해 작곡 과정을 돕고, 학생들이 만든 음악을 공유하고 협업할 수 있는 환경을 제공한다. 음표, 리듬, 코드 등 음악 요소를 블록 형태로 제공하여 드래그 앤 드롭 방식으로 쉽게 조합하고 편집할 수 있으며, AI가 자동으로 코드 진행을 생성하거나 멜로디를 제안하여 작곡 과정을 도와준다. 또한 루프(음악의 일부분을 잘라내어 반복 재생하는 것)를 활용하여 반복적인 패턴을 만들고, 다양한 음악 스타일을 탐구할 수 있다.

    SUNO는 복잡한 음악 이론이나 악기 연주 기술, 작곡 능력이 없어도 쉽게 음악을 만들 수 있으므로 음악을 접목한 교육의 접근성을 향상시킨다. 또한 인공지능 기술을 기반으로 학생들의 음악 창작 활동을 지원한다. 예를 들어, 학생들이 입력한 멜로디에 어울리는 코드 진행을 제안하거나, 학생들이 선택한 장르에 맞는 드럼 비트를 생성해 준다. SUNO가 제공하는 다양한 기능을 활용하면 학생들은 능동적으로 음악을 만들고, 탐구하고, 변형할 수 있다. SUNO는 학생들이 블록 쌓기처럼 음악 요소를 조합하여 쉽고 재미있게 작곡을 경험할 수 있는 효과적인 AI 기반의 인터랙티브 음악 창작 플랫폼이다.

그림책을 읽은 후 생각이나 느낌을 음악으로 표현하는 활동

SUNO를 활용한 노래 만들기 수업은 학생들의 상상력과 창의력을 자극하고 음악적 감수성을 키우는 데 도움을 준다. 그림책을 읽은 후 생각이나 느낌을 음악으로 표현하는 과정을 통해 학생들의 흥미와 집중도를 높여 수업 몰입도를 향상시킬 수 있다. 또한 그림책의 시각적 요소와 SUNO로 만든 음악의 청각적 요소를 결합하여 다중 감각 학습 경험을 제공하여 학습 내용에 대한 이해도와 기억력을 높이는 데 효과적이다.

나만의 노래 만들기 활동은 개성을 담아 자신을 소개하는 노래를 만드는 활동이다. 나만의 노래 만들기를 통해 학생들은 자신을 되돌아보고, 자신의 강점과 약점, 흥미와 꿈 등을 탐색하며 자신을 더 깊이 이해할 수 있다. 또한 SUNO의 다양한 기능을 활용하여 자신만의 멜로디와 리듬을 만들고, 가사를 통해 자신을 표현하는 과정에서 음악적 표현력을 향상시킬 수 있다. 학생들은 개성을 담아 자신을 소개하는 노래를 만들면서 음악과 그림책을 융합하여 새로운 창작물을 만들어 내는 경험을 하게 된다. SUNO를 활용한 그림책 수업은 학생들의 창의성과 음악적 감수성을 키우고, 자기 이해를 돕는 데 효과적이다.

『나는요.』 김희경 글·그림, 여유당

『나는요.』는 시원한 여백에 노랑, 주황, 초록 방울들이 흩어진 그림을 바탕으로 "나는 누구일까요?"라는 질문으로 이야기가 시작된다. 겁 많은 사슴, 혼자 있기 좋아하는 나무늘보, 도전 앞에 떨리는 날치 등 다양한 동물들이 등장해 자신을 솔직하게 소개한다. 이들의 모습을 보면서 자연스럽게 자신을 돌아보고 "나는 어떤 사람일까?"라는 생각을 하게 된다.

1단계 동물의 특징에 대한 키워드 찾기

그림책에 등장하는 동물들은 모두 저마다의 특별한 점을 가지고 있다는 공통점이 있다. 먼저, 학생들과 함께 그림책을 읽으며 그림책에 등장하는 다양한 동물의 특징을 살펴본다. 겁 많은 사슴, 느긋한 나무늘보, 호기심 많은 원숭이 등 각 동물의 개성을 파악하고 있노라면 그와 비슷한 특징을 가진 반 학생들의 이야기가 자연스럽게 흘러나온다. 교사는 학생들에게 각 동물의 특징이 잘 드러난 키워드를 찾게 하고, 찾은 키워드 외에 동물의 특징을 드러낼 수 있는 단어에 대해 생각해 보게 한다. 학생들은 그림책에 나오는 동물들이 어떤 모습으로 등장하는지, 어떤 이야기를 하는지 주의 깊게 살펴보면서 동물의 특징을 떠올리며 브레인스토밍한다.

이후 모둠별로 그림책 속에 등장하는 동물들(사슴, 나무늘보, 날치, 문어, 토끼 등)과 각 동물의 특징에 대한 키워드를 뽑아 포스트잇에 적어 본다. 동물들의 특징을 나타내는 키워드를 적을 때는 그림책에서 제시된 것 이외의 배경지식이나 정보를 활용해도 좋다. 예를 들어, 사슴의 경우 그림책에서는 '겁이 많은'이라는 키워드만 찾을 수 있지만, 인터넷이나 책을 통해 또 다른 특징인 '예민한', '온순한'이라는 특징을 찾았다면 덧붙여 포스트잇에 적는다. 또한, 동물의 특징에 관해 쓸 때는 사실을 기반으로 한 객관화된 정보가 아니라 개인의 주관적인 생각을 덧붙여 적어도 괜찮다.

『나는요,』 그림책에는 총 12마리의 동물이 등장하는데 모둠별로 모든 동물의 키워드를 찾을 필요는 없다. 5마리 이상의 동물에 대한 키워드만 찾아서 적어도 좋다고 안내한다. 키워드를 다 적은 후에는 모둠 안에서 학생들이 각자 찾은 키워드를 살펴보고 비슷한 의미끼리 묶어 분류한다. 학생들과 그림책에 등장하는 동물들에 관해 이야기를 나누다 보면 비슷한 특징을 가지고 있는 다른 동물들에 대한 이야기가 나오기도 한다. 다양한 동물에 대한 폭넓은 이야기를 허용하여 자유롭게 이야기를 나눌 수 있는 분위기를 조성한다.

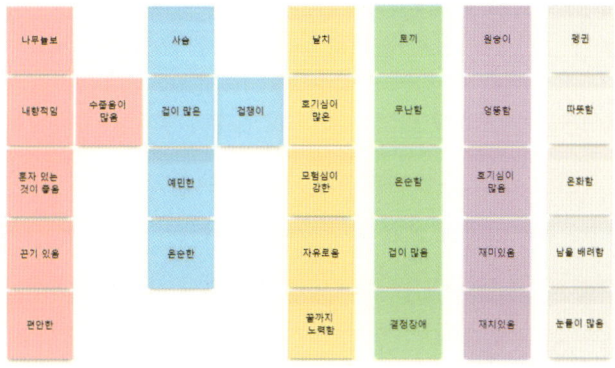

나무늘보, 사슴, 날치, 토끼, 원숭이, 펭귄의 특징에 대한 키워드

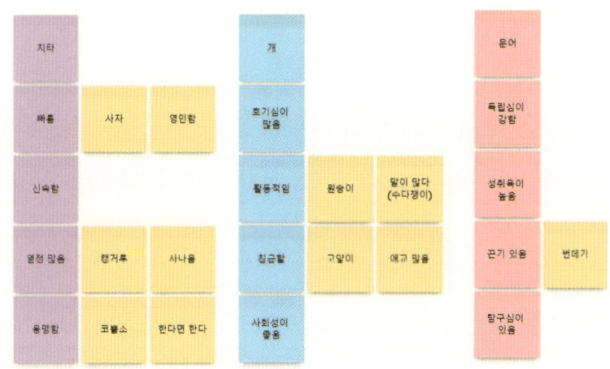

치타, 개, 문어의 특징에 대한 키워드 + 사자, 캥거루, 코뿔소, 원숭이,
고양이, 번데기의 특징으로 키워드 확장

2단계 나를 나타내는 키워드 떠올리고 마인드맵 만들기

마인드맵을 만드는 활동은 그림책과 연관 지어 나에 대한 다양한 정보를 한눈에 정리하고, 나의 강점과 약점, 흥미와 적성을 더 깊이 이해하는 데 중요한 역할을 한다. 또한 스스로 자신에 대한 정보를 찾고, 정리하고, 표현하는 과정을 통해서 자기주도학습 능력도 기를 수 있다. 특히 마인드맵의 가지를 뻗어나가듯 다양한 생각을 확장하고 자유롭게 연결하는 과정은 나를 소개하는 키워드를 찾아내는 데 필수적이다.

『나는요,』 그림책에 등장한 겁 많은 사슴, 느긋한 나무늘보, 호기심 많은 원숭이 등과 같은 동물들처럼 모든 학생 안에는 여러 가지 모습이 있다. 나라는 특별한 존재에 대해 탐구하고 나의 성격, 내가 좋아하는 것, 꿈, 특별한 점 등 나를 표현하는 키워드를 찾아보는 과정은 나를 소개하는 노래를 만드는 데 중요한 역할을 한다. 이 키워드들이 노래 가사의 핵심 재료가 되기 때문이다. 나를 나타내는 키워드를 통해 자신의 개성과 매력을 드러내고, 듣는 사람에게 나를 효과적으로 소개할 수 있다.

우선 자기를 어떻게 소개하고 싶은지 스스로 탐색하는 시간을 갖는다. 내가 어떤 걸 좋아하고 잘하는지 잘 모를 때는 『나는요.』 그림책에 등장하는 동물들에 대한 키워드를 살펴보며 자신과 비슷한 특징이 있는지 보거나, 웹사이트 커리어넷*을 방문하여 자유롭게 탐색하며 필요한 정보를 찾아볼 수 있다.

탐색하는 시간을 가진 후에는 그 내용을 바탕으로 나를 소개하는 키워드가 담긴 마인드맵을 만든다. '나'를 가운데 적고 소개할 내용을 적다 보면 성격, 흥미와 취미, 좋아하는 과목, 꿈, 올해의 목표, 가치관, 여행 경험, 과거 경험, 나를 닮은 동물 등 다양한 영역이 나온다. 마인드맵에 5가지 이상의 영역이 들어갈 수 있도록 안내하여 다양한 측면에서 자신을 소개할 수 있도록 한다. 예를 들어, 성격, 취미, 꿈, 가치관, 여행 경험과 같이 총 5개의 영역을 선택했다면 성격에 해당하는 키워드를 '매사 행복함, 활발함, 긍정적임, 초면에 말 잘함' 등과 같이 더 세부적으로 구체화할 수 있다. 교사는 자신을 소개하는 마인

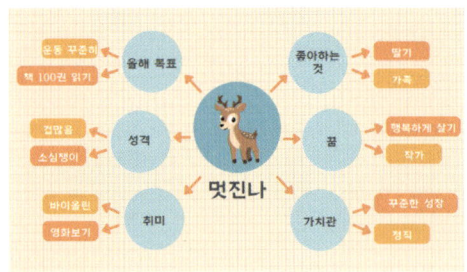 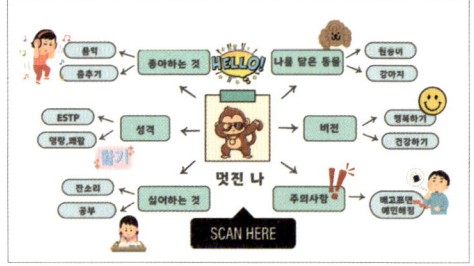

---

* 커리어넷(www.career.go.kr) : 교육부에서 운영하는 웹사이트로 나의 성향, 흥미, 가치관 등을 파악할 수 있는 다양한 심리 검사를 제공한다.

드맵을 사전에 준비하여 학생들에게 예시로 안내하도록 한다.

3단계 나를 소개하는 노래 만들기

SUNO는 간단한 프롬프트 입력만으로도 누구나 쉽고 재미있게 음악을 만들 수 있는 생성형 인공지능 프로그램이다. 음악 요소를 조합하여 멜로디와 반주를 만들고, 가사를 붙여 세상에 단 하나뿐인 나만의 노래를 만들 수 있다.

(1) SUNO 시작하기

인터넷 브라우저를 열고 SUNO(SUNO.com)에 접속한다. SUNO에서 노래를 만들기 위해서는 먼저 회원가입을 해야 한다. 마이크로소프트 계정이나 애플 계정, 디스코드 계정이 있으면 가능하지만 보통 학생들의 경우 구글 계정을 연동하여 가입한다. 구글의 경우 학교 관리자가 한꺼번에 학생 구글 계정을 생성시킬 수 있으므로 사용하기 용이하다. 따라서 교사는 미리 학생들의 구글 아이디와 비밀번호를 생성해 두는 것이 좋다.

학생들은 웹사이트 하단의 [Sign In]을 클릭한다. 구글 이메일 주소, 비밀번호 등 필요한 정보를 입력하면 SUNO와 자동으로 연동된다. 참고로 SUNO는 영어로 된 사이트이기 때문에 초등학생에게는 사용법이 어려울 수 있다. 이럴 때는 크롬으로 접속한 뒤 번역 기능을 사용하는 것을 추천한다.

(2) 나를 표현하는 키워드 입력하기

SUNO에 로그인한 후 [Create]를 누르고 창이 나오면 왼쪽 상단에 위치한 [Custom]을 활성화한다. SUNO에서 Custom을 활성화하는 것은 학생들이 원하는 방식으로 노래 제작을 자유롭게 하기 위함이다.

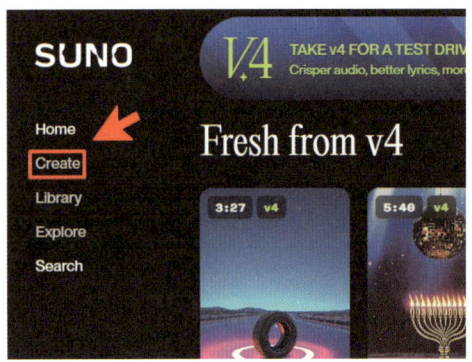 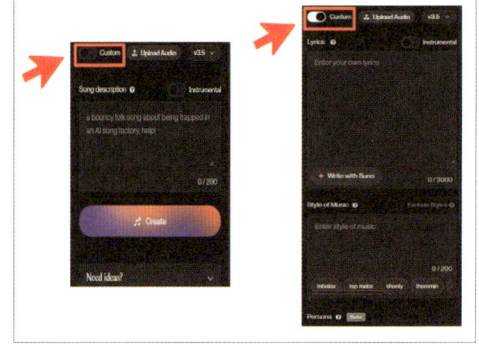

아래쪽에 있는 [Write with SUNO]를 선택하고, 텍스트 입력창에 나를 표현하는 키워드를 입력한다. 예를 들어, '내 소개, 열정 많음, 춤추기 좋아함, 말하는 거 좋아함, 수학 좋아함, 취미는 피구, 요리 못함, 행복하게 사는 게 꿈, 낯선 사람하고 말하기 어려움, 실패해도 도전하는 것 좋아함, 친구들 좋아함' 이라는 키워드를 적고 [Write Lyrics]를 클릭하면 2개의 다른 제목을 가진 노래 가사가 만들어진다. 가사를 모두 읽어 보고 자신의 마음에 드는 가사를 정한 후 [Accept This Option]을 클릭한다. 클릭한 후 [Lyrics] 칸으로 들어온 가사의 내용이 부자연스럽거나 문법적인 오류가 있는 경우, 마음에 들지 않는 부분이 있어서 고치고 싶은 경우에도 얼마든지 수정할 수 있다.

자기를 소개하는 노래의 가사까지 창작한 학생의 경우에는 [Lyrics] 아래에 있는 네모 칸 안쪽에(Enter your own lyrics) 바로 가사를 적는다. 가사의 분량은 최대 3,000자까지 가능하다.

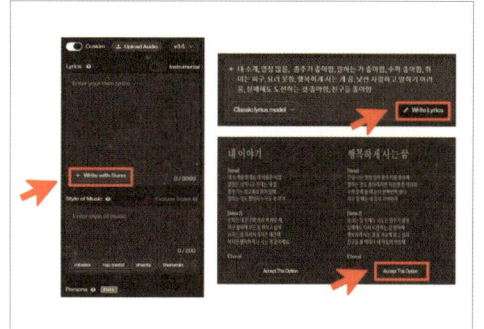 

(3) 음악 스타일 정하여 노래 만들기

SUNO 첫 화면에서 Home에 들어가면 이미 만들어진 다양한 장르의 음악을 감상할 수 있다. 여러 노래를 들어 보고 어떤 스타일의 음악이 있는지, 어떤 악기와 리듬이 사용되는지를 파악한다. 음악 스타일을 알아보는 데 시간이 부족한 경우에는 [Top Catergories]에 들어가서 장르별 인기 음악을 확인한다. 팝, 힙합, EDM, 컨트리 등 다양한 장르의 음악 중에서 현재 어떤 스타일의 음악이 인기 있는지 한눈에 파악할 수 있다.

 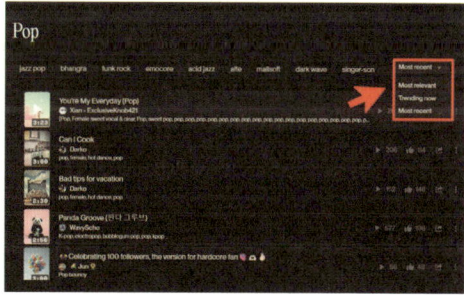

[Style of Music] 칸에 나를 잘 드러낼 수 있으면서 가사에 어울리는 원하는 음악 스타일을 적는다. 단, SUNO는 특정 예술가의 이름을 인식하지 못하기 때문에, 이름을 언급하는 대신 장르와 분위기를 알 수 있는 단어로 음악 스타일을 설명해야 한다. 칸 아래쪽에 자동으로 음악의 장르가 나오기 때문에 손쉽게 클릭 몇 번으로 음악 스타일을 결정할

수도 있다. 예를 들어, 나를 소개하는 키워드에 '호기심이 많은, 엉뚱함, 재미있음' 같은 단어가 들어가 있다면 신나는 분위기의 K-Pop이 적합할 수 있다.

최종 점검한 가사와 어울리는 스타일의 음악을 결정한 후에는 [Create]를 누른다. SUNO 무료 버전의 경우 하루에 총 10곡을 만들 수 있고, [Create]를 한 번 누를 때마다 2곡씩 생성되니 하루에 총 5번까지 사용할 수 있다. 횟수 제한이 있으므로 만들고 싶은 음악을 잘 생각해 보고 [Create]를 눌러야 한다.

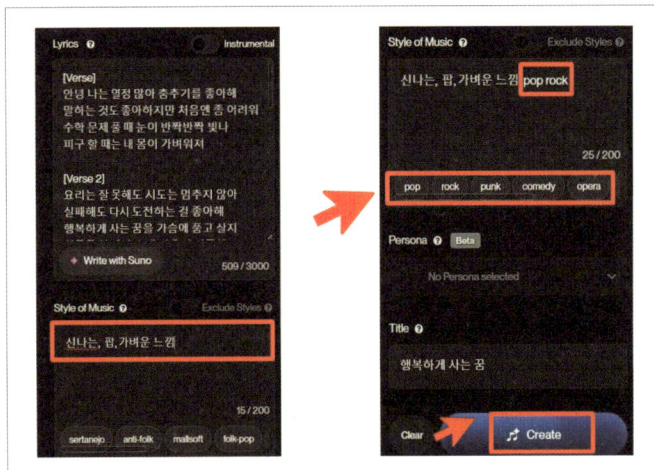

신나는, 팝, 가벼운 느낌 → Create

(4) 음악 스타일 수정하기

나를 소개하는 노래를 듣고 곡이 마음에 들지 않을 때는 수정할 수 있다. 음악 스타일을 정하기 위해 탐색하며 들었던 음악은 모두 [Library]에 기록된다. 음악을 다시 들어 보고 마음에 드는 곡을 찾아 음악 스타일을 살펴본다. 내가 마음에 들어 하는 곡과 유사한 곡 목록이 오른쪽에 자동으로 세시되기 때문에 다양한 음악을 경험할 수 있다. 예를 들어, 첫 번째 만들어진 음악 스타일의 키워드가 '신나는, 팝, 가벼운 느낌'이었다면 두 번째로 만들 음악은 마음에 들어 하는 곡과 같게 'Bossa nova, House, UK garage, Bass,

Acoustic Guitar'로 키워드를 입력한다. 개인적으로 좋아하는 장르가 있다면 'Country Pop, Ballad'와 같이 평소에 즐겨 듣는 음악 스타일의 키워드를 입력하고, 음악 스타일을 수정하여 들어 볼 수도 있다.

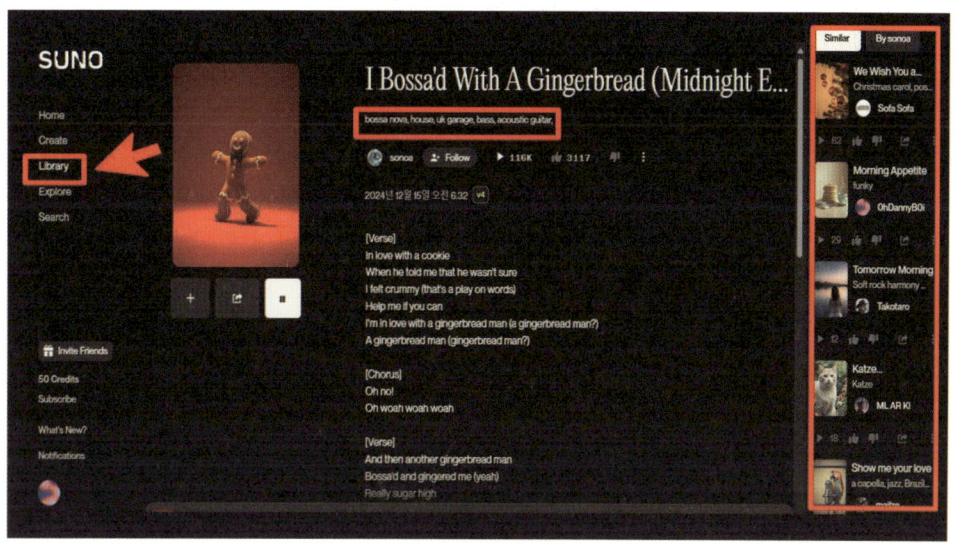

첫 번째 키워드 : Bossa Nova, House, UK garage, Bass, Acoustic Guitar → Create

Library에서 마음에 드는 곡 다시 찾아, 음악 스타일 살펴보기

두 번째 키워드 : Country Pop, Ballad → Create

SUNO의 버전은 V4까지 나와 있다. 기본 설정은 V3.5이지만 현재 무료로 V4까지 이용 가능하다. 예전에 비해 전반적인 음질 개선과 곡 구조의 완성도가 좋아졌으며, 이전 버전에 비해 보컬의 명료성이 크게 개선됐다. 하지만 V3.5만의 독특한 개성이 사라졌다는 평도 있어서 생성할 수 있는 곡 수가 남았다면 두 가지 버전으로 전부 만들어 본 후 비교해 보는 것도 좋다.

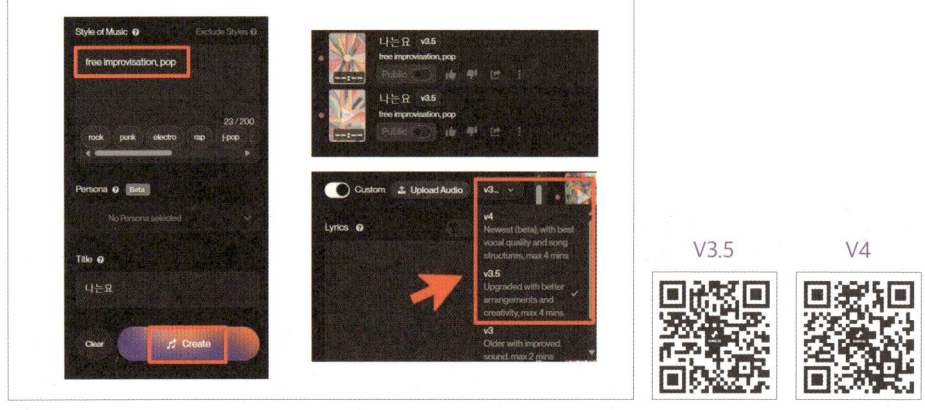

free improvisation, pop → Create

(5) 음악 다운로드 및 배포

최종 음악이 완성되면 음악의 공개 여부를 선택한다. [Public]을 활성화하면 모든 사람에게 만든 곡을 공개하는 것이며, [Public]을 비활성화하면 링크가 있는 사용자에게만 공개된다. 곡을 공유할 때는 링크를 통해서 전달할 수 있으며, 오디오나 비디오로 저작물을 저장하여 파일로 보관할 수도 있다.

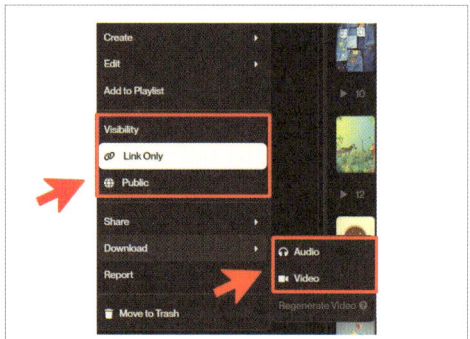

SUNO를 활용한 나를 소개하는 노래 만들기 활동의 의의

SUNO를 활용하여 나를 소개하는 노래 만들기 활동은 여러 가지 교육적 의의를 지닌다.

첫째, 학생들은 자신만의 음악을 창작하며 창의력을 발휘할 수 있다. 다양한 악기와 음향 효과를 탐색하고, 멜로디와 리듬을 들으며 나를 소개하는 가사에 어울리는 음악 스타일을 선택하는 과정은 창의적 사고를 촉진한다.

둘째, 음악적 사고력을 키우는 데 도움을 준다. 음악의 기본 요소를 탐구하고, 다양한 음악 스타일을 분석하며, 자신과 어울리는 분위기의 음악을 만들어 가는 과정에서 학생들의 음악에 대한 이해의 폭을 넓힐 수 있다.

셋째, 디지털 리터러시 함양에도 효과적이다. AI 기반의 음악 제작 도구를 사용하면서 디지털 기술에 대한 이해를 높이고, 나에 대한 주제로 음악을 창작하는 시간을 통해 미래 사회에 필요한 디지털 역량을 갖춘 인재로 성장할 수 있다.

넷째, 스스로 되돌아보고, 강점과 개성을 발견하며 학생들은 자신을 더 깊이 이해할 수 있다. 이를 통해 자신의 숨겨진 잠재력과 가능성을 발견할 수 있으며, 목표를 향해 나아가는 데 동기를 부여할 수 있다.

마지막으로, 주도적으로 자신을 표현하는 방법을 익힐 수 있다. 음악을 통해 생각과 감정을 표현하고, 자신만의 음악적 개성을 드러내는 경험은 자존감과 표현력을 높이는 데 효과적이다.

SUNO는 학생들이 '내가 누구인지'에 대해 소개하는 내용을 바탕으로 세상에 단 하나뿐인 노래를 만들 수 있도록 도와준다. 이러한 교육적 의의는 학생들이 자신을 표현하고, 창의성을 발휘하며, 자신감을 키우는 데 큰 도움이 된다.

6 | Vrew
– 동물보호 캠페인 영상 만들기

 Vrew는 인공지능을 사용하는 영상 편집기로, 영상 제작 과정을 대폭 간소화해 주는 도구이다. Vrew의 가장 강력한 기능은 음성 인식 기능을 통한 자막 자동 생성 기능으로, 녹음된 음성을 AI가 자동으로 인식하고 텍스트로 변환해 영상에 자동으로 자막을 입혀 준다. 직접 목소리를 녹음하지 않아도 500여 종의 AI 목소리를 골라 쓸 수 있어 내레이션 작업을 손쉽게 처리할 수 있다. 또한 상업적 목적으로도 사용할 수 있는 이미지, 영상, 음원 자료를 무료로 제공해 초보자도 쉽게 완성도 높은 영상을 만들 수 있다. 만약 미리 써 둔 글이 있다면 AI가 텍스트(대본)를 인식해 자동으로 장면을 구성하고, 기본적인 편집 요소를 적용해 영상을 편집할 수 있어 적은 노력으로 전문가처럼 영상을 만드는 것이 가능하다. 이러한 기능 덕분에 교실에서 별도의 장비나 복잡한 편집 기술 없이 학생들과 손쉽게 스토리텔링 영상을 제작할 수 있다.

창의적인 콘텐츠 제작이 결합된 풍부한 학습 기회 제공

 Vrew는 인공지능 기반 영상 편집 기능을 제공해 그림책 수업에서도 이야기 확장, 영상 콘텐츠 제작, 시각 자료 활용 등 다양한 면에서 활용 가치가 높다. Vrew를 적용하면 주제를 분석하고 학생 수준에 맞는 영상 자료를 준비하는 과정에서 자막 작업이나 내레이션 등을 간단히 처리해 수업 준비 부담을 크게 덜어 줄 수 있다. 또한 무료로 제공되는 이미지, 영상, 배경음악을 활용해 학생들과 함께 창의적인 콘텐츠를 제작함으로써 수업을 한층 풍부하게 만들 수 있다. 학생들은 Vrew에서 제공하는 여러 AI 목소리 중 하나를 선택하거나 자막 자동 생성 기능을 활용해 직접 목소리를 녹음하지 않고도 다양한 방법으로 영상을 완성해 볼 수 있다. 이런 기능을 활용하면 그림책 속 장면이나 상황을 직접 영상으로 재현하거나, 사회적 주제를 다룰 때도 쉽고 빠르게 영상을 구성해 볼 수 있다.

이렇듯 Vrew는 영상 편집과 스토리텔링 두 측면에서 교육 현장에 큰 잠재력을 지닌다. 그러나 저작권이나 개인정보보호, 사용자의 의존도 관리 등은 늘 유의해야 한다. Vrew가 제공하는 무료 리소스라 해도 각 이미지나 음원, 영상 자료가 실제로 사용해도 되는지 사전에 확인하는 절차가 필요하다. 더불어 AI 목소리나 자막 기능이 항상 완벽하게 작동하는 것은 아니므로 결과물을 꼼꼼히 검수하고 수정하는 과정도 필수적이다. 이러한 요건을 준수하면서 Vrew를 수업에 접목한다면 다양한 매체 경험과 창의적 콘텐츠 제작이 결합된 한층 풍부한 학습 기회를 얻을 수 있을 것이다.

『마씨 할머니의 달꿀 송편』 권민조 글·그림, 호랑이꿈

오염된 환경에서 삶의 터전을 잃어 가는 멸종위기 동물들을 구하기 위해 전설의 '달꿀 송편'을 빚는 마씨 할머니는 동물들과 함께 보내는 한가위를 가장 행복하게 여긴다. 그러나 해마다 동물들의 방문이 줄자 결국 직접 산 아래로 내려가 모든 정성을 쏟아 삶의 터전인 자연을 회복시킨다. 환경보호와 동물 구조를 위해 모든 것을 내던지는 든든한 영웅 할머니를 그림책에서 만나며 동물과 인간, 자연과 인간의 '공존'의 의미를 되새길 수 있다.

1단계 Vrew 설치해 수업 준비하기

『마씨 할머니의 달꿀 송편』은 옛이야기 속 캐릭터이자 창세 신화에서 영감을 받은 '마씨 할머니'가 신비로운 마고산을 비워 두고 산 아래의 동물들을 위해 한발 먼저 움직인다는 설정을 담고 있다. 이 주제를 살려 '멸종위기 동물 보호'라는 사회적 이슈에 관심을 갖고 텍스트 이해와 영상 콘텐츠 제작이 자연스럽게 연결되도록 Vrew를 사용해 수업을 설계해 보았다. 학생들이 직접 영상을 기획하고 제작해 보면서 이야기 속 메시지를 몸소 체험할 수 있도록 초점을 두고, 멸종위기 동물을 구하는 과정이 다양한 효과로 연출될 수 있도록 한다. 마씨 할머니의 모습과 달꿀 송편을 만드는 장면을 AI를 활용해 영상으로 생성해 보면서 다양한 시각 자료를 만들 수도 있다.

Vrew로 영상을 만들기 위해서는 웹사이트(https://vrew.ai)에 접속해 다운로드해야 한다. 웹에서는 여러 가지 기능을 자유롭게 사용해 볼 수 있지만, 내보내기를 할 수 없다. 따라서 다운로드 후에 회원가입을 하고 이용해야 하는데, 다운로드 및 회원가입은 모두 무료이다. 만 14세 미만 아동의 회원가입은 법정대리인의 동의 여부와 이름, 이메일을 입력해 가입한다.

2단계 그림책 깊이 읽고 자료 조사하기

그림책을 함께 읽으며 마씨 할머니가 무엇을 위해 환경을 개선하려 했는지, 어떤 동물들이 위험한 상황에 처하게 되었는지 이야기한다. 이 그림책의 문제의식인 '멸종위기 동물을 구출하기 위해 오염된 환경을 개선한다.'는 독특한 설정을 이해하고, 그림책에 담긴 옛이야기의 전설 구조도 찾아본다. 마씨 할머니가 사는 마고산, 할머니가 지닌 신비로운 힘 등 전설적 요소들을 파악해 보면서 이야기 전개를 체계적으로 이해한다. 이후 그림책 속 동물이 실제 멸종위기에 처한 종과 어떻게 연결되는지, 인터넷이나 참고 자료를 활용해 멸종위기 동물의 종류, 개체 수 감소 이유, 보호 방안 등을 조사해 본다.

3단계 멸종위기 동물 보호 방법 토의 및 시나리오 작성

그림책을 충분히 감상하고 나면 멸종위기 동물 보호의 필요성과 실질적인 보호 방안을 함께 고민해 보며 짧은 글을 써 보거나 발표로 자신의 생각을 정리해 본다. 이후 조사 결과를 바탕으로 짧은 홍보 영상 구성 계획서를 작성한다. 예를 들어, 어떤 동물을 주인공 삼아 이야기를 풀어 갈지, 어떤 장면에서 환경오염이나 구조 활동을 보여 줄지, 어떤 메시지로 마무리할지를 정리한다.

[장면 1] 오염된 환경과 위기에 처한 동물들

영상 : 황폐해진 숲, 쓰레기가 가득한 바다, 멸종위기 동물(곰, 호랑이, 바다거북 등)이 힘겹게 살아가는 장면

배경음악 : 낮고 잔잔한, 약간 슬픈 분위기의 음악

화자(내레이션) : (잔잔하지만 진지한 톤)

"이 세상 어딘가에는 보이지 않는 곳에서

힘겹게 살아가는 작은 친구들이 있습니다.

쓰레기로 뒤덮인 바다와 메말라 가는 숲속,

터전을 잃어 가는 멸종위기 동물들.

우리가 조금만 더 일찍 손을 내민다면,

이 아이들을 구할 수 있지 않을까요?"

[장면 2] 마씨 할머니 소개

영상 : 『마씨 할머니의 달꿀 송편』 속 삽화나 일러스트, 마씨 할머니가 큰 보름달을 바라보는 장면

배경음악 : 전환, 희망적인 느낌이 서서히 커지는 음악

화자(내레이션) : (부드럽게 희망을 담은 톤)

"전설 속에는 한가위가 되면 누구보다 큰 보름달을 기다리며

'달꿀 송편'을 빚어 내려오시는 분이 있습니다.

이야기는 먼 옛날부터 전해져 왔지만,

그분의 정성만큼은 지금도 여전히 우리 곁에 살아 있습니다.

바로, 마씨 할머니의 이야기입니다."

4단계 Vrew 활용 캠페인 영상 제작하기

영상 제작 단계에서는 Vrew의 인공지능 기능을 적극적으로 활용해 본다. 시나리오(대본)를 작성한 뒤 직접 목소리를 녹음하지 않고도 AI 목소리 중 원하는 음색을 선택해 영상을 제작하거나, 직접 녹음을 해서 Vrew의 음성 인식 기능과 자동 자막 기능을 활용해 본다. 짧은 수업 시간에 모든 영상을 직접 촬영하기는 쉽지 않으므로 Vrew에서 제공하는 무료 이미지, 비디오 자료를 활용해 이야기에 맞는 장면을 구성해 보아도 좋다. 만약 피카(Pika), 소라(Sora), 미드저니(Midjourney) 등 인공지능 영상 생성 도구를 결합한다면 프롬프트만으로도 주인공과 영상을 생성해 더욱 창의적인 콘텐츠를 자기 주도적으로 제작

할 수도 있다.

　Vrew의 AI 기능 활용에 따라 결과물이 달라지므로 각각의 결과물을 확인해 보고 수업에 어떻게 적용할지 미리 결정하고 도구를 활용하길 권한다.

　먼저 [파일-새로 만들기]를 열어 영상 제작 방법을 선택한다. 영상을 찍어 두었다면 [모바일에서 미디어 불러오기], [PC에서 비디오·오디오를 불러오기]를 선택한다. 만약 글을 쓴 원고가 있다면 [텍스트로 비디오 만들기]를 선택한다. 이 수업에서는 글을 써서 AI를 활용해 영상을 완성했으므로 [텍스트로 비디오 만들기]를 선택한다.

　이어서 영상 비율을 선정한다. 유튜브, 쇼츠, 인스타그램, 정방형, 클래식 등 용도에 맞는 화면 비율을 선택한 후 비디오 스타일을 지정한다. 지정된 스타일에 따라 결과물이 달라지는데 원하는 스타일을 직접 만들어 활용할 수도 있다.

　이후 주제와 대본을 입력한다. 만약 주제를 미리 썼다면 대본에 붙여넣기를 하지만, 쓰지 못했다면 주제와 관련 내용을 입력한 후 [AI 글쓰기]를 활용해 글을 생성하고 수정해서 대본을 빠르게 완성할 수도 있다. 영상 제작의 다양한 방법이 있겠지만 시나리오(대본)를 먼저 작성한 뒤 직접 목소리를 녹음하지 않고도 Vrew의 AI 목소리 중 원하는 음색을 선택해 영상을 완성해도 되고, 직접 녹음을 진행한다면 Vrew의 음성 인식 기능을 활용해 자막을 자동으로 생성해 영상을 제작한다. 학생들은 내레이션을 넣거나 중요 포인트마다 자막을 삽입하며 멸종위기 동물 보호 메시지를 시각적으로 강조할 수도 있다.

Vrew에서 제공하는 무료 이미지, 비디오 자료를 활용해 이야기에 맞는 장면을 구성할

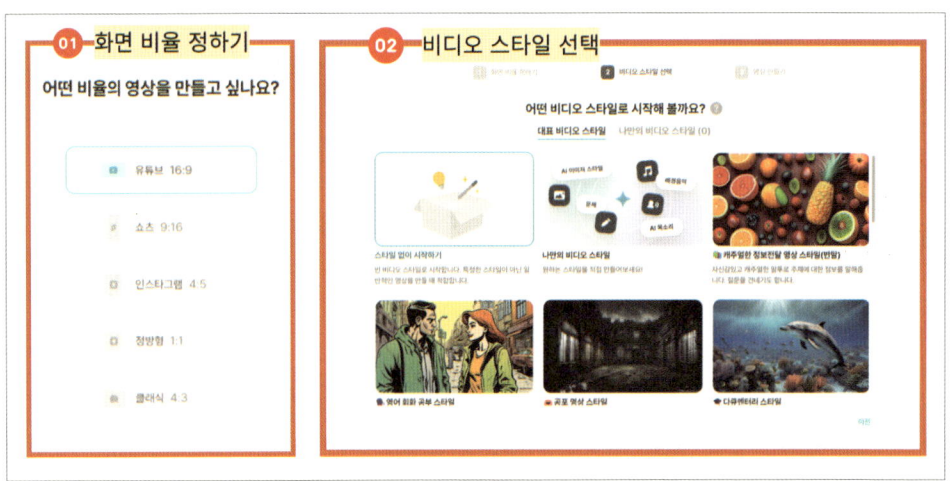

수도 있는데 오염된 환경이나 쓰레기 더미 사진, 멸종위기 동물 다큐멘터리 클립, 쓸쓸한 분위기의 배경음악 등을 골라 배치하면 훨씬 몰입감 높은 홍보 영상이 완성된다. 장면의 전환이나 효과 삽입 등 편집 작업이 완료되면 영상 내보내기를 진행한다.

5단계 영상 제작 발표회

영상 제작이 완료되면 학급 전체나 소그룹 단위로 완성된 작품을 감상하고 서로 피드백을 주고받는다. 수정은 환경보호, 멸종위기 동물 보존이라는 핵심 주제를 영상이 충분히 전달하고 있는지 확인하고, AI 목소리나 자막, 이미지, 음악이 자연스럽게 어우러지는지, 보완해야 할 부분이 없는지 살펴본다. 필요하다면 몇몇 장면을 교체하거나, 자막 타이밍과 내레이션을 조정해 영상을 개선하고 공유해 본다.

Vrew 활용이 익숙해지면 대본 쓰기에서 자막 입력, 영상 제작까지 매우 빠른 시간 내에 완료할 수 있으므로 영상이 수업의 이해도를 높이고 학습을 보다 깊이 있게 만들 수 있는 보조 자료가 될 수 있도록 노력해야 할 것이다. 필요하면 모둠이 함께 시나리오 작성부터 자료 조사, 영상 편집까지 다양한 과정을 함께 진행하며 자연스럽게 의사소통과 팀워크를 경험할 수 있도록 유도하는 것도 좋다.

그림책과 연결해 대본을 작성하고 텍스트를 입력해 완성한 영상 1

GPT-3.5 기반 AI 활용 글쓰기(대본 생성) 기능 활용 영상 2

Vrew의 AI 기능

AI 기능	세부 설명	활용 예시
음성 인식 기반 자막 자동 생성	• 녹음된 음성을 AI가 인식해 텍스트(자막)로 자동 변환 • 자막 작업 시간 단축 • 오류 부분만 빠르게 수정 • 시청각 정보가 강화되어 학습 및 전달력 상승	• 학생·교사가 직접 녹음한 음성을 자막으로 자동 전환해 인터뷰 영상이나 설명 영상 제작에 사용
AI 목소리로 내레이션 대체	• 다양한 톤과 스타일의 AI 목소리를 제공 • 직접 목소리를 녹음하지 않아도 전문 성우 같은 내레이션 연출 가능 • 여러 캐릭터를 다채로운 목소리로 표현할 수 있어 영상 몰입도 향상	• 그림책 스토리를 영상화하는 경우 할머니 캐릭터나 동물 캐릭터에 맞는 목소리를 골라 사용
무료 이미지, 비디오, 배경음악 제공 및 생성	• 상업적으로 사용 가능한 스톡 이미지, 영상 클립, BGM 라이브러리 제공 • 직접 자료를 수집하지 않아도 원하는 소재를 쉽게 찾고 영상에 삽입 가능 • 저작권 문제를 줄이고, 고품질 자료를 손쉽게 사용 • 콘텐츠 완성도를 높이고 편집 시간 절약	• 환경오염 장면, 멸종위기 동물 사진 등 학습 자료가 부족할 때 검색하여 영상 삽입
텍스트 기반 영상 편집 (씬 자동 분할)	• 입력된 텍스트(대본)를 기준으로 장면 자동 분할 • 문단별로 편집점을 인식해 컷 전환 시점을 쉽게 조정 • 편집 과정이 직관적이며, 영상 편집 초보자도 쉽게 활용 가능	• 멸종위기 동물 보호 영상을 만들 때, 시나리오(대본)만 입력하면 자동으로 장면 구성 • 학생들이 직접한 글을 바로 영상화하여 수업 자료 제작 가능

Vrew를 활용한 그림책 수업의 의의

Vrew의 AI 기능을 활용한 그림책 수업은 텍스트 중심의 학습을 넘어 시각·청각 요소까지 아우르는 종합적인 교육 경험이 될 수 있다. 『마씨 할머니의 달꿀 송편』을 읽고 멸종위기 동물 보호 영상으로 재구성하는 과정에서 학생들은 AI 목소리와 자막 자동 생성 기능을 통해 손쉽게 내레이션과 화면 구성을 완성했고, AI의 도움으로 쉽게 영상 편집을 완성할 수 있었다. 옛이야기의 전설적 캐릭터인 마씨 할머니를 현대의 환경문제와 연결해 멸종위기 동물을 위한 캠페인 영상으로 발전시키는 과정 자체가 스토리텔링, 문해력, 디지털 리터러시를 동시에 높이는 좋은 기회가 되었다.

물론, AI를 활용하는 과정에서는 학생과 교사가 함께 저작권과 개인정보보호, 사용성 한계를 주의 깊게 살펴야 한다. Vrew가 생성한 결과물을 검수하고, 적절히 보완하는 절차도 필수이다. 그러나 이러한 과정을 거치면서 학생들은 영상 제작 능력뿐 아니라 문제의식, 창의성, 협업 능력을 폭넓게 기를 수 있다. 이는 Vrew의 AI 기능이 영상 제작 초보자부터 창의적인 수업 활동을 지향하는 교사와 학생까지 폭넓게 활용할 수 있도록 구성되어 있기 때문이다.

7 오토드로우
- 생활 속 상상 낙서로 책 만들기

오토드로우(AutoDraw)는 AI 기반으로 사용자가 간단한 선만으로도 그림을 완성할 수 있게 도와주는 구글 온라인 도구이다. 사용자가 '자동 그리기' 기능으로 마우스나 펜슬, 터치스크린을 이용해 간단한 선으로 사물을 그리면 AI가 분석하여 유사 이미지를 제공한다. AI의 스케치 인식은 사용자가 오토드로우를 부담 없이 사용할 수 있게 하는 중요한 기능이다. 복잡한 사물도 빠르게 인식해서 이미지를 추천해 주어 편리하게 그림을 완성할 수 있다.

오토드로우를 활용한 활동은 그림 그리기가 자신 없거나 잘 그리지 못한다고 생각하는 사람도 그림 표현에 자신감을 갖게 도와준다. 사용자가 그린 낙서같이 생긴 스케치도 AI가 데이터를 기반으로 다양한 이미지를 제공한다. AI가 추천해 주는 이미지 위에 직접 펜으로 그림을 첨가할 수 있고, 원하는 색으로 채색이 가능하여 작업하기에 좋다. 그리기 표현 활동을 할 때 완성된 결과물이 나온다면 학습자의 성취감도 올라갈 것이다.

오토드로우는 접근성이 좋다. 인터넷이 있는 환경에서 모바일이나 PC를 사용하여 접근이 가능하다. 사용 방법을 별도로 학습하지 않고 로그인할 필요도 없이 누구나 손쉽게 사용할 수 있다. 취미로 사용할 수도 있고, 학습을 하며 활용할 수도 있다. 완성한 그림에 텍스트를 넣을 수도 있고, PNG 파일로 저장할 수도 있다. 오토드로우에서 사용하는 색상은 채도가 높으며 깨끗하고 선명하다. 다양한 도형도 삽입 가능해 시화 만들기, 포스터 만들기, 썸네일 만들기 등 다른 활동이나 플랫폼과 블렌딩하여 활용하면 편리하다.

미술 표현에서 자신감을 높이고 상상력과 창의력을 향상시키는 수업

오토드로우를 활용한 그림책 수업은 학생들의 생각을 그림으로 표현하는 데 효과적이다. 자신이 가지고 있는 생각이나 머릿속에 있는 시각적 이미지를 그림으로 그리면 학생들의 상상력과 창의력은 커진다. 학생 중에는 그림으로 표현하고 싶은데 손이 따라주지 않아 실망하고 좌절하는 경우가 많다. 자신을 객관적으로 바라보며 주변을 둘러싼 환경에 관심이 생기기 시작하고 생각이 많아지는 중학년 학생부터 특히 그렇다.

오토드로우는 자동 이미지 제공, 텍스트 삽입, 채색하기, 손으로 그리기 등 편리한 기능을 가지고 있다. 오토드로우를 활용해 자신의 그림 실력보다 한결 나은 결과물이 나온다면 학생들은 성취감이 생기고 자신감도 올라간다. 오토드로우를 활용한 그림책 수업은 미술 표현에서 자신감을 높이고, 상상력과 창의력을 향상시키는 데 도움을 주는 좋은 수업 방법이라고 할 수 있다.

『낙서가 예술이 되는 50가지 상상』 세르주 블로크 글·그림, 문학동네

작가는 집에 있는 장소인 거실, 부엌, 욕실 등에서 볼 수 있는 사물에 상상력을 입혀 그 사물의 이미지를 변신시킨다. 이 책에는 낙서같이 생긴, 꽤 상상력 있는 자유로운 흔적이 가득하다. 작가가 연필로 끄적여 가며 즐겁게 낙서를 하다 보니 스토리가 생기고 한 권의 책이 되었다. 그림책을 보는 독자도 작가처럼 낙서를 즐기고 따라 하다 보면 예술이 될 거라는 생각이 드는 그림책이다.

1단계 퀵드로우 AI와 게임하기

퀵드로우(Quick, Draw!)는 1,500만 명 이상의 사용자가 그린 낙서 데이터를 많이 보유하고 있다. 개미 그림만 해도 세계 각국의 사람들이 그려 놓은 데이터가 현재 11만 6천 개가 넘는다고 한다. 시간이 지날수록 퀵드로우 사용자는 늘어날 것이고, 자료도 더 많아질 것이다.

오토드로우와 퀵드로우에서 사용되는 AI 원리는 같다. 사용자가 대충 그린 낙서를 AI가 자신이 가지고 있는 많은 자료를 활용해 무엇을 그렸는지 추측하고 이미지를 추천해주는 오토드로우의 기능과 사용자가 게임 시간 안에 그림을 그리면 그림 패턴을 분석하여 신경망이 데이터를 기반으로 추측을 하고 사물을 맞히는 퀵드로우의 원리는 모두 방대한 데이터를 기반으로 한다는 점에서 같다고 할 수 있다.

학생들이 오토드로우를 본격적으로 활용하기 전 비슷한 AI 기반의 퀵드로우를 이용하여 게임 활동을 한다. 퀵드로우에 접속하고 [시작하기]를 클릭하여 게임을 시작한다. 물건 그리기 명령어를 보고 [알겠어요]를 클릭한다. 정해진 시간(20초) 동안 마우스나 펜슬로 [그림 그리기]를 한다. AI가 학생의 그림을 인식하고 맞힌다. AI는 알겠다고 말하기도

퀵드로우 홈 → 시작하기

그리기 명령어 확인 → 알겠어요

게임 결과 확인 → 개별 낙서

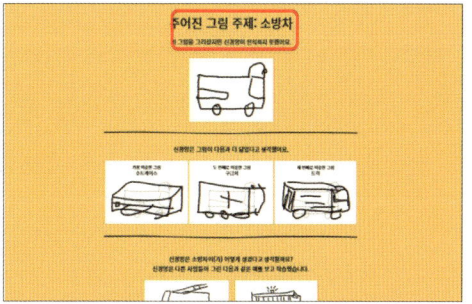

AI가 인식한 그림 분석 참고하기

하고, 무슨 그림인지 모르겠다고도 한다. 총 6번의 기회가 있다. 게임이 끝난 후 [결과 확인]을 하며 자신이 그린 낙서를 선택하여 AI가 무엇으로 인식했는지 알아본다. AI는 사람들이 그린 방대한 자료를 기반으로 그리기 패턴을 학습하고 사용자가 그린 그림을 맞힌다는 것을 학생들은 알 수 있다.

2단계 그림책 읽고 의견 나누기

먼저 그림책의 표지와 제목을 보며 전개될 내용을 추측해 본다. 표지에는 건물과 자동차, 트럭, 아이 등 여러 낙서가 보인다. 프레첼로 눈이 표현되어 있는 아이, 성냥개비가 들어 있는 성냥갑, 티켓으로 트럭을 그린 그림, 사과를 이용한 차도 있다. 그림을 보고 학생들과 이야기를 나눈다. 예를 들어, 한 학생이 노란 장난감 자동차를 운전하는 사람은 화가 난 것 같다고 말하면 그 사람이 왜 화가 났는지 이유를 물어본다. 제목과 관련하여 말하거나 자동차가 부서져서 화가 났는데 지나가는 사람이 놀려서 표정이 험악해졌다고 다른 그림을 연관시켜 말하는 학생도 있고, 그림 상황과 맞지 않는 말을 하는 학생들도 있지만 "그럴 수도 있지! 그렇기도 하겠네." 하며 맞장구를 치며 학생들의 의견을 수용하고 존중한다.

표지와 제목을 보고 이야기 나누는 활동은 그림책에 대한 호기심을 불러일으키고, 그림책 읽기에 적극적으로 참여할 수 있도록 한다. 학생들이 경청을 하며 적극적인 수업 참여 태도를 지니게 하는 데 효과적이다.

책을 읽고 난 후에는 책 내용과 관련하여 경험 나누기 활동을 한다. 자신의 방 벽지를 보고 여러 가지 동물을 떠올렸다는 등 생활과 관련하여 이야기하기다. 생각이 잘 나지 않는다고 하면서 발표하려는 학생이 없을 때는 교사가 먼저 예를 들어 경험을 말하면 손을 들고 발표하는 학생들이 늘어나는 걸 볼 수 있다. 경험 나누기 활동을 통해 학생들은 작가의 작품과 자신의 생활을 연관 지어 생각하게 되고, 상상하여 그리기 활동을 용이하게 하는 데 도움을 준다.

3단계 학교의 장소를 오토드로우로 표현하기

그림책 장면에서 표현의 공통점을 찾아본다. 여러 가지 물건을 반복하고, 실제 물건이나 그림에 낙서를 그려서 자신의 상상력을 표현했다. 다른 사물로 대체하기, 크기 과장하기, 덧붙여 그리기, 본래 용도 변경하기, 삭제하기, 변형하기, 사물로 이야기 꾸미기 등 창의적인 기법에 대해서 이야기 나누는 활동을 한다.

이어서 그림책처럼 낙서하기 활동을 한다. 책 속 배경이 집이었듯이 표현 장소를 정할 때는 학생들의 의견을 모은다. 예를 들어, 하루 중 가장 많이 생활하는 학교를 배경으로 표현하자고 의견을 모았으면 장소를 모둠 수와 같게 선정한다. 교실, 보건실, 강당, 급식실, 음악실 등 학생들이 많이 생활하고 좋아하는 곳 위주로 정하고, 한 모둠이 하나의 장소를 맡아서 표현하는 것이다. 교사와 학생들이 의논을 하며 활동을 계획하므로 학생들이 적극적으로 수업 활동에 참여하는 효과가 있다.

오토드로우 홈에서 [Start Drawing]을 클릭한다. 다음 화면에서 왼쪽 상단의 세 줄 표시를 클릭하여 [용지 정하기]를 한다. [색상]과 [AutoDraw(자동 그리기)] 클릭 후 간단하게 마우스나 펜슬로 스케치를 한다. AI가 제안하는 이미지를 확인하고 원하는 [이미지 선택]을 한다. 선택한 이미지를 클릭하여 크기를 조정한다.

자동 그리기가 아니라 손으로 그리기를 할 경우 연필 모양의 [그리기] → [펜 굵기]를 선택하여 필요한 그림을 그린다. [텍스트]에서 글꼴과 글자 크기 선택 후 텍스트 상자를 활용하여 글자를 입력한다. 그림 복사가 필요할 때 그림 일부를 선택 후 단축키를 사용하여 Ctrl+c(복사)와 Ctrl+v(붙이기)를 사용할 수 있다. 오토드로우에서 사용할 수 있는 단축키가 많다. 왼쪽 메뉴 탭에서 여러 가지 아이콘을 사용하여 색칠을 하고 그림을 완성한다. 완성한 그림은 왼쪽 상단의 가로 세 줄 표시를 클릭하여 다운로드하거나 외부와 공유한다.

용지 → 색상 → 자동 그리기 → 스케치 → 이미지 선택

직접 그릴 때 그리기 → 펜 굵기 선택

텍스트 → 글꼴과 크기 선택

왼쪽 메뉴의 아이콘 클릭 → 그림 완성 후 다운로드 및 공유

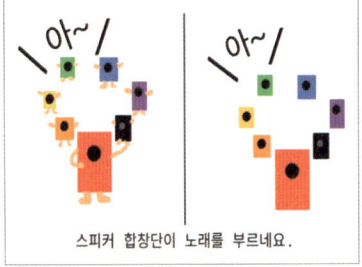
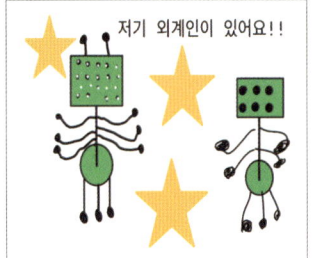

오토드로우로 표현한 학생 작품

4단계 오토드로우로 앞표지 그리기

학생들이 만든 그림으로 책을 만들 때 사용할 앞표지 그리기 활동을 한다. 제목과 그림을 자유롭고 창의적으로 표현한 후 발표하는 시간을 가진다. 왜 이렇게 그렸는지, 제목은 어떻게 지었으며, 표현하고 싶었던 점에 대해 자세히 이야기하도록 한다. 학생들은 친구가 발표하는 것을 들으며 그림을 이해하게 되고, 자신의 생각과 비교하며 친구의 재미있

는 상상을 엿볼 수 있다.

 학생들이 발표할 때 작품이 효과적으로 전달될 수 있도록 교사가 부가적인 질문을 할 수도 있다. 친구의 발표를 듣는 학생들도 그림에 대해 궁금한 것을 질문하도록 한다. 작품에 대해 설명하고 질문에 답하며 서로의 생각을 이야기하는 시간을 가진다. 학생들은 그림으로 표현하고 설명하는 활동을 통해 자신의 생각을 그림과 언어로 구체화시킬 수 있다. 이 과정에서 저마다 생각과 표현이 다름을 알게 되고 친구를 이해하게 된다.

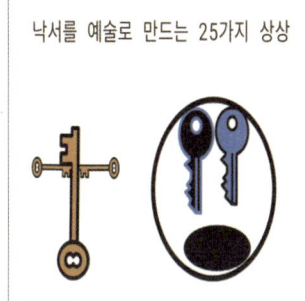

오토드로우로 표현한 앞표지

오토드로우를 활용한 그림책 수업의 의의

 오토드로우를 활용한 그림책 활동은 교육적으로 여러 가지 의의를 지닌다.

 첫째, 학생이 표현하기 어려운 이미지도 AI의 도움을 받아 그림의 완성도를 높일 수 있어서 학생들이 그림 그리기를 부담스럽게 생각하지 않고, 그리기 활동에서 성취감과 자신감을 갖게 한다.

 둘째, 학생들의 상상력과 창의력을 향상시키는 데 효과적이다. 사물을 있는 그대로 보지 않고 변형하기, 비틀어 보기 등을 사용하여 상상력을 키운다. 상상한 것을 시각적인 이미지로 표현하며 남과 다른 독창적인 표현 활동을 하게 된다.

셋째, 학생들이 수업 활동에 재미를 느끼고 적극적으로 참여하는 데 도움을 준다. 상상한 내용을 오토드로우의 도움을 받아 자신의 의도대로 표현할 수 있어 수업 활동에 흥미를 가지고 적극적으로 참여하게 된다.

8 플레이그라운드
- 내가 만드는 이야기

플레이그라운드는 사용자가 입력한 텍스트를 분석해 자동으로 이미지를 생성해 주는 에듀테크 도구이다. 웹 기반으로 일부 무료이며, 직관적인 화면 구성과 사용 방법으로 쉽게 활용할 수 있다는 특징이 있다. 컴퓨터는 물론 태블릿, 스마트폰으로도 작업이 가능하다. 예시 그림을 변형하여 이미지를 생성하는 방식으로, 디자인의 종류와 템플릿을 선택한 후 필터와 색감 보정, 간단한 프롬프트 입력을 통한 수정을 거치면 특별한 제작 기술이 없어도 바로 원하는 이미지 생성이 가능하다. 제공되는 다양한 AI 모델은 각각 고유한 특징을 지니고 있어 개별적인 스타일의 이미지를 생성할 수 있다.

스크립트 입력을 통해 이미지를 생성하는 방식에서 기본 이미지를 수정하는 방식으로 업데이트되었으며, 2025년 1월 기준 무료 버전을 사용할 시 3시간마다 15개 이미지 생성이 가능하다. 로고나 포스터, 카드 등 디자인 형식에 따라 여러 가지 템플릿이 제공되며, 제작한 이미지는 다운로드하여 저장하거나 공유가 가능하다.

플레이그라운드를 사용하면 간단한 명령어를 사용하여 이미지의 전체적인 분위기를 바꾸거나 새로운 장면으로 만들어 낼 수 있다. 영어 기반이기 때문에 명령어를 영어로 입력하거나 번역 기능을 활용해야 하지만 낱말 단위 또는 간단한 내용은 한글로 입력해도 반영된다.

인문학적 상상력과 의사소통의 과정을 경험하는 수업

플레이그라운드를 활용한 이야기 만들기 활동은 학생들의 상상력과 창의력을 발휘할 기회가 된다. 수업 중 학생들이 상상한 장면을 처음부터 그림으로 그리는 것에는 어려움을 느낄 수 있으나 예시 이미지의 변형과 프롬프트 입력으로 보다 쉽게 표현할 수 있다. 명령어를 입력해 수정하는 과정에서는 해당 내용이 이미지에 어떻게 반영되는지 살펴볼 수 있어 절차적 사고를 기르고 프롬프트 구성에 대해 익힐 수 있다는 장점이 있다. 또한 완성한 이미지를 토대로 어울리는 문장을 생각해 내고, 친구들과 각기 다른 장면을 연결해 이야기를 만드는 과정에서 인문학적 상상력과 의사소통의 과정을 경험할 수 있다.

『내가 만드는 1000가지 이야기』 막스 뒤코스 글·그림, 국민서관

대부분의 책은 주인공과 결말이 정해져 있지만 이 책에서는 독자가 직접 주인공과 상황을 정해 이야기를 만들 수 있다. 책 내부가 가로로 3등분되어 있는데, 각 페이지에는 각기 다른 10가지 장면과 이야기가 담겨 있다. 페이지를 넘기면 왼쪽에는 문장들, 오른쪽에 그에 대한 그림이 있는 구성이고, 페이지를 넘길 때 위, 가운데, 아래의 페이지 중 한 장만 넘겨도 새로운 이야기가 된다. 원하는 장면을 선택해 펼치고 띠에 적혀 있는 문장들을 조합하여 다양한 이야기를 마음껏 상상해 볼 수 있다.

1단계 그림책 함께 읽고 각 장면의 특징 생각해 보기

먼저 그림책을 함께 살펴보며 이 책의 특별한 점에 대해 이야기를 나눈다. 마음에 드는 장면을 조합해 이야기를 읽고 새롭게 만들어 보기도 한다. 이야기 만들기 활동을 시작하기 전 또는 후반에 각 위치에 있는 장면과 이야기의 특징을 찾아본다. 예를 들어, 가장 상단에 있는 장면에는 배경에 대한 문장이 적혀 있고 마지막이 '~하늘 아래,'처럼 쉼표로 끝난다. 두 번째, 세 번째 장면에는 인물이 등장하고 각 장면의 인물이 말을 하기도 한다. 장면의 배경은 운동 경기장, 수영장, 우주, 도시 등 뚜렷한 개성이 담긴 여러 가지 장소로 이루어져 있다.

이야기 만들기 활동으로 3가지 정도의 방법을 활용할 수 있다.

먼저, 책을 펼쳐 각 위치(위·가운데·아래) 3장의 그림을 학생이 원하는 대로 고르고 한 장면을 완성, 좌측에 놓인 문장들을 읽어 이야기를 만드는 방식이다.

두 번째, 한 명의 학생이 세 장면이 합쳐진 하나의 장면으로 책 속 내용이 아닌 새로운 문장들로 이야기를 만든다. 이때 처음-가운데-끝 각각 3문장 이내로 문장을 만들어 짧은 이야기를 완성한다.

세 번째, 3명의 학생이 각각 위-가운데-아래의 그림을 고르고 자신이 고른 장면에 대한 문장을 만든다. 3명이 고른 그림으로 하나의 장면을 완성한 후에 이야기를 만들 수도 있고, 장면을 한 명씩 차례로 고르며 이야기를 이어 나갈 수도 있다. 예를 들어, 책 표지를 살펴보면 맨 위는 불꽃놀이를 하는 장면, 중간에는 축구 경기가 펼쳐지고, 아래에는 수영장에서 사람들이 수영을 하고 있다. 첫 번째 학생이 "하늘 위에는 색색의 불꽃이 아름답게 펼쳐져 있었다. 그때,", 두 번째 학생이 "축구 경기가 점점 더 흥미진진해지고 있었다. 두 팀은 동점으로 후반전이 끝나가고 있다.", 그리고 마지막 학생이 "사람들은 수영장에서 그 광경을 바라보았다. 남자는 모처럼의 여행에 '참 멋진 휴가야.' 라고 생각했다."처럼 각각의 장면에 대한 문장을 1~3개 정도 만들어 본다.

2단계 플레이그라운드로 장면 생성하기

그림책을 충분히 살펴본 뒤 플레이그라운드를 활용해 처음-가운데-끝 위치에 들어갈 장면을 만들어 보고, 각자 만든 이미지들을 수집·조합하여 여러 가지 이야기를 만드는 활동으로 진행한다.

(1) 플레이그라운드 들어가기

플레이그라운드(playground.com)에 접속한다. 구글 또는 애플 계정, 개인 메일 사용이 가능하다. 구글과 애플 계정이 아닌 메일 계정을 사용할 시 입장 코드와 바로 연결되는 링크가 해당 메일로 전송된다. 메일로 받은 코드를 입력하거나 링크로 바로 접속한다.

(2) 수정할 이미지 고르고 사용 환경 익히기

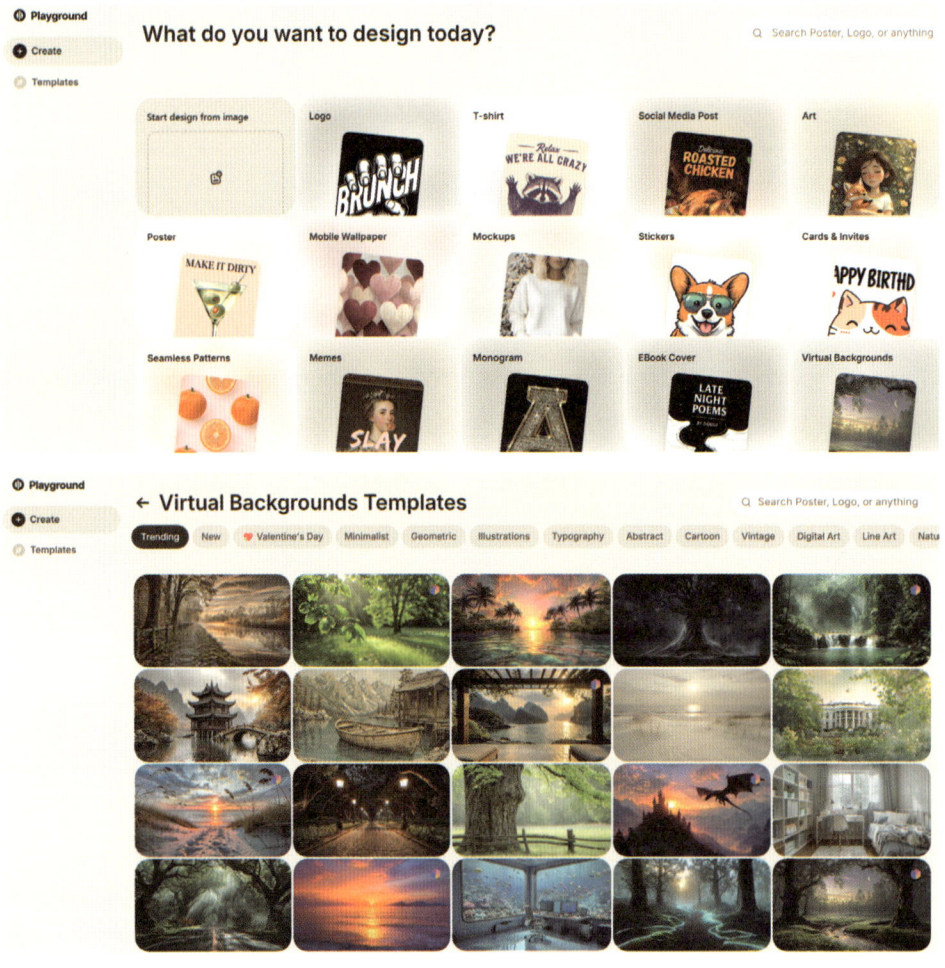

접속한 화면에서 좌측 상단의 [Create]를 눌러 나오는 항목 중 [Virtual Backgrounds]를 선택한다. 제시된 여러 가지 예시 이미지 중 마음에 드는 것 하나를 고른다. 우측 상단에 있는 검색창에 'space', '숲속' 등 키워드를 입력하여 관련 이미지를 찾는 방법도 가능하다. 상단에 🔶 표시가 있는 이미지는 유료 버전으로 업그레이드 후 사용이 가능하므로 해당 표시가 없는 그림을 선택한다.

화면의 중앙에 선택한 이미지가 있고 좌측에는 관련된 이미지를 고르거나 검색해 변경할 수 있는 메뉴가 있다. 우측의 [Apply style]로 이미지의 분위기, [Resize]로 크기, [Change Colors]로 색감을 바꿀 수 있다. 상단에는 전·후로 되돌리는 기능과 텍스트 또는 이미지 삽입, 삭제하는 툴바가 있다. 하단에는 'What do you want to change?' 라고 쓰인 입력창이 있는데, 이미지 수정을 위한 명령어, 프롬프트를 입력할 수 있다.

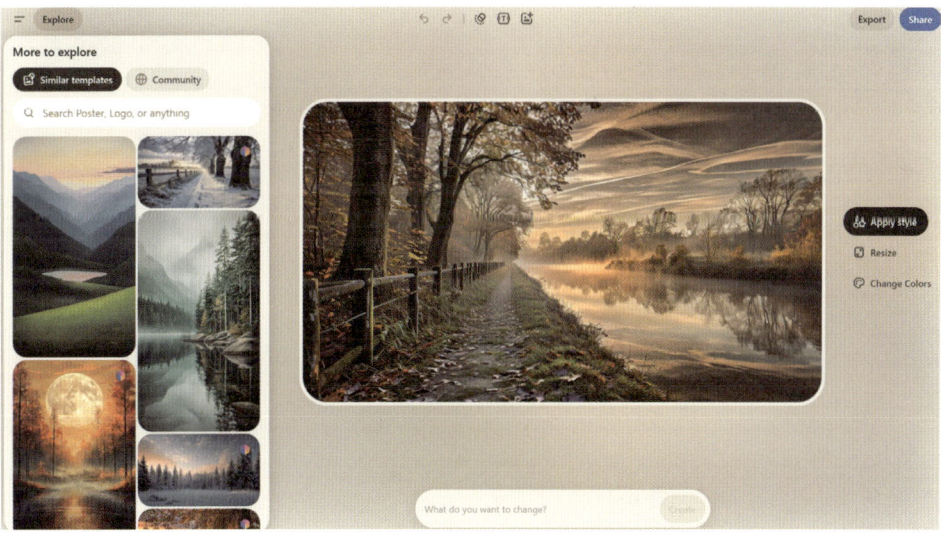

입력창을 선택하면 Add, Change text, Change, Replace, What if it were처럼 예시 명령어가 주어진다. 해당 부분을 선택하고 낱말 또는 내용을 추가하거나 프롬프트를 직접 입력할 수 있다.

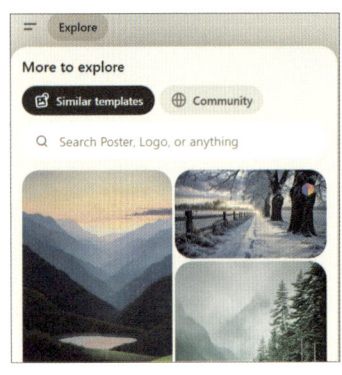 

 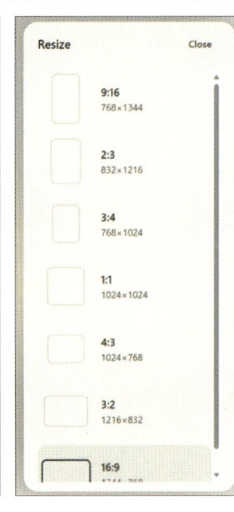 

        Apply style   Resize   Change Colors

 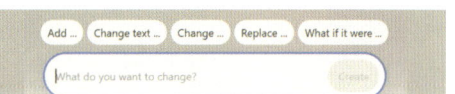

(3) 나만의 장면과 문장 표현하기

원하는 배경의 그림을 선택한 뒤 수정하여 내가 상상한 장면을 만든다. 먼저 만들고 싶은 장면의 배경에 대해 이야기를 나눈다. 교실, 공원처럼 일상적인 공간도 좋고 우주, 아마존과 같이 상상 속 공간도 문제없다. 상상한 배경에 가까운 장면을 템플릿에서 선택한 뒤 스타일과 색감을 변경하거나 프롬프트를 입력해 수정해 나간다. 예시로 한 장면을 만드는 전체 과정을 학생들에게 보여 주고 각자 실습을 해 보도록 하는 것이 도움이 된다.

예시로 바다 배경에 해질녘과 어울리는 색감을 적용한 뒤 'Add a whale'을 입력해 고래를 넣은 모습(좌측), 해당 이미지에 '파도 타는 서퍼를 그려 줘.'를 입력해 서핑하는 사람을 추가한 이미지(우측)다. 이미지를 완성한 뒤에는 "해 질 무렵 한 남자가 바다에서 서핑을 하고 있었어요. 그때, 커다란 고래가 나타났어요."처럼 장면에 어울리는 문장을 생각해 본다.

같은 배경에 등장하는 인물에 따라 다른 이야기가 만들어질 수 있다. 고대 건물이 있는 숲속 배경에 노란색 우비를 입은 아이(좌측), 공주(우측)를 추가한 그림이다. 학생들은 "길을 잃고 헤매던 아이가 신비로운 고대 건물을 발견했어요. 아이는 지금 무서운 마음이 들었어요." "드디어 마법의 성에 도착했어요. 공주는 제단 앞에서 마법사가 알려 준 주문을 외웠어요."와 같이 전혀 다른 문장을 만들어 냈다.

완성한 이미지에 ![toolbar] 상단 툴바의 텍스트 입력 기능(TI)을 사용하여 만들어 낸 문장을 적어 넣는다. 완성한 이미지는 저장하여 학급 게시판 또는 패들렛, 띵커벨 등의 보드에 업로드하여 서로 공유한다. 사전에 처음-가운데-끝처럼 장면이 들어갈 위치를 정하여 문장을 넣을 수 있고, 각각 인물·배경·사건에 초점을 두어 이미지를 생성한 뒤 항목에 따라 배열하는 방식도 가능하다.

3단계 친구들과 만든 이미지 조합하여 이야기 만들기

2단계에서 만든 이미지를 처음-가운데-끝으로 조합하여 다양한 이야기를 만든다. 앞서 1단계에서 그림책으로 진행한 활동과 동일하다. 학급 전체가 참여하는 활동으로 한 명씩 개별 이야기를 만들어 발표할 수 있고, 3명의 학생이 한 모둠이 되어 하나를 완성하는 방식도 가능하다. 이야기를 만들고 발표하는 과정을 전체 활동이 아닌 모둠 내 활동으로 진행할 수도 있다.

여러 학생이 만든 이미지 중 3장을 선택한다. 먼저 각 이미지에 적혀 있는 문장들을 읽는 방식으로 이야기를 만들어 본다. 그 다음 각 장면마다 3문장 이내의 문장을 만들어 새로운 이야기를 지어낸다. 친구들이 상상한 이야기를 들어 보고 어떤 이야기가 가장 흥미로운지 자유롭게 의견을 발표한다.

의사소통의 과정에서 에듀테크를 활용하여 온라인으로 진행할 수 있고, 본 활동을 마친 뒤에 만든 이야기를 개선해 보다 완성도 높은 글쓰기로 연결해 보는 것도 유의미할 것이다.

플레이그라운드를 활용한 그림책 수업의 의의

플레이그라운드로 장면과 이야기를 만들어 보는 수업은 다음과 같은 교육적 의의를 지닌다.

첫째, 이미지의 필터 변경, 색감 조정 등으로 새로운 이미지를 만들어 보는 경험을 통해 화풍이나 색감이 주는 분위기의 변화와 다양성을 느낄 수 있다. 실제로 그림을 그리는 경우 완성한 뒤 색감이나 스타일을 변경하기 어렵지만, 플레이그라운드를 활용하면 이미지를 생성한 이후 다양한 버전으로 바꾸거나 수정해 나가며 다른 이미지로 저장 가능하다. 완성된 이미지를 비교·대조하며 색의 어울림을 느끼고 미적 감수성을 기를 수 있다.

둘째, 상상한 내용에 맞게 일부를 추가하거나 삭제하고 대체하여 이미지를 수정해 나가는 과정에서 프롬프트를 구성하는 방식을 터득할 수 있다. 이는 간단하고 기초적이지만 생성형 AI의 원리를 반영하고 있어 이후 또 다른 AI를 활용하는 방식으로 확장할 수 있다.

마지막으로, 여러 가지 장면을 조합해 이야기를 만드는 과정에서 상상력과 창의성, 의사소통 능력을 기를 수 있다. 수업 초반에 함께 읽었던 『내가 만드는 1000가지 이야기』처럼 장면들을 조합해 연결하고 이야기를 만들어 내며 상상의 나래를 펼 수 있고, 모둠 또는 학급 친구들과 공유하며 협력적 의사소통 과정을 경험할 수 있다.